Joseph Ratzinger
Benedikt XVI.

Grundsatz-Reden

Joseph Ratzinger
Benedikt XVI.

Grundsatz-Reden
aus fünf Jahrzehnten

herausgegeben von
Florian Schuller

Verlag Friedrich Pustet
Regensburg

Themen der Katholischen Akademie in Bayern

Bibliografische Information Der Deutschen Bibliothek

Die Deutsche Bibliothek verzeichnet diese Publikation in der
Deutschen Nationalbibliografie; detaillierte bibliografische Daten
sind im Internet über http://dnb.ddb.de abrufbar.

www.pustet.de

ISBN 3-7917-1986-6
© 2005 by Verlag Friedrich Pustet, Regensburg
Umschlaggestaltung: Martin Veicht, Regensburg
Umschlagmotive: KNA-Bild, Bonn 2005
Gesamtherstellung: Friedrich Pustet, Regensburg
Printed in Germany 2005

INHALT

VORWORT

Von Florian Schuller

„Es soll gefragt werden, wie die Akademie als Stätte der Interpretation im Gegenlicht von Kontemplation und Aktion zu verstehen sei." So gefragt hatte der damals seit sieben Monaten in Rom wirkende Joseph Kardinal Ratzinger anlässlich der Festveranstaltung zum 25jährigen Jubiläum der Katholischen Akademie Bayern. Antwort gab Joseph Ratzinger immer wieder über mehr als 40 Jahre in unserem Haus, dessen Aufgabe laut Satzung es ist, „die Beziehungen zwischen Kirche und Welt zu klären und zu fördern". Entsprechend differenziert waren die Themen, zu denen die Akademiedirektoren Karl Forster, Franz Henrich und 2004 auch der Unterzeichnete Überlegungen erbaten.

Insgesamt 17mal war Joseph Ratzinger als Referent bei uns tätig: der Professor aus Bonn, Münster, Tübingen und Regensburg, der Erzbischof von München und Freising, der Präfekt der Glaubenskongregation. Elf dieser Referate wurden in autorisierter Form gedruckt. Als wir sie erneut durchlasen, waren wir von ihrer bleibenden Aktualität überrascht und legen sie deshalb gesammelt vor – als Grundsatzreden, die Weite und Mitte des theologischen Denkens Papst Benedikts XVI. aufzeigen.

Sicher, eine Auskunft wie jene aus den bewegten 70er Jahren würde heute nicht mehr unbedingt so formuliert werden: „Warum ich noch in der Kirche bin". Dass sich die damit ausgedrückte Problematik aber gleichzeitig drastisch verschärft hat, bedarf wohl keines Belegs. So hat es nicht nur einen eigenen Charme, den Text eines inzwischen zum Papst gewählten Theologen und Bischofs zu studieren, der begründet, warum er „noch" in der Kirche ist, sondern man erhält gleichzeitig eine konzise Erläuterung gläubigen Seins in der Kirche, die weit Tieferes aufschließt als eine übliche Diskussion von Argumenten pro und contra.

Der Text, der sich am intensivsten in das geistige Bewusstsein wacher Zeitgenossen eingegraben hat, ist wohl das Statement beim

Gespräch mit Jürgen Habermas. Auf Einladung der Akademie hatten sich im Januar 2004 erstmals der Repräsentant schlechthin des säkularen Vernunftdenkens und der wichtigste Vertreter katholischer Glaubensreflexion getroffen. Bei der Würdigung der intellektuellen Kraft des neuen Pontifex wurde regelmäßig diese Begegnung in Erinnerung gerufen als Signal für neue Gesprächsallianzen ungeachtet bleibender Unterschiede im Grundsätzlichen.

Der Leser findet die Grundsatzreden nicht chronologisch, sondern thematisch geordnet, an der Spitze ein Referat, das im Oktober 1977 der neu ernannte Kardinal bei einer Tagung in Rom zum Thema „Wesen und Auftrag des Petrusamtes" gehalten hatte. Die darin vorgelegte Deutung kann nicht nur allgemein verstehen helfen, wie Papst Benedikt XVI. den Einheit stiftenden Dienst des Papstamtes sieht, das ihm übertragen wurde, sondern auch die überraschende Schwerpunktsetzung bei der Predigt nach seiner Wahl begründen, als er das ökumenische Bemühen an der ersten Stelle der Herausforderungen nannte, die anzugehen seien.

Es folgen drei Texte zu zentralen Sätzen des Glaubensbekenntnisses und zwei theologische Reflexionen über die Kirche. Dass der Weltauftrag des christlichen Glaubens mit ebenfalls drei Referaten eine wichtige Rolle spielt, verdankt sich einer geistigen Entwicklung, die in Joseph Ratzingers Europa-Vortrag „Verpflichtendes Erbe für die Christen" mit einer Brisanz und Konsequenz formuliert worden ist, deren auch politische Aktualität nach über 25 Jahren ungebrochen bleibt.

Den Abschluss bilden zwei Würdigungen. Der Bayerische Ministerpräsident Alfons Goppel und Romano Guardini werden in ihrer individuellen Persönlichkeit präzise erfasst wie in ihrem Wirken paradigmatisch gewürdigt.

Einer der Sätze dieses Buches kann zusammenfassen, was die bleibende Mitte der Überzeugung Joseph Ratzingers bildet, was sein Pontifikat prägen wird, und was nicht nur seine Botschaft an uns ist, sondern die Botschaft des Christentums überhaupt: „Die Hoffnung des Christentums, die Chance des Glaubens beruht letztlich ganz einfach darauf, dass er die Wahrheit sagt." Im Dialog der Herzen und Köpfe die Wahrheit des Christentums zu sagen, dazu verhelfen die hier vorgelegten Interpretationen, die Aktion anstoßen und jene Kontemplation eröffnen wollen, der sie sich verdanken.

*Mit Papst Johannes Paul II. bei der durch die Katholische Akademie in
Bayern geplanten und organisierten Begegnung des Papstes mit
Künstlern und Publizisten im Herkulessaal der Münchener Residenz;
19. November 1980 (Foto: Akademiearchiv / Felici)*

Das Petrusamt

Im Jahr der Ernennung von Prof. Dr. Joseph Ratzinger zum Erzbischof von München und Freising sowie seiner Erhebung in den Kardinalsrang führte die Katholische Akademie in Bayern vom 11.–14. Oktober 1977 ein Wissenschaftliches Symposium in Rom durch, das dem Thema „Dienst an der Einheit. Zu Wesen und Auftrag des Petrusamtes" gewidmet war. Anlass war der 80. Geburtstag von Papst Paul VI. und die Anwesenheit der bayerischen Bischöfe zum Ad-Limina Besuch in Rom. Der hier dokumentierte Beitrag von Joseph Kardinal Ratzinger legte mit seinem Entwurf einer martyrologisch gefassten Deutung des päpstlichen Primats unter ökumenischer Perspektive zugleich einen Ausblick auf die künftige Situation der Christenheit vor, der die Einheit stiftende Funktion des Papsttums als bleibenden Auftrag betont. Das Referat bildete den Abschluss einer Veranstaltung, welche die Thematik unter exegetischen, kirchengeschichtlichen, systematischen und ökumenischen Aspekten behandelte. Zum Kreis der international renommierten Referenten zählten außerdem u. a. Prof. Dr. Giuseppe Alberigo (Bologna), Prof. Dr. Jean-Jacques von Allmen (Neuburg), Prof. Dr. Walter Kasper (Tübingen), Prof. Dr. Franz Mußner (Regensburg) und Prof. P. Wilhelm de Vries SJ (Rom).

DER PRIMAT DES PAPSTES UND DIE EINHEIT DES GOTTESVOLKES

I. Der spirituelle Grund von Primat und Kollegialität

Das Thema Papsttum gehört nicht zu den populären Themen der Nachkonzilszeit. Es hatte ein gewisses Maß an Selbstverständlichkeit, solange ihm im politischen Raum die Monarchie entsprach. In dem Augenblick, in dem der monarchische Gedanke praktisch erloschen und durch die demokratische Idee abgelöst ist, fehlt der Primatslehre das Bezugsfeld in unseren allgemeinen Denkvoraussetzungen. So ist es gewiß kein Zufall, daß das Erste Vatikanum von der Primatsidee, das Zweite aber von dem Ringen um den Begriff der Kollegialität beherrscht wurde.[1] Dem ist freilich sofort hinzuzufügen, daß das Zweite Vatikanum die Kollegialitätsidee, mit der es Impulse aus dem Lebensgefühl der Gegenwart aufnahm, so zu umschreiben suchte, daß darin der Primatsgedanke enthalten ist. Heute, da wir ein wenig Erfahrung mit der Kollegialität, mit ihrem Wert und auch mit ihren Grenzen gewonnen haben, müssen wir wohl gerade an dieser Stelle wieder ansetzen, um die Zusammengehörigkeit scheinbar gegenläufiger Traditionen besser zu begreifen und so den Reichtum der christlichen Gestalt zu wahren.

1. Kollegialität als Ausdruck der Wir-Struktur des Glaubens

Im Zusammenhang mit der konziliaren Debatte hatte seinerzeit die Theologie versucht, Kollegialität über das bloß Strukturelle und Funktionale hinaus als Ausdruck eines bis in die innersten Wesensgründe des Christlichen zurückreichenden Grundgesetzes zu erfassen, das sich daher in je verschiedener Weise auf den einzelnen Ebenen der praktischen Verwirklichung des Christlichen darstellt: Es ließ sich zeigen, daß die Wir-Struktur zum Christlichen überhaupt gehört.[2] Der Glaubende steht als solcher nie allein: Gläubigwerden heißt, aus der Isolation heraustreten in das Wir der Kinder Gottes; der Akt der Zuwendung zu dem in Christus offenbaren Gott ist immer auch Zuwendung zu den schon Gerufenen. Der theologische Akt ist als solcher immer ein ekklesialer Akt, dem auch eine soziale Struktur eignet.[3] Die Initiation ins Christliche ist daher konkret immer auch Sozialisation in die Gemeinde der Gläubigen hinein, ist Wir-Werdung, die das bloße Ich überschreitet.[4] Dem entsprach dann, daß die Jünger-Berufung Jesu sich in der Figur der Zwölf darstellt, die die Chiffre des alten Gottes-Volk-Gedankens aufnimmt, dem ja auch wiederum wesentlich ist, daß Gott eine gemeinsame Geschichte schafft und an seinem Volk als Volk handelt.[5] Nach der anderen Seite zu zeigte sich als der tiefste Grund für diesen Wir-Charakter des Christlichen, daß Gott selbst ein Wir ist: Der Gott, den das christliche Credo bekennt, ist nicht einsames Selbstdenken des Gedankens, ist nicht absolutes und unteilbar in sich geschlossenes Ich, sondern ist Einheit in der trinitarischen Relation des Ich-Du-Wir, so daß das Wir-Sein als die göttliche Grundgestalt allem weltlichen Wir vorangeht und Gottebenbildlichkeit sich von vornherein auf solches Wir-Sein verwiesen findet.[6]

In diesem Zusammenhang rückte damals ein zuvor weithin vergessener Traktat von E. Peterson über ‚Monotheismus als politisches Problem' neu ins Bewußtsein, in dem Peterson zu zeigen versucht hatte, daß der Arianismus deshalb politische, von den Kaisern begünstigte Theologie war, weil er zur politischen Monarchie die göttliche Entsprechung gewährleistete, während das Obsiegen des trinitarischen Glaubens die politische Theologie zersprengte und Theologie als Rechtfertigung von politischer Monarchie aufhob.[7] Peterson hatte seine Darlegung an dieser Stelle abgebrochen; jetzt wurde sie aufgenommen und zu einem neuen Entsprechungsdenken weitergeführt, dessen Grundansatz lautete: Dem Wir Gottes muß kirchliches Handeln im Modell des Wir entsprechen. Dieser allgemeine, vielfältig ausdeutbare Ansatz wurde vereinzelt bis zu der Aussage vorangetrieben, demgemäß folge die Ausübung des Primats durch einen einzigen Menschen, den Papst in Rom, eigentlich einem arianischen Modell. Entsprechend der Dreipersönlichkeit Gottes müsse auch die Kirche durch ein Dreierkollegium geleitet werden, dessen drei Inhaber zusammen der Papst seien. Dabei fehlte es nicht an findigen Spekulationen, die (etwa unter Anlehnung an Solowjews Geschichte vom Antichrist) herausfanden, daß auf diese Weise ein römischer Katholik, ein Orthodoxer und ein Christ aus dem Bereich der reformatorischen Bekenntnisse zusammen die Papst-Troika bilden könnten. Damit schien, unmittelbar aus der Theologie, dem Gottesbegriff, die Schlußformel der Ökumene gefunden, die Quadratur des Kreises geleistet, durch die das Papsttum, Hauptärgernis der nichtkatholischen Christenheit, zum definitiven Vehikel für die Einheit aller Christen werden müßte.[8]

2. Der innere Grund des Primats: Glaube als persönlich verantwortete Zeugenschaft

Ist dies nun die Versöhnung von Kollegialität und Primat, die Antwort auf die Frage meines Themas: der Primat des Papstes und die Einheit des Gottesvolkes? Man braucht solchen Überlegungen keineswegs *alles* Fruchtbare und Nützliche abzusprechen; daß sie eine Verzerrung der Trinitätslehre und eine unerträglich simplifizierte Form von Verschmelzung zwischen Bekenntnis des Glaubens und Kirchenpolitik darstellen, liegt auf der Hand. Ein tieferer Ansatz tut not. Mir scheint, daß zuerst einmal wichtig ist, die Theologie der Gemeinschaft, die sich aus der Kollegialitätsidee entwickelt hatte, wieder deutlicher zu verknüpfen mit einer Theologie der Personalität, die für den biblischen Befund nicht weniger wichtig ist. Zur Struktur der Bibel gehört nicht nur die Gemeinschaftlichkeit der von Gott geschaffenen Geschichte, sondern ebenso die persönliche Haftbarkeit, die Verantwortung der Person. Das Wir ist nicht Auflösung von Ich und Du, sondern deren Bestätigung und Stärkung ins Endgültige hinein. Das zeigt sich schon in der Stellung, die im Alten Testament der Name hat – bei Gott und bei den Menschen. Man könnte geradezu sagen, der Name stehe in der Bibel an der Stelle dessen, was die philosophische Reflexion schließlich mit dem Wort Person bezeichnen wird.[9] Dem Gott, der einen Namen hat, d. h. ansprechen und angesprochen werden kann, korrespondiert der Mensch, der namentlich und in namentlicher Verantwortung in der Offenbarungsgeschichte steht.[10] Dieses Prinzip wird im Neuen Testament noch verstärkt und erst zu seiner vollen Tiefe gebracht dadurch, daß nun das Volk Gottes nicht mehr durch Geburt, sondern durch Berufung und Antwort entsteht. Deswegen ist es nicht mehr ein kollektiver Adressat wie zuvor, wo in kollektiver Bestrafung, in kollektiver Haftung, Buße und Begnadung das ganze Volk der Weltgeschichte gegenüber als eine Art Groß-Individuum fungiert. Das ‚neue Volk‘ ist auch von einer neuen Struktur persönlicher Verantwortung gezeichnet, die sich in der Verpersönlichung des kultischen Geschehens zeigt: Von jetzt an ist in der Buße jeder mit Namen genannt und von der persönlichen Taufe her, die er als diese besondere Person empfing, auch zur persönlichen und namentlichen Buße gerufen, für die das allgemeine ‚Wir haben gesündigt‘ nicht mehr genügen kann.[11] Dieser Struktur entspricht es z. B. auch, daß die Liturgie nicht einfach von der Kirche im allgemeinen spricht, sondern sie im Hochgebet namentlich vorstellt: mit den Namen der Heiligen und mit den Namen derer, die die Verantwortung der Einheit tragen. Von da aus scheint es mir – nebenbei bemerkt – bedenklich, daß in der Perikopenordnung der deutschsprachigen Liturgie (wohl aus Furcht vor historischen Falschzuweisungen) die Namen getilgt sind und etwa der Römerbrief des heiligen Paulus nicht mehr mit Verantwortung und Name des Apostels vorgetragen wird, sondern wie ein anonymes Schreiben, dessen persönliche Herkunft und Haftung undeutlich bleibt.[12]

Dieser personalen Struktur entspricht es auch, daß es in der Kirche nie die anonyme Gemeindeleitung gegeben hat. Paulus schreibt mit seinem eigenen Namen als der Letztverantwortliche seiner Gemeinden. Aber er redet immer wieder auch die mit Namen an, die mit ihm und ihm zugeordnet Verantwortung tragen; man denke nur an die Grußlisten des 1. Korinther- und des Römerbriefs oder an den Hinweis in 1 Kor 4,17: „Ich habe euch den Timotheus geschickt, der euch an meine Wege in Christus erinnern wird, wie ich sie überall in der Kirche lehre" – oder an den Philipperbrief, wo Paulus unvermittelt in 4,2 ins Du übergeht, Evodia, Syntyche und seinen „getreuen Jochgenossen" anredet. Auf dieser Linie hat man schon zu Beginn des 2. Jahrhunderts (Hegesipp) Bischofslisten zusammengestellt, um die namentliche Verantwortung der Zeugen

Jesu Christi belegbar vor dem Angesicht der Geschichte herauszustellen.[13] Dieser Vorgang entspricht zutiefst der zentralen Glaubensstruktur des Neuen Testaments: *Dem* Zeugen Jesus Christus entsprechen *die* Zeugen, die, eben weil sie Zeugen sind, mit Namen für ihn einstehen. Das Martyrium als Antwort auf das Kreuz Jesu Christi ist nichts anderes als die letzte Bekräftigung dieses Prinzips der unabtretbaren Namentlichkeit, der namentlich haftenden Person.[14] Zeugenschaft impliziert Namentlichkeit, Zeugenschaft aber ist – als Antwort auf Kreuz und Auferstehung – Ur- und Grundform christlicher Nachfolge überhaupt. Damit ist nun aber auch dieses Prinzip im trinitarischen Gottesglauben selbst verankert, denn Trinität wird für uns bedeutsam und überhaupt erkennbar dadurch, daß Gott in seinem Sohn als Mensch selbst Zeuge seiner selbst geworden ist und so seine Personalität bis in den radikalen Anthropomorphismus der „Knechtsgestalt", der „Menschenform" hinein (μορφὴ δούλου, ὁμοίωμα ἀνθρώπου: Phil 2,7) konkretisiert ist.[15]

Auf dieser Linie liegt die Petrustheologie des Neuen Testaments, in ihr hat sie ihre innere Notwendigkeit. Das Wir der Kirche beginnt mit dem Namen desjenigen, der namentlich und als Person zuerst das Christusbekenntnis vortrug: „Du bist der Sohn des lebendigen Gottes" (Mt 16,16). Merkwürdigerweise wird ja gewöhnlich die Primatsstelle erst von Mt 16,17 an gerechnet, während in der Sicht der alten Kirche der entscheidende Vers zum Verständnis des Ganzen der Vers 16 ist: Petrus wird Fels der Kirche als Träger des Credo, ihres Glaubens an Gott, der konkret Glaube an Christus als Sohn und ebendamit Glaube an den Vater und darin Trinitätsglaube ist, den nur der Geist Gottes vermitteln kann.[16] Die Verse 17–19 erscheinen in der Sicht der alten Kirche nur als die Auslegung von Vers 16: Das Credo zu sprechen ist nie eigenes Werk des Menschen, und so kann der, der im Gehorsam des Bekenntnisses sagt, was er aus sich selbst nicht sagen kann, auch tun und werden, was er aus Eigenem nicht tun und werden könnte. In dieser Sicht besteht die Entgegensetzung nicht, die bei Augustinus sich zuerst andeutet und seit dem 16. Jahrhundert die theologische Szenerie beherrscht; hier entsteht ja die Alternative: Ist Petrus als *Person* das Fundament der Kirche, oder ist das *Bekenntnis* das Fundament der Kirche? Die Antwort lautet: Das Bekenntnis gibt es nur als persönlich verantwortetes, und daher ist das Bekenntnis an die Person gebunden.

15

Umgekehrt ist nicht eine sozusagen metaphysisch-neutral betrachtete Person das Fundament, sondern die Person als Träger des Bekenntnisses – eines ohne das andere würde den Sinn des Gemeinten verfehlen.

Viele Zwischenglieder auslassend, können wir also sagen: Die Wir-Einheit der Christen, die Gott in Christus durch den Heiligen Geist unter dem Namen Jesu Christi und von seiner in Tod und Auferstehung beglaubigten Zeugenschaft her gestiftet hat, ist ihrerseits durch persönliche Träger der Verantwortung für die Einheit zusammengehalten und stellt sich noch einmal personalisiert in Petrus dar – in Petrus, der einen neuen Namen erhält und insofern über sein bloß Eigenes hinausgehoben wird, aber eben doch in einem *Namen*, durch den er als Person mit persönlicher Verantwortung beansprucht ist. In seinem neuen, das historische Individuum überschreitenden Namen wird Petrus zur Institution, die die Geschichte hindurchgeht (denn auch dies, die Fortsetzbarkeit und Fortsetzung, ist in der Neubenennung enthalten), aber doch so, daß diese Institution nur als Person und in namentlicher und persönlicher Verantwortung existieren kann.

II. Rückprobe:
Die martyrologische Struktur des Primats

An dieser Stelle entsteht eine Frage, die seit dem 16. Jahrhundert immer dramatischer geworden ist: Überschreitet nicht der mit dem Petrusnamen gesetzte Anspruch die Maße eines Menschen vollständig? Kann diese letzte Beanspruchung des Personalitätsprinzips sowohl anthropologisch als auch von der Grundperspektive der Bibel her noch gerechtfertigt werden? Oder ist sie nicht so, daß sie überhaupt bloß auf Christus paßt und folglich ihre Anwendung auf einen ‚Vicarius Christi‘ nur eine Verletzung des Solus Christus sein kann, womit sich dann von der Perspektive des Ganzen her die exegetische Einzelfrage zwingend in dem Sinn lösen würde, daß eine etwaige Petrustheologie im geschilderten Typ eben doch den

Kernaussagen des Neuen Testaments widerspricht und folglich Abfall zu nennen wäre? Richtig ist, daß jede Wertung exegetischer Einzelbefunde von einer Gesamtperspektive abhängt und daß der Entscheid für oder gegen folglich gar nicht in der Einzelexegese allein gefällt werden kann. Im übrigen ist heute, wie F. Mußner überzeugend deutlich gemacht hat, von den Einzelbefunden her das Bestehen einer auf Dauer angelegten Petrustheologie und eines Petrusamtes kaum noch bestreitbar; um so wirksamer scheint sich anderseits die Gesamtperspektive des Neuen Testaments einem solchen Amt entgegenzustellen, wobei die Idee eines bloßen Pastoralprimats ohne rechtlichen Rang als sachlich unerheblich außer Betracht bleiben kann.[17]

1. Die Zeugnisstruktur des Primats als notwendige Folge des Gegenüber von Welt und Kirche

Ich versuche, auf die so gestellte Frage Antwort zu geben im Anschluß an eine geschichtliche Kontroverse, die meines Erachtens exemplarischen Charakter behalten und zur Entwicklung einer der tiefen Theologien des Primats geführt hat, in der auch der ökumenische Anspruch des Themas wie kaum anderswo verwahrt ist: Ich meine die Auseinandersetzung, die Kardinal Reginald Pole mit König Heinrich VIII., mit Cranmer und mit Bischof Sampson angesichts der Vorgänge in der Kirche Englands um den Primat geführt hat. Welchen Realitätsgehalt die Fragen für Pole hatten, mag man daran sehen, daß für ihn einerseits Leben und Heimat auf dem Spiel standen, daß er anderseits im Konklave 1549/50 der favorisierte Kandidat für die Papstwahl war und einen Augenblick schon als gewählt galt; endlich ist hinzuzunehmen, daß er in den letzten Jahren seines Lebens verdächtigt wurde, eine lutherische Rechtfertigungslehre zu vertreten und selbst Häretiker zu sein.[18] Pole sah sich der These Sampsons gegenüber, das Papstamt widerspreche als solches der humilitas (‚Demut‘) des Christen und sei von seinem Ansatz her mit dieser nicht vereinbar, also sachlich genau jener Auffassung, die wir mit etwas anderen Worten vorhin als den zentralen theologischen Einwand der reformatorischen Christenheit überhaupt gekennzeichnet haben.[19] Demgegenüber ist für Pole klar, daß

die Leugnung des primatialen Prinzips faktisch die neutestamentliche Struktur aufhebt und wieder die Exklusivität der weltlichen
Macht herstellt. Er sagt demgemäß von Sampson, daß er „ersicht-
licherweise sich keine andere Macht vorstellen könne als diejenige,
die den Leib töten und jemanden seines äußeren Besitzes berauben
kann …"[20] Die Leugnung des Papsttums bedeutet im konkreten Fall
Englands die Übereignung der äußeren Ordnung der Kirche an den
Staat, das Staatskirchentum und mit dieser weltlichen Herrschaft
über die Kirche zugleich den Wegfall des Martyriums. Umgekehrt
heißt dies (und erst jetzt stoßen wir auf den eigentlichen, zugleich
psychologischen und theologischen Grund, der Pole zum Verteidi-
ger des Papsttums werden ließ): Die Martyrer sind für Pole das ein-
deutige Signal dafür, wo die Kirche steht. Die Martyrer, die den
Glauben in der übernationalen Einheit der Gesamtkirche und ihrer
Überlieferung dem national-königlichen Christentum gegenüber-
stellen, sind die Wegweisung dafür, wo der Christ als Christ in
diesem Streit zu stehen hat. Das bedeutet zweierlei:

a) Die Märtyrer und die Theologie des Martyriums bieten für
Pole den Einstieg in die Theologie des Primats. Damit trifft er genau
den altchristlichen Kern der Primatstheologie, wie er zuerst in Joh
21,18f in Erscheinung tritt. Sterben kann man nur persönlich. Von
der im Martyrium persönlich verantworteten Zeugenschaft als
Verifizierung des Zeugnisses für den Gekreuzigten und am Kreuz
Siegreichen her ist der Primat als Bezeugung des Christusbekennt-
nisses zuerst zu verstehen.

b) Primat figuriert auf dem Grund solcher Martyriumstheologie
wesentlich als die Gewähr des Gegenüber der Kirche in ihrer katholischen Einheit zur stets partikulären weltlichen Macht.[21]

In diesem Zusammenhang müßte nun geschichtlich gefragt
werden, welcher reale Gehalt der Petrustheologie überhaupt zu-
schreibbar ist, wenn man als ihre geschichtliche Erfüllung nicht die
Successio Petri im Bischof von Rom ansieht. Denn die Stellen des
Neuen Testaments stehen nun einmal und verlangen nach einer Er-
klärung. Geschichtlich gesehen kann man vier Antworten feststellen, und es dürfte auch kaum möglich sein, weitere zu finden; die
Möglichkeiten sind damit ausgeschöpft, wenn auch im einzelnen
variierbar.

Die *erste* Antwort ist die der römischen Petrus-Tradition.

Die *zweite* Antwort wurde von der frühbyzantinischen Theologie des 5. und 6. Jahrhunderts gegeben, die Mt 16,16–19 und die gesamte Vollmachtstradition, die mit dem Petrusnamen verknüpft ist, auf den Kaiser bezieht, was später so explizit kaum irgendwo wiederholt wurde, in der Sache aber überall da auftritt, wo staatskirchliche Figuren gebildet werden.[22]

Eine *dritte* Antwort kann man bei Theodor von Studion finden, ohne daß sie von ihm als exklusive Lösung der Frage ausgegeben würde. Er sieht das Wort in den Mönchen, in den „geistlich Geistlichen" erfüllt[23] – eine pneumatologische Lösung, die sozusagen als Innendimension der Aussage ihren Rang hat, aber für sich allein nicht bestehen kann.

Eine *vierte*, von Augustin vorgebildete und in der Reformation konsequent durchgeführte Antwort sieht den Glauben der Gemeinde als die Petra (Fels) an, in der die Verheißungen eingelöst sind. Aber damit bleibt das Spezifische dieser Texte uneingelöst.[24]

So muß man sagen, daß in Wirklichkeit nur die Alternativen eins und zwei bleiben. Dies aber bedeutet, daß entweder (wie Pole es formuliert) dem Staat die irdische Alleinmacht (und Allmacht) zugesprochen wird oder aber daß, mit der ‚römischen' Lösung, das Papsttum als das ohnmächtig-mächtige Gegenüber zur weltlichen Macht aufgerichtet wird; letzteres gilt auch dann, wenn geschichtlich immer wieder daraus der Versuch erwuchs, die Ohnmacht dieser zweiten ‚Macht' doch auch in weltliche Macht zu kleiden, womit sie gerade in ihrem Eigentlichen verdeckt und gefährdet, aber nicht aufgehoben werden konnte.

Kehren wir zurück zu Pole. Mit dem martyrologischen Ansatz ist die Grundantwort auf die Frage Sampsons, auf *unsere* Frage schon gegeben: Das Vikariat Christi ist ein Vikariat des Gehorsams und des Kreuzes; es ist dem Menschen so zugemessen, und es übersteigt ihn zugleich so sehr wie das Christsein überhaupt.[25]

2. *Entwurf einer martyrologisch gefaßten Primatsidee*

Was praktisch gemeint ist, wird deutlicher, wenn wir exemplarisch einzelne Züge aus dem Papstbild Poles herausgreifen und damit nebenher Elemente einer Antwort suchen auf die Frage, wie heute und wie überhaupt ein Papst aussehen sollte. Pole war ja als Papstkandidat dieser Frage ganz unmittelbar konfrontiert, und wir sind in der historisch einzigartigen Lage, die Gedanken eines Papstkandidaten im Konklave, sein eigenes Ringen mit dem möglichen Auftrag in einem kleinen Buch – De summo Pontifice – festgehalten zu finden, das er während des Konklaves für seinen Schützling, den jugendlichen Kardinal Giulio de la Rovere, schuf.[26] Ihm wollte er mit einer Art Papstspiegel eine Urteilshilfe geben, die nun als Denkmal seines eigenen geistigen Dramas bleibend einen Ansatz bietet, über die Dimensionen des Amtes nachzudenken, dessen richtig gezeichnetes Bild zugleich auch seine tiefsten Gründe freilegt.

Was und wie der Papst sein soll, wird in dem Werk streng christologisch erfragt: Von dem her, was Christus ist, wird ausgelegt, in welcher Richtung und Weise der Papst den Auftrag der ‚Imitatio' (Nachfolge, Nachahmung) leben soll. Was in bezug auf Christus Hoheitstitel ist (‚laudes Christi'), ist in bezug auf den Papst Form der Nachfolgeforderung (imitatio).[27] In diesem Sinn geht Pole den mit der kirchlichen Auslegungstradition christologisch verstandenen Text Jes 9,6f als Papstspiegel an. Wenn Christus als Parvulus natus („ein Kind ist uns geboren") erscheint, heißt dies christologisch, daß der Herr für uns sich erniedrigt und daß er im Gehorsam zum Vater steht, von ihm gesandt wurde. Christus, „der Größte", ist für uns der „Parvulus", der „ganz Kleine" geworden. Unter dem Aspekt der dem Papst auferlegten Nachfolge (Nachahmung) bedeutet dies: „Wenn du hörst, daß Christus uns als Kind geboren und geschenkt ist, so beziehe dies bei seinem Vikar auf dessen Wahl: Sie ist gewissermaßen seine Geburt. Das heißt: Du mußt von ihm halten, daß er nicht für sich solchermaßen geboren, nicht für sich erwählt ist, sondern für uns, d. h. für die ganze Herde … Im Amt des Hirten muß er sich als der ganz Kleine halten und verhalten, bekennen, daß er nichts anderes weiß, als nur dies eine, was er von Gott, dem Vater, durch Christus gelehrt worden ist (vgl. 1 Kor 2,2) …"[28] Das weitere Prophetenwort „Die Herrschaft ruht auf seinen Schultern" verweist für Pole auf den unseretwegen mühevoll beladenen Christus; nicht das Wort Herrschaft, sondern das Tragen der übermenschlichen Last auf den menschlichen Schultern ist für ihn das beherrschende Element in diesem Bild. Der Ehrentitel ‚Starker Held' wird bei dem englischen Kardinal ausgelegt von dem her, was biblisch letztlich ‚Stärke' bedeutet, und das findet er im Hohen Lied ausgesagt: Stark wie der Tod ist die Liebe (8,6). Die Stärke, in der der Vikar Christi seinem Herrn ähnlich werden muß, ist die Stärke der martyriumsbereiten Liebe.[29] Innerhalb der Titel, die hier zu analysieren sind, entdeckt Pole eine Struktur, die das Ganze wieder mit dem vorhin skizzierten Ausgangspunkt verknüpft und seinen eigentlichen Kern zum Vorschein bringt: Es gibt da Titel, die als Titel der Demut und Niedrigkeit zu bezeichnen sind (parvulus natus, filius datus, principatus super humerum), und Hoheitstitel (magni consilii angelus, princeps pacis usw.). Beide stehen zueinander in einem unumkehrbaren Verhältnis, zunächst schon bei Christus selbst und erst recht bei dem, der in seinem Glauben ihm als Vicarius dienen soll: Die Hoheitstitel kommen Christus als *Gott* wesenhaft zu; gemäß seiner *Menschheit* aber empfängt er sie erst *nach* seiner Erniedrigung. Analog gilt für den Stellvertreter: Die Hoheitstitel sind nur in und über die Erniedrigung wirksam und möglich. Die Teilhabe an der Hoheit Christi geschieht nicht anders als konkret in der Weise der Beteiligung an seiner Niedrigkeit, die die einzige Form ist, wie die Hoheit in dieser Zeit präsent gemacht und vertreten werden kann. Insofern ist der eigentliche Ort des Vicarius Christi das Kreuz: Vikarie Christi ist Stehen im Kreuzesgehorsam und so repraesentatio Christi in der Weltenzeit, Anwesendhalten seiner Macht als Gegenmacht zur Macht der Welt[30] ...

Demgemäß hat Pole in bezug auf Petrus und von ihm her für den Papst ‚Sedes' (Sitz, ‚Apostolischer Stuhl') und ‚Kreuz' identisch gesetzt. Auf die Frage Roveres „Welche Ähnlichkeit hat denn nun der Sitz Petri, auf dem der Vikar Christi sitzt, mit dem Kreuz, an das Christus geheftet wurde?" antwortet er folgendermaßen: „Das werden wir unschwer erkennen, wenn wir zuerst begriffen haben, daß der Sitz des Vikars Christi derjenige ist, den Petrus in Rom ansiedelte, als er dort das Kreuz Christi einpflanzte ... Von ihm ist er während seiner ganzen Pontifikatsausübung nie herabgestiegen, sondern ‚mit Christus erhöht' dem Geiste nach, waren ihm seine Hände und Füße so mit den Nägeln angeheftet, daß er nicht dort, wohin ihn sein eigenes Wollen trieb, sondern da bleiben wollte, wohin ihn Gottes Wille führte (vgl. Joh 21,8), dort seinen Sinn und sein Denken angeheftet wußte ..."[31] Im gleichen Sinn formuliert der

21

englische Kardinal an anderer Stelle: „Das Papstamt bedeutet Kreuz, und zwar das größtmögliche. Denn was könnte mehr mit dem Kreuz … zu tun haben als Sorge und Verantwortung für alle Kirchen des Erdkreises?" Er erinnert dabei an Mose, der unter der Last von ganz Israel stöhnt, sie nicht mehr tragen konnte und doch tragen mußte.[32] Das Hineingebundensein in den Willen Gottes, in das Wort, dessen Bote er ist, ist jenes Gebundensein und Geführtsein gegen den eigenen Willen, von dem Joh 21 spricht. Dieses Angeheftetsein in Wort und Willen Gottes vom Herrn her ist es aber, das Sedes zum Kreuz macht und damit den Vicarius als Stellvertreter ausweist – stehend im Ort des Gehorsams und so in der persönlichen Ver-Antwortung für den, dessen Tod und Auferstehung zu bekennen sein ganzer Auftrag, seine persönliche Verantwortung ist, in der das Gemeinsame der Kirche persönlich verbindlich, ‚bindend' durch den Gebundenen dargestellt wird …

Diese persönliche Haftbarkeit, die den Kern der Primatslehre bildet, steht also nicht gegen die Kreuzestheologie und nicht gegen die humilitas christiana,[33] sondern folgt aus ihr und ist der Punkt ihrer letzten Konkretheit, zugleich der öffentliche Widerspruch gegen die Macht der Welt als einziger Macht und das Aufrichten der Macht des Gehorsams gegen die Weltmacht. Vicarius Christi ist ein zutiefst kreuzestheologischer Titel und darin eine Auslegung von Mt 16,16–19 und von Joh 21,15–19 auf ihre innere Einheit hin. Zur Bindung, die von Joh 21 her als definierendes Kennzeichen des Papstamtes zu bezeichnen ist, wird es ohne Zweifel auch gehören, daß dieses Hineingebundensein in den Willen Gottes, der im Wort Gottes ausgesagt ist, Hineingebundensein in das Wir der ganzen Kirche bedeutet: Kollegialität und Primat sind aufeinander verwiesen. Aber sie lösen sich nicht so ineinander auf, daß die persönliche Verantwortung zuletzt in anonymen Gremien verschwindet. Gerade in ihrer Unabtrennbarkeit dient sie der Einheit, die sie zweifellos um so mehr bewirken wird, je mehr sie ihrer kreuzes-theologischen Gestalt treu bleibt. So hat denn Pole auch die These vertreten, daß derjenige am meisten zum Papst geeignet sei, der von den Gesichtspunkten menschlicher Kandidatenauswahl, von den Idealen politischer Klugheit und Durchsetzungskraft her, am wenigsten in Frage komme: Je mehr einer dem Herrn ähnlich ist und sich somit (objektiv) als Kandidat empfiehlt, um so weniger wird er von der menschlichen Vernunft für regierungsfähig gehalten, weil die Vernunft nicht die Erniedrigung, das Kreuz einsehen kann.[34]

Abschluß:
Blick auf die Situation der Christenheit

Es wäre gewiß töricht, zu erwarten, daß in absehbarer Zeit eine allgemeine Einigung der Christenheit auf das Papsttum im Sinn einer Anerkennung der Petrusnachfolge in Rom erfolgt.[35] Vielleicht gehört es zu der notwendigen Bindung und Begrenzung dieses Auftrags auch, daß er nie voll eingelöst werden kann und daher auch das Gegenüber der christlich Glaubenden erfahren muß, die das an ihm herausstellen, was nicht *vikarielle* Macht, sondern Eigenmacht ist. Dennoch kann gerade auch so eine über die Gemeinschaft der römisch-katholischen Kirche hinausgehende Einheitsfunktion des Papstes zur Wirkung kommen. Der Papst bleibt, auch im Widerstreit gegen den Anspruch seines Amtes, Bezugspunkt persönlich vor dem Angesicht der Welt getragener und ausgedrückter Verantwortung für das Wort des Glaubens und so eine von allen wahrgenommene und alle betreffende Herausforderung, die größere Treue zu diesem Wort zu suchen, wie auch eine Herausforderung, um die Einheit zu ringen und das Defizit an Einheit zu verantworten. In diesem Sinn gibt es auch in der Trennung eine Einheit stiftende Funktion des Papsttums, die letztlich für niemand wirklich aus dem geschichtlichen Drama der Christenheit wegzudenken ist. Für das Papsttum und die katholische Kirche bleibt die Papsttumskritik der nicht-katholischen Christenheit ein Stachel, eine immer christusgemäßere Verwirklichung des Petrusdienstes zu suchen; für die nicht-katholische Christenheit wiederum ist der Papst die bleibende sichtbare Herausforderung zu der konkreten Einheit, die der Kirche aufgetragen ist und ihr Kennzeichen vor der Welt sein sollte: Möge uns beiderseits gelingen, die Frage, die uns gestellt ist, und den Auftrag, der uns gegeben ist, immer vorbehaltloser anzunehmen und so im Gehorsam gegenüber dem Herrn jener Raum des Friedens zu werden, der die neue Welt – das Reich Gottes – vorbereitet.

Papst Paul VI. erhält das Freundeszeichen der Katholischen Akademie in Bayern am Rande des Wissenschaftlichen Symposions „Dienst an der Einheit. Zu Wesen und Auftrag des Petrusamts", veranstaltet von der Akademie aus Anlass des 80. Geburtstags des Heiligen Vaters; Rom 11.–14. Oktober 1977 (Foto: Akademiearchiv / Felici)

Zum Glaubensbekenntnis

Eine gemeinsame Tagung der Evangelischen Akademie Tutzing und der Katholischen Akademie in Bayern vom 1.–3. April 1966 in Tutzing zum Thema „Auftrag der Kirche in der außerchristlichen Welt" bildete den Anlass für diesen Beitrag von Prof. Dr. Joseph Ratzinger, damals Professor der Dogmatik und Dogmengeschichte an der Universität Münster. Theologen beider Konfessionen stellten sich der Frage nach zentralen Herausforderungen, denen sich die Christenheit angesichts einer näher zusammenrückenden Welt in ihrem Verhältnis zu den außerchristlichen Religionen gegenüber sieht.

26

DAS PROBLEM DER ABSOLUTHEIT DES CHRISTLICHEN HEILSWEGES[1]

Die Erfahrung der Relativität aller menschlichen Gegebenheiten und aller geschichtlichen Gestaltungen gehört zu den prägenden geistigen Bestimmtheiten unserer Epoche: Die Begegnung der Menschheit mit ihrer Geschichte und die Begegnung der bisher weithin getrennt voneinander lebenden Teile der Menschheit hat uns nicht nur die Einheit des Menschlichen in einer bewegenden Weise vor Augen gestellt, sondern auch die Relativität und geschichtliche Gebundenheit aller menschlichen Einrichtungen und Unternehmungen: Alles für einmalig Gehaltene findet rundum seine Parallelen und das für absolut Genommene zeigt sich in seinen zeitgeschichtlichen Bindungen. Von dieser Erfahrung ist das Christliche nicht ausgenommen; es erscheint relativiert einmal durch die Geringfügigkeit seiner geschichtlichen Ausdehnung, zum anderen durch seinen tiefgreifenden Zusammenhang mit der Religionsgeschichte der Menschheit insgesamt. Dies Wissen um die Verflechtung des Christlichen mit der geistigen und religiösen Geschichte der Menschheit, in der sein einmalig Besonderes kaum noch zu sehen bleibt oder gar sich gänzlich entzieht, gehört zu den bedrängendsten Fragen des Christen unserer Zeit, es ist zu einer schier unentrinnbar scheinenden Infragestellung seines Glaubens geworden: Die Entdeckung der relativierenden Weite der Geschichte, die uns in der klein gewordenen Welt geradezu physisch auf den Leib gerückt ist, bildet mit der Entdeckung der unendlichen Weite des Kosmos, der jeder Anthropozentrik zu spotten scheint, das eigentliche Ferment der Krise des Glaubens, vor der wir stehen. Deswegen ist die Frage nach der Beziehung des Christentums zu den Weltreligionen heute zu einer inneren Notwendigkeit für den Glauben geworden: Es geht nicht um die Spielerei der Neugier, die sich eine Theorie vom Schicksal der andern bilden möchte – dies Schicksal entscheidet Gott, der unserer Theorien nicht bedarf; wo es nur *darum* geht, ist unser Fragen müßig, ja unangebracht. Aber heute steht mehr im Spiel: der Sinn unsres eigenen Glaubenkönnens und -müssens: Die Religionen der Welt sind zur Frage an das Christentum geworden, das sich vor ihnen in seinem Anspruch neu bedenken muß und damit von ihnen zumindest einen Dienst der Reinigung empfängt, der schon in einem ersten Umriß erahnen läßt, wieso auch der Christ solche Religionen in ihrem heilsgeschichtlichen Sein-Müssen begreifen kann.

Aber kommen wir zum Thema selbst, das freilich so ungeheuer ist, daß mehr als ein paar Anmerkungen dazu hier gar nicht versucht werden können.

I. Anmerkungen zur Frage der „Absolutheit" des Christlichen

Wenn wir, neuzeitlichem Sprachgebrauch folgend, christlichen Glauben als „absolut" bezeichnen, so lohnt es sich wohl, zunächst einmal den Sinn und die Brauchbarkeit dieses Wortes zu untersuchen.[2] Wörtlich bedeutet es „losgelöst", meint also eine Wirklichkeit, die ohne das andere, rein in sich und für sich bestehen kann. Es ist klar, daß eine solche Aussage dem wahren Anspruch des christlichen Glaubens nicht gemäß wäre. Er besteht nicht für sich, sondern für das andere und auch im Austausch mit ihm; kommt von ihm her, nimmt es in sich auf, trägt es so auch weiterhin in sich, auch wenn er mehr als dessen Produkt, ihm gegenüber wesenhaft „neu" ist (der Vergleich mit dem Geschehen in der Evolution drängt sich auf: der Mensch kommt ganz aus dem Vorangegangenen, trägt es in sich und ist doch von Wesen anderes und mehr als dies).

„Absolut" kann aber sodann auch besagen, daß etwas nicht unter einen gemeinsamen Begriff mit anderen fällt, sondern für sich steht. „Absolutheit" würde dann bedeuten, daß christlicher Glaube nicht mit den anderen Religionen zusammen unter einen gemeinsamen Gattungsbegriff von Religion fällt, so daß die einzelnen Religionen deren verschiedene Arten wären. Tatsächlich lassen wir uns ja, mehr oder minder bewußt, immer wieder von dieser Vorstellung leiten, ja, auch die Dogmatik ist ihr weithin verfallen, wenn sie etwa das Wesen des christlichen Opfers von einem Allgemeinbegriff des Opfers her, dasjenige des priesterlichen Dienstes von einem generellen Verständnis des Priesterlichen her zu deuten versucht. Gegen eine solche Auffassung muß nun freilich nicht bloß aus theologischen, sondern zu allererst schon aus rein phänomenologischen Erwägungen Einspruch erhoben werden: Die Phänomene selbst gestatten keinen durchgehenden, alles umfassenden Allgemeinbegriff von Religion. Die Religionsphilosophie wird hier, wohl oder übel, der Generalisierungstendenz aller Philosophie entsagen und den Widerstand der Phänomene hinnehmen müssen, die keiner gemeinsamen Gattung einzuordnen sind. Die atheistische Religion des Buddhismus sperrt sich gegen jede gemeinsame Definition mit den theistischen Religionstypen des Westens. Und niemand hat das Recht, nur die westlichen Typen „Religion" zu nennen, wozu wir dann wohl gerne neigen. Vermerken wir die handgreiflichsten Unterschiede in ein paar – unvermeidlich schematisierenden Schlagworten.[3] Die theistische Religion ist „personal" gerichtet, d. h. die Spitze des Seins, das Göttliche selbst, ist Person; Person ist ein nicht zu überbietender, daher nicht nochmal zu hintergreifender, nicht nochmal ins Größere aufzuhebender Letztwert. Für einen Großteil der asiatischen Frömmigkeit steht hingegen das Absolute jenseits des Personalen; dies festzuhalten, hieße gerade den Durst nach Sein verewigen, der die Quelle des Leidens ist; es zu überschreiten, aufzulösen ins reine „Nichts" des reinen Seins ist daher höchstes Ziel des Frommen. Damit ist ein anderer Gegensatz schon angedeutet, den man mit Cuttat in die Begriffe „Trennung" und „Einheit" fassen könnte. Das will sagen: Wenn für theistisches Denken das unaufhebbare Gegenüber von Schöpfer und Geschöpf zur Einheit gehört, welche die Liebe schafft, so ist asiatischer Mystik die trennungslose Verschmelzung in die Identität des Einen hinein, das zugleich alles ist, das einzig genügende Ziel ihres Strebens zum Göttlichen hin. Wo aber – diese Frage drängt sich jetzt auf – steht der christliche Glaube? Gut denn, er ist nicht asiatischer Identitätsmystik einzuordnen; müssen wir ihn folglich als eine Spielart des westlichen Typus auffassen? Die Frage ist schwierig; es wäre verfrüht, sie schon an dieser Stelle beantworten zu wollen. Um die Richtung zu gewinnen, sei ein kleiner Vorgriff erlaubt: ein Zitat aus den Überlegungen zur Frage von J. A. Cuttat, das einstweilen ohne weitere Erklärungen hier stehen mag; wir werden nach einigen Überlegungen darauf zurückkommen und es dann näher würdigen können. Cuttat sieht christlichen Glauben als die vereinigende Mitte zwischen Ost und West, wenn er sagt: „Im Punkt, wo Orient und Okzident sich begegnen und trennen, erhebt sich das Kreuz des neuen Adam … Bis zur Menschwerdung schienen Innerlichkeit und Transzendenz, geistige Einfaltung und einigende Liebe von einer unübersteiglichen Antinomie getrennt; außerhalb der Inkarnation bleiben Orient und Okzident unversöhnbar. ‚Als aber die Fülle der Zeiten gekommen war‘, erwies sich der Abgrund als überbrückt im Schoß des dreieinigen Lebens und überschreitbar auch in uns, weil ‚Gott in unsere Herzen den Geist seines Sohnes gesandt hat, der ruft: Abba, Vater!‘"[4]

Mit dem zuletzt Gesagten dürfte zugleich klar geworden sein, daß wir, um vorwärts zu kommen, den christlichen Anspruch mehr von innen her betrachten müssen, wenn auch die Frage, um die es uns geht, seine Beziehung nach außen, zu den andern Religionen hin betrifft. Gehen wir vom Alten Testament aus. Was ist hier das Entscheidende gegenüber den Religionen der Völker? Man könnte es sicher von verschiedenen Seiten her zu formulieren unternehmen; versuchen wir es – wieder nur in Stichworten – vom Gottesbild her zu tun. Da ließe sich denn sagen: Jahwe, Israels Gott, ist kein numen locale, wie wir es rundum finden, sondern numen personale; nicht Gott eines Ortes, sondern Gott von Menschen, der Gott Israels, der Gott der Väter. Das heißt: inmitten einer götterdurchtränkten Welt, in der das bloße Wort „Gott" nichts sagt, sondern hinzugefügt werden muß, welcher Gott gemeint sei; in der Name und Ort als Ausweis vonnöten sind, um wen es sich handle – in einer solchen Welt weist Israels Gott sich nicht durch einen Ort, sondern durch Personen aus. Er ist nicht der Gott von Bethel, vom Sinai oder von Kanaan, sondern der Gott der Väter: Abrahams, Isaaks und Jakobs. Durch diesen ganz schlichten und scheinbar recht gewöhnlichen Sachverhalt wird etwas sehr Entscheidendes erreicht, das Israels Gott entscheidend von der religionsgeschichtlichen Umwelt abhebt: Dieser Gott ist nicht eine immanente Fruchtbarkeitsmacht, machtvolle Verdichtung des numinosen Geheimnisses der Welt, sondern er steht in herrischer Überlegenheit der Welt gegenüber. Er ist nicht an diesen oder jenen Ort gebunden, sondern er vermag den Seinigen zu helfen, wo immer sie sind: Er kann Abrahams Weib in Syrien so gut beschützen wie in Pharaos Haus, ja, er kann Kain auf der ganzen Welt beschirmen vor denen, die ihm ans Leben wollen. Er gibt seinem Volk Kanaan, das Land der Baalim, zum Erbe und kann es, weil ihm die Welt als Ganze gehört. Der Jahwe-Verehrer braucht nicht von Ort zu Ort sich einer anderen Gottheit zu versichern, sondern wo immer er ist, da ist Jahwe mächtig, ihm zu helfen – denn Jahwe ist *sein* Gott, der Gott der Menschen.

Damit hängt ein Weiteres und höchst Gewichtiges zusammen: Jahwe, der kein Ortsgott ist, ist so auch nie zum Gott des Jerusalemer Tempels geworden, sondern immer mehr als der Weltgott erkannt worden, der frei ist, auch den Tempel – seinen Tempel! – zu zerstören. Er ist nie zum Gott des gelobten Landes geworden, sondern der Gott geblieben, der Länder verteilen kann und an keines davon gebunden ist, keines davon braucht. Er ist nicht Gott der Fruchtbarkeit, fruchtbare Macht der Erde, sondern der Gott des Alls, der *auch* die Fruchtbarkeit gibt ... Und das bedeutet endlich und vor allem auch: Er ist nicht Volksgott Israels, sondern der eine Gott der Welt, der Völker erwählen und verwerfen kann: Darin liegt die fast zerreißende Paradoxie der Religion Israels, daß dies Volk den Weltgott zum Nationalgott hat, daß der Nationalgott Israels gar kein Nationalgott, sondern eben der nicht nationale Universalgott ist, der dies Volk in freier Liebe erwählt hat, aber aller Völker Gott und Vater, ja, aller Völker wie des Himmels und der Erde Schöpfer ist. Von da aus ergibt sich dann der ungeheure Universalismus der Religion Israels, der der wahre Inhalt seines „Absolutismus" ist: Nicht die trennende „Mutter" Erde, sondern der einende und einzige Vatergott steht im Vordergrund – ganz im Gegensatz zu allem antiken Denken. Das aber bedeutet die Entdeckung der Einheit des Menschseins aller Menschen, das ein Platon so nicht gefunden hat.[5] Dazu wäre viel zu sagen; hier muß der Hinweis auf einige Stichworte genügen. Es sei erinnert an die Idee des „Adam", der Mensch und Menschheit in einem ist, geraffter Ausdruck dessen, daß alle Menschen, wie weit sie sich auch voneinander fortentwickeln mögen, nur „*ein* Mensch" sind und bleiben; diese Idee wird noch einmal wiederholt in der Gestalt des Noach und in der großen Völkertafel von Gen 10, die am Ausgangspunkt der Trennung die unwiderrufliche Einheit aller unterstreicht. Es wäre des weiteren zu erinnern an den Gedanken der schöpfungsgegebenen Gottebenbildlichkeit, in der die obere Komponente der Identität des Menschseins aller Menschen deutlich wird; dieser Gedanke wird in der Noach-Geschichte aufgenommen in der Idee des Bundesschlusses, der allen Menschen gilt. Endlich hat die neuere Exegese den universalgeschichtlichen Sinn der Abrahamserzählung und der in ihr sich eröffnenden „speziellen Heilsgeschichte" deutlich ans Licht gebracht: Hier wird nicht etwa die Menschheit zugunsten eines Erwählungspartikularismus preisgegeben, sondern am einzelnen angesetzt, um von hier das Ganze zu gewinnen.[6]

Versuchen wir den Ertrag dieser Überlegungen zusammenzustellen! Zweierlei dürfte sich von da aus sagen lassen.

a) Israel hat es gewagt, *das* Absolute selbst als *den* Absoluten anzubeten. Darin, und darin allein, liegt sein totaler Unterschied zum Polytheismus und darin geschieht die entscheidende geschichtliche Überwindung des Polytheismus.[7] Denn Polytheismus bedeutet nicht die Behauptung einer Vielfalt des Absoluten (wie wir naiverweise gewöhnlich voraussetzen); er beruht vielmehr auf der Vorstellung seiner Unansprechbarkeit. Und der Monotheismus unterscheidet sich vom Polytheismus nicht durch die Erkenntnis der Einheit des Absoluten (sie ist eine Grundgegebenheit des menschlichen Bewußtseins, an der auch der Materialismus mit seiner Vorstellung von der Absolutheit der Materie festhält); der Unterschied liegt vielmehr im Glauben an seine Ansprechbarkeit und sein eigenes Sprechenkönnen. Bedenkt man das, so sieht man, wie sehr das moderne Bewußtsein sich mit den Grundvoraussetzungen des Polytheismus berührt, wie sehr er gerade heute wieder unser aller Versuchung geworden ist …

An dieser Stelle ergibt sich übrigens auch der Berührungspunkt zwischen dem Polytheismus der alten Welt und den in vieler Hinsicht so sehr davon unterschiedenen asiatischen Religionen einschließlich des Buddhismus: Auch für die Religionen Asiens (wenn man einmal so global sprechen darf) ist das göttliche Absolute überpersönlich oder unpersönlich, deshalb nicht Adressat positiver religiöser Vollzüge, die zu vernehmen es keine Möglichkeit hat und die ihm zuzuwenden daher sinnlos wäre. Die positiven religiösen Akte können sich immer nur auf die endlichen Spiegelungen des Absoluten richten, die dieses verhältnismäßig rein darstellen und daher Götter heißen dürfen, ohne Gott zu sein (es gehört zur Definition der Götter, auch für den Polytheismus selbst, daß sie nicht Gott sind). Alle diese positiven religiösen Akte können deshalb, weil ihre Adresse nur das Vorletzte ist, auch selbst nur Vorletztes und nicht Letztes sein. An dieser Stelle hat freilich die asiatische Religiosität weiter gedacht und entschlossen die Konsequenz gezogen, über die gleich anschließend zu sprechen sein wird. Vorher ist noch zu bemerken, daß nach dem Gesagten der Glaube Israels, dessen Spezifikum darin besteht, *das* Absolute als *den* Absoluten anzubeten, zugleich zum Spezifikum haben muß, Gott und *nicht* die Götter anzubeten: Dies gerade ist ja sein Ereignis. Mit anderen Worten: Israels Frömmigkeit *muß* von ihrem Ausgangspunkt her den Sturz der Götter einschließen. Insofern wohnt der vorhin geschilderten positiven Absolutheit und Universalität seines Glaubens notwendig als deren Funktion ein Nein zu den Göttern inne, die sich nicht Götter nennen dürfen, weil sie nicht Gott sind. In diesem Sachverhalt gründet das Bündnis zwischen frühem Christentum und griechischer Aufklärung: Das Christentum fühlt sich als Fortsetzung der griechischen Philosophie, nicht aber der griechischen Religion, die es von Grund auf verneint und verneinen muß.[8]

Mit dem Gesagten ist die Sonderstellung des Glaubens Israels gegenüber dem Polytheismus der alten Welt entworfen, deren ganz aktuelle Bedeutung in dem latenten Polytheismus unserer Gegenwart sichtbar wurde: Die Frage der Ansprechbarkeit des Absoluten bzw. seines eigenen Sprechenkönnens ist genau wieder die Trennungsfrage zwischen christlichem Glauben und moderner Welt geworden, so daß das eigentliche Spezifikum des christlichen Anspruchs und zugleich der polytheistische Charakter des modernen Atheismus damit schon recht deutlich in den Blick getreten ist. Zugleich deutet sich eine missionarisch (und für die Theologie der Religionen) wichtige Frage an: die Unabdingbarkeit des Sturzes der Götter.

b) Griechische Aufklärung und Prophetismus in Israel stellen je auf ihre Weise eine Auseinandersetzung mit dem Problem des Polytheismus dar. Asien hat sich zur selben Zeit auf seine Weise in der buddhistischen Bewegung der gleichen Frage gestellt. Um sie zu verstehen, müssen wir davon ausgehen, daß der Polytheismus selbst (nicht nur, wo er ins Reflexionsstadium trat, sondern auf irgendeine Weise doch wohl auch in den sogenannten Primitivreligionen mit ihrer eigentümlichen Verbindung von Polytheismus und Monotheismus) sich bewußt ist, in den „Göttern" nicht „Gott", nicht das eigentlich Absolute zu verehren. Daraus folgt dann nicht selten die Einsicht, daß die den Göttern zugewandten positiven religiösen Akte deshalb, weil ihre Adresse nur das Vorletzte ist, auch selbst nur Vorletztes und nicht Letztes sein können. Die asiatische Religiosität fügt dem hinzu: Die ganze positive Religiosität ist also nur Vorletztes, das Letzte kann nur sein die Negation, das reine Nein als Freiwerden vom Vorletzten und Eingehen in das Letzte. Damit fällt nun eine Entscheidung über das Absolute, die so nicht notwendig aus dem polytheistischen Ansatz folgt und etwa im griechischen Bereich auch nicht vorliegt: Die Welt (und der Mensch mit ihr und alles Personsein) wird begriffen als das endliche *Erscheinen* des Unendlichen, nur Schein und nicht Sein. Hier vollzieht sich der Umschlag: Wenn Welt nur Schein ist, dann ist sie im letzten gar nichts Eigenes neben dem alleinigen Absoluten, das das einzig Wirkliche ist. Es bleibt die Identität eines einzigen wahren Seins, von dem nur leerer Schein uns trennt. So wird freilich der Gegensatz zum Glauben Israels erst zu seiner vollen Radikalität geführt: Zwischen Jahwe und seinem Geschöpf gibt es keine Identität, sondern nur das Gegenüber in Wort und Antwort. Und damit sind wir wieder beim Ausgangspunkt angelangt, bei der Frage nach dem Letztcharakter der Person, des Wortes …

Und so wird wieder die unmittelbare Aktualität der Entgegensetzungen deutlich: Identität, die zugleich die Relativierung der Person und des Wortes bedeutet, schließt die Relativierung der religiösen Aussagen, ihren Symbolcharakter ein: „Ein und derselbe Mond spiegelt sich in allen Wassern. Alle Monde im Wasser sind eins in dem einen einzigen Mond" lautet ein Gleichnisspruch des Zen-Buddhismus.[9] Wie sehr verstehen wir das alle! Wie sehr ist das wiederum die Vorstellungswelt des Menschen von heute, ihr Vorschlag an die Christen, um endlich das religiöse Problem zu lösen. Der Glaube Israels ist unversöhnbar mit solchen Vorschlägen und seine Unauflösbarkeit in solche Harmonie der Symbole, die auf der Relativierung von Person und Wort beruht, kommt im Glauben Jesu

Christi – auf den wir nun endlich stoßen – zu ihrer vollen Strenge: Das Gegenübersein Gottes hat in dem Menschen Jesus seine volle Unwiderruflichkeit erhalten; der Gott, der Menschenangesicht trägt, läßt sich nicht als überpersönliches Ein und Alles deklarieren; sein Personsein und sein Sprechen hat eine geradezu anstößige Konkretheit gewonnen. Die christliche Grundentscheidung und die Unausweichlichkeit ihres Absolutheitsanspruchs, die auf der Absolutheit der Person beruht, wird an dieser Stelle unübersehbar deutlich.

c) Die christliche Erneuerung des Alten Testaments bedeutet demnach zunächst, daß in Christus das Gegenübersein Gottes, sein Personsein in letzter Konkretheit und Realität sich zeigt.

Und dennoch: Wenn christlicher Glaube den Widerspruch zu seiner äußersten Schärfe führt, so geschieht doch in ihm zugleich die Überschreitung des Widerspruchs und die Öffnung auf Einheit hin, wenngleich in einem völlig anderen Sinn als im Symbol-Universalismus Asiens. Denn Christus bedeutet nicht nur Gegenüber von Gott und Mensch, sondern Vereinigung: Vereinigung von Mensch und Gott, Vereinigung von Mensch und Mensch, so radikal, daß Paulus – asiatische Einheitsmystik hinter sich lassend – sagen kann: „Ihr seid ein einziger in Christus Jesus" (Gal 3, 28). So sind wir zurückgeführt zu dem Wort von Cuttat, von dem wir ausgegangen sind: „Im Punkt, wo Orient und Okzident sich begegnen und trennen, erhebt sich das Kreuz des neuen Adam", der im Kreuz das Ineinander der zwei getrennten Hölzer, der zwei getrennten Welten schafft. „Denn er ist unser Friede, der die zwei Teile einte und die trennende Scheidewand, die Feindschaft beseitigte … und so die beiden in einem einzigen Leib mit Gott versöhnte durch das Kreuz, da er durch dieses die Feindschaft tötete" (Eph 2, 14 ff).

II. Zur Frage der Mission

An dieser Stelle, an der man nun eigentlich erst vollends beginnen könnte und sollte, möchte und muß ich die Überlegungen zur Frage der „Absolutheit" der biblischen Religion abbrechen, um in einem zweiten Teil noch ein paar nicht minder fragmentarische Hinweise zur Frage der Mission bzw. der konkreten Beziehung der Christen zu den anderen Religionen zu geben. Wir hatten gesehen, daß der christliche „Absolutismus" inhaltlich gesehen ein Universalismus ist, der auf dem Universalismus Israels beruht, das, seine nationalen Grenzen überschreitend, einzig und allein den Gott des Alls, den „Himmelsgott" anbetet und so zuerst den Ausbruch aus dem Gitter des Nationalen vollzieht und die Götter, welche die Menschen in dieses hineinverbannen, als Dämonen entlarvt.[10]

Aber, so muß man nun im Blick auf die Geschichte sofort fragen, wirkt sich in der Praxis dieser Universalismus nicht gerade gegenteilig als ein massiv übersteigerter und absolut gesetzter Partikularismus aus? Die jüdische Religion und hernach die christliche waren die einzig unverträglichen im Römischen Reich, während die Götter allenthalben austauschbar waren und in schönem Frieden sich zu einem großen Pantheon ergänzen konnten. Hat nicht gerade der Universalismus des Jüdischen bzw. des Christlichen erst das Prinzip der Intoleranz in die Religionsgeschichte getragen und ist dieses Prinzip nicht notwendige Konsequenz aus der christlich-jüdischen Form von Universalismus?[11]

Wer diese Fragen aufmerksam mitvollzogen hat, wird das Bedürfnis empfunden haben, hier eine Präzisierung anzubringen, derart, daß ein Unterschied gemacht werde zwischen der Stellung der Religion Israels und der christlichen in der Geschichte. Beide haben zwar gemeinsam, daß sie sich nicht in das Pantheon Roms einfügen ließen: das folgt aus der Grundform ihres Gottesverhältnisses notwendig. Aber erst die christliche Religion hat in einem größeren Stil das polytheistische Rom zu einer kämpferischen Stellungnahme herausgefordert, weil dieses erst durch die christliche Religion sich in seinem Polytheismus bedroht fühlte, der das Grundprinzip des antiken Staates als solchen darstellte. Der Glaube Israels fügte sich zwar seinerseits nicht in das antike Pantheon, bedrohte es aber auch nicht eigentlich und konnte deshalb toleriert werden (hier erst findet eigentlich *Toleranz* statt; der Austausch der Götter beruht auf ihrer geheimen Identität). So zeigt sich im beiderseitigen Universalismus noch einmal eine entscheidende Differenz, die gerade für die Frage nach dem Verhalten der Kirche zu den nichtchristlichen Religionen entscheidend ist. Israel stand zwar unter dem Auftrag, in seiner eigenen Mitte mit aller Entschiedenheit die Götter zu stürzen und Gott allein anzubeten, aber es wußte sich nicht beauftragt, die Götter überhaupt zu stürzen: Das war allein Gottes eigene Sache. Und es wußte sich nicht beauftragt, die Völker für Jahwe-Gott zu gewinnen: Jahwe hatte Israel erwählt, obwohl er Vater aller Völker war, es zum „erstgeborenen", „geliebten" Sohn gemacht; daß er die anderen Völker nicht in gleicher Weise erwählt hatte, war nicht Israels und auch nicht eigentlich der Völker Sache; erst das Spätjudentum stellt es dann als Schuld der Völker hin.[12] So konnte es allein Jahwes eigene Sache sein, die Erwählung auszudehnen, wie es allein seine Sache war, die „Götter" zu richten (Ps 82 [81]). Später tauchte wohl die Idee einer Sendung Israels an die Völkerwelt auf, in der Doppelform der Passionsidee und der Idee des Lichtes (des Zeichens, der Stadt auf dem Berg). Aber auch hier bleibt das Heil für die Völker allein Jahwes Sache, wenn es auch als solche nun deutlich ins Bewußtsein tritt: Die Geschichte endet nach der glanzvollen Vision Jesajas mit der Völkerwallfahrt zum Sionsberg (2,2). Auf diese Weise aber bleibt der Universalismus Israels reine Verheißung. Er bleibt Gottes Sache, der Israel allein durch sein gehorsames Leidenszeugnis dient und durch das Licht, das von diesem Zeugnis des Leidens ausgeht. Mit anderen Worten: Der Universalismus Israels bleibt „tolerant".

Im Neuen Testament ergibt sich ein anderes Bild. In Christus ist nach christlichem Glauben Gott selbst in die Geschichte eingetreten, in ihm haben die letzten Dinge schon begonnen, die Endzeit ist schon da und aus der Völkerwallfahrt zum Sionsberg wird nun die Gotteswallfahrt zu den Völkern hin. Der Universalismus bleibt nicht länger bloße Vision des Kommenden, sondern muß mit dem Glauben an das Jetzt der Endzeit in konkrete Tatsachen umgewandelt werden – das eben ist der Sinn der Mission. Die Kirchenväter verstehen – dem Duktus des Neuen Testaments folgend – das Christusgeschehen als ein Mysterium der Vereinigung: Sünde war Sonderung in den Egoismus des je einzelnen hinein; war „Babylon", d.h. Abbruch der Brücken des Verstehens, Absolutsetzung des Eigenen im individuellen wie kollektiven Egoismus der Nation und eben darin – als falsche, gegeneinanderführende Absolutsetzung – Götzendienst. Glaube bedeutet demgegenüber Botschaft von der Einheit, die alle Grenzen überschreitet und quer durch alle Grenzen im *einen* Geist Verstehen schafft: „*Ein* Herr, *ein* Glaube, *eine* Taufe, *ein* Gott und Vater aller, der da ist über allem und durch alles und in allem" (Eph 4, 5). Man kann die Faszination begreifen, die von einer solchen Botschaft ausging, die Hoffnung, die sie erweckte.

Aber rückblickend auf die Geschichte des Christentums werden wir uns einer gewissen Zwiespältigkeit beim Gedanken an die Botschaft und die Versuche ihrer Verwirklichung nicht erwehren können. Gewiß, die Verkündigung der Einheit der Menschen und das Bemühen, sie in der uneinen Welt in Geltung zu setzen, waren und sind etwas Großes – die Geschichte hat eine neue Richtung bekommen dadurch, hinter die wir gar nicht mehr wirklich zurückzudenken vermögen. Aber wer sich dazu bekennt, wird doch auch Gefahr und Verhängnis des Ganzen nicht leugnen dürfen. Die Versuchung zur Intoleranz, zur Aufrichtung einer heillosen innerweltlichen Absolutheit, die den andern für Zeit und Ewigkeit in Frage stellt, wird riesengroß – unter den geistigen Voraussetzungen mancher Perioden scheint sie geradezu unüberwindlich. Aus dem, was einst Verheißung war, wird nun – so scheint es – ein Gebot: Das Heil der andern scheint nicht mehr am göttlichen Erbarmen, sondern am Erfolg der kirchlichen Bemühung zu hängen. Stünde es so, dann müßte man freilich die Missionsidee einen erschreckenden Rückschritt hinter die einfache, reine Hoffnung Israels nennen (– sicher liegt hier ein Grund, weshalb sich heute gar mancher – nicht nur der Verehrerkreis von Ernst Bloch – für das Alte Testament gegen das Neue erwärmt).

In der Tat wird man sagen müssen, daß die Mission sich an diesem Punkt – und das heißt freilich: von der Wurzel ihrer Sinngebung her – besser verstehen lernen muß, als sie es bisher getan hat: Hier liegt eine Hauptaufgabe der modernen Missionstheologie. Ich möchte dazu nur zwei Gedanken kurz anzudeuten versuchen.

1. Wenn man in gewissem Sinn sagen kann, in Sachen Universalismus sei der Weg vom Alten Testament zum Neuen Testament (oder richtiger: von Israel zur Kirche) ein Weg von der Verheißung zum Gebot (Missionsauftrag ist Gebot, das Israel so nicht kannte), so ist diese Teilperspektive doch notwendig einzuordnen in die Grundperspektive, nach der gerade umgekehrt der Weg vom Alten zum Neuen Testament ein Weg vom Gebot zur Verheißung ist: Eben dies ist doch der Inhalt der Abrahamstheologie, die Paulus im vierten Kapitel des Römerbriefs darlegt, ja, der Kerngedanke der pau-

linischen Predigt überhaupt. So ist die Gebotsperspektive der Verheißungsperspektive in jedem Fall ein- und untergeordnet: Gebot kann nur bestehen als Ausdruck der Verheißung.

2. Wenn man ein Stück tiefer in die Botschaft Jesu eintritt, in den Zusammenhang des Missionsbefehls wie überhaupt des urchristlichen Missionsgedankens, wird man sehr bald sehen, daß das eben Gesagte nicht nur ein grundsätzliches Postulat aus der Struktur der christlichen Botschaft heraus darstellt, sondern in dem Wollen Jesu Verdeutlichung und Klärung findet.

Die Verkündigung Jesu war zunächst nicht Verkündigung der Kirche der Völker, sondern Ankündigung des Reiches Gottes, und so blieb in Jesu eigener Botschaft der Universalismus gleichfalls reine Verheißung, wie J. Jeremias schön gezeigt hat.[13] Der erregende und von der Theologie längst nicht genug reflektierte Vorgang, den die Apostelgeschichte darstellt und der ihre eigentliche theologische Aussage bildet, ist aber dieser, daß die Reichsbotschaft Jesu, die ihre erste Ablehnung schon durch die Kreuzigung Jesu gefunden hatte, die aber nach der Auferstehung noch einmal angeboten wurde, von Israel endgültig zurückgewiesen worden ist und daß von da an die Botschaft nur in der Weise des Unterwegsseins zu den Völkern hin existieren kann. Dieses Unterwegssein der Botschaft zu den Völkern nennen wir Kirche. Aus jener Abweisung der Botschaft heraus, die sie heimatlos machte und zum Unterwegssein zwang, entstand die Mission (die so in einem sehr tiefen Sinn mit der Kirche selbst zusammenfällt); sie entstand als die neue Gestalt der Verheißung ... Mission als Gestalt des christlichen Universalismus heißt folglich einfach, daß das Wort nach der Abweisung des Reiches (d. h. in der Situation einer nicht eschatologisch vollendeten, sondern sündhaften Menschheit, die sich in Israels Nein für alle signifiziert) keine andere Heimstatt hat als das Unterwegssein: Es teilt die Situation des Menschensohnes, der nichts hatte, wohin er sein Haupt legen sollte (Mt 8,20). Es teilt die Situation dessen, der das Wort ist, das in sein Eigentum kam, aber nicht aufgenommen wurde (Joh 1,11). Mission ist demnach Ausdruck für die irdische Heimatlosigkeit des Wortes und so gerade dafür, daß es zu allen gehört.

Ich denke, daß eine Mission, die sich mehr und mehr von diesen Ansätzen her verstehen wird, keinen Gegensatz zum Universalismus darstellen kann, sondern ihrem Sinn getreu gerade dessen Ausdruck sein wird. Und sie kann keinen Gegensatz zur Toleranz bedeuten: Der Missionsgedanke hat die bisher selbstverständliche Deckung von Religion und Gesellschaft zerschlagen und so ist überhaupt die Idee der Freiheit des religiösen Bekenntnisses im Blut der Märtyrer geboren, die etwas anderes ist als die Relativität und Vertauschbarkeit der Symbole, mit der sie heute weithin verwechselt wird.[14] Freilich, welche Verkehrungen hat die Geschichte gebracht, wieviel Schuld! Und doch, gottlob, ganz ist ihr Sinn nie erloschen. Gestalten wie Las Casas, die unerschrocken für die Gewaltlosigkeit des Wortes eingetreten sind, haben der Mission zu keinem Zeitpunkt ganz gefehlt. Und so blieb sie, bei allen Schwächen und allem Versagen, doch das Gewissen der Kolonisatoren, die einzige Bremse des „Kolonialismus", der Hort des Menschlichen darin. Und sie blieb Ferment der Vereinigung der Menschheit: Der Verkehr allein vereinigt nicht, nur der Geist kann es tun.

Dennoch könnte man sich am Schluß zu der Frage gedrängt fühlen: Warum Mission trotz der Verheißung, die fortbesteht? Ich denke, wir müssen antworten: Mission gibt es nicht *trotz* der Verheißung, sondern *wegen* der Verheißung, als deren gewaltlosen Ausdruck. Von diesem Verheißungsmoment, das das Gebot nicht aufhebt, aber furchtlos macht, müßte sie sich tief durchdringen lassen. Wenn wir systematisch nach den Gründen für Mission fragen, müßte freilich vieles hinzugefügt werden. Etwa dies, daß sie für die Bewegung der Geschichte, um ihrer Vereinigung willen, vonnöten ist. Daß sie geschehen muß um der immerwährenden Selbstreinigung des Christlichen willen, die nur im Begegnen mit dem anderen sich vollziehen kann. Daß sie sein muß, weil die anderen ein Recht auf die Botschaft haben, die uns geworden ist, aus solchem Recht aber unsere Pflicht zum Zeugnis folgt, ohne daß wir damit das Heil der anderen vom Ergebnis unserer Bemühungen abhängig machen dürften, die dennoch unsere Pflicht bleiben. Zuletzt werden wir gestehen müssen, daß auch die christliche Mission im tiefsten nichts anderes wollen kann, als was Israels heiliger Auftrag war: im Zeugnis der Passion und im Dienst der Liebe Licht der Völker zu sein. Die Wallfahrt Gottes zu den Völkern, die in der Mission sich vollzieht, hebt nicht die Verheißung der Wallfahrt der Völker zum Heil Gottes auf, die das große Licht ist, das uns aus dem Alten

Testament entgegenleuchtet; sie bestätigt sie nur. Denn das Heil der Welt steht in Gottes Hand, es kommt aus Verheißung, nicht aus Gesetz. Uns aber bleibt, in Demut uns in den Dienst der Verheißung zu stellen, ohne mehr sein zu wollen als unnütze Knechte, die nichts als ihre Schuldigkeit tun (Lk 17, 10).

Ende der 1960er Jahre, nach Abschluss des Zweiten Vatikanums und angesichts sich abzeichnender Umbrüche in der Gesellschaft, stellte sich verschärft die Frage nach Wegen einer zeitgemäßen Weitergabe des christlichen Glaubens. Unter dem provozierenden Titel „Veraltetes Glaubensbekenntnis?" befasste sich deshalb eine gemeinsame Tagung der Katholischen Akademie in Bayern und der Evangelischen Akademie Tutzing vom 22.–24. März 1968 in München mit dieser beide Konfessionen betreffenden Thematik. Auf katholischer Seite wirkten Prof. Dr. Joseph Ratzinger, damals Inhaber des Lehrstuhls für Dogmatik an der Katholisch-Theologischen Fakultät der Universität Tübingen, mit, dessen Beitrag hier dokumentiert wird, sowie Dr. Dr. Karl Lehmann, seinerzeit Wissenschaftlicher Assistent an der Universität Münster.

Schwierigkeiten mit dem Apostolicum[1]

Höllenfahrt – Himmelfahrt –
Auferstehung des Fleisches

Die folgenden Überlegungen haben nicht die Absicht, die umfangreichen exegetischen, religionsgeschichtlichen, dogmengeschichtlichen und hermeneutischen Fragen zu behandeln, die sich mit den in Rede stehenden Stücken des Glaubensbekenntnisses verbinden: Das würde eine Wanderung in einen Urwald bedeuten, aus dem es so schnell kein Entrinnen gäbe. Sie versuchen vielmehr, in der Weise meditativer Besinnung den geistlichen Kern der jeweiligen Aussagen bloßzulegen und so auf das Eigentliche hinzuführen, worum es im Credo jenseits aller Fachwissenschaft geht.

I. „Abgestiegen zu der Hölle"

Vielleicht kein Glaubensartikel steht unserem heutigen Bewußtsein so fern wie dieser. Neben dem Bekenntnis zur Geburt Jesu aus der Jungfrau Maria und demjenigen zur Himmelfahrt des Herrn reizt er am meisten zur „Entmythologisierung", die man hier gefahrlos und ohne Ärgernis scheint vollziehen zu können. Die paar Stellen, an denen die Schrift etwas von dieser Sache zu sagen scheint (1 Petr 3,19; 4,6; Eph 4,9; Röm 10,7; Mt 12,40; Apg 2,27.31), sind so schwer zu verstehen, daß man sie leicht in vielerlei Richtungen auslegen kann; wenn man demgemäß die Sache zuletzt ganz eliminiert, scheint man den Vorteil zu haben, eine seltsame und in unser Denken schwer einzuordnende Aussage losgeworden zu sein, ohne sich einer besonderen Untreue schuldig gemacht zu haben. Aber ist damit eigentlich etwas gewonnen? Oder ist man vielleicht nur der Schwere und dem Dunkel des Wirklichen aus dem Weg gegangen?

Man kann versuchen, mit Problemen fertig zu werden, indem man sie einfach negiert oder indem man sich ihnen stellt. Der eine Weg ist bequemer, aber nur der zweite führt weiter. Müßten wir also, anstatt die Frage beiseite zu schieben, nicht viel eher einsehen lernen, daß dieser Glaubensartikel, dem im Ablauf des Kirchenjahres der Karsamstag liturgisch zugeordnet ist, uns heute ganz besonders nahesteht, in ganz besonderem Maß die Erfahrung unseres Jahrhunderts ausdrückt? Am Karfreitag bleibt immerhin der Blick auf den Gekreuzigten, Karsamstag aber ist der Tag des „Todes Gottes", der Tag, der die unerhörte Erfahrung unserer Zeit zu Worte bringt und vorwegnimmt, daß Gott einfach abwesend scheint, daß das Grab ihn deckt, daß er nicht mehr aufwacht, nicht mehr spricht, so daß man nicht einmal mehr ihn zu bestreiten braucht, sondern ihn einfach übergehen kann. „Gott ist tot, und wir haben ihn getötet." Dieses Wort Nietzsches gehört sprachlich der Tradition der christlichen Passionsfrömmigkeit zu; es drückt den Gehalt des Karsamstags aus, das „abgestiegen zu der Hölle".

Mir kommen im Zusammenhang mit diesem Artikel immer wieder zwei biblische Szenen in den Sinn. Zunächst jene grausame Geschichte des Alten Testaments, in der Elias die Baalspriester auffordert, von ihrem Gott Feuer für das Opfer zu erflehen. Sie tun es, und es geschieht natürlich nichts. Er verhöhnt sie, geradeso wie ein Aufklärer den Frommen verhöhnt und ihn der Lächerlichkeit überführt findet, wenn nichts geschieht auf sein Beten hin. Er ruft ihnen zu, sie hätten vielleicht nicht laut genug gebetet: „Schreit doch lauter. Baal ist ja ein Gott. Er ist aber in Gedanken vertieft oder vielleicht ausgetreten; vielleicht schläft er auch und wacht dann auf!" (3 Kön 18, 27). Wenn man heute diese Verhöhnung der Frommen Baals liest, kann einem etwas unheimlich zumute werden; man kann das Gefühl haben, *wir* seien jetzt in jene Situation geraten und jener Spott müsse nun auf uns fallen. Kein Rufen scheint Gott aufwecken zu können. Der Rationalist scheint uns beruhigt sagen zu dürfen: Betet lauter, vielleicht erwacht dann euer Gott. „Abgestiegen zu den Toten" – wie sehr ist das die Wahrheit unserer Stunde, der Abstieg Gottes in das Verstummen, in das dunkle Schweigen des Abwesenden hinein.

Aber neben der Eliasgeschichte und ihrer neutestamentlichen Analogie in der Erzählung von dem Herrn, der mitten im Seesturm schläft (Mk 4,35–41 par), gehört auch die Emmausgeschichte hierher (Lk 24,13–35). Die verstörten Jünger reden vom Tod ihrer Hoffnung. Für sie ist so etwas wie der Tod Gottes geschehen: Der Punkt, an dem Gott endlich gesprochen zu haben schien, war erloschen. Der Gesandte Gottes ist tot, und so ist völlige Leere. Nichts antwortet mehr. Aber während sie so vom Tod ihrer Hoffnung sprechen und Gott nicht mehr zu sehen vermögen, merken sie nicht, daß eben diese Hoffnung lebendig in ihrer Mitte steht. Daß „Gott" oder vielmehr jenes Bild, das sie von seiner Verheißung sich gebildet hatten, sterben mußte, damit er größer leben konnte. Ihr Bild, das sie von Gott geformt hatten und in das sie ihn einzuzwängen versuchten, mußte zerstört werden, damit sie sozusagen über den Trümmern des zerstörten Hauses wieder den Himmel sehen konnten und ihn selber, der der unendlich Größere bleibt. Eichendorff hat es in der gemütvollen, uns fast zu harmlos erscheinenden Weise seines Jahrhunderts so formuliert:

> Du bist's, der, was wir bauen,
> mild über uns zerbricht,
> daß wir den Himmel schauen –
> darum so klag' ich nicht.

So aber erinnert uns der Artikel vom Höllenabstieg des Herrn daran, daß zur christlichen Offenbarung nicht nur Gottes Reden, sondern auch Gottes Schweigen gehört. Gott ist nicht nur das verstehbare Wort, das auf uns zugeht, er ist auch der verschwiegene und unzugängliche, unverstandene und unverstehbare Grund, der sich uns entzieht. Gewiß gibt es im Christlichen einen Primat des Logos, des Wortes, vor dem Schweigen: Gott *hat* gesprochen, Gott *ist* Wort. Aber darüber dürfen wir die Wahrheit von der bleibenden Verborgenheit Gottes nicht vergessen. Nur wenn wir ihn als Schweigen erfahren haben, dürfen wir hoffen, auch sein Reden zu vernehmen, das im Schweigen ergeht. Die Christologie reicht über das Kreuz, den Augenblick der Greifbarkeit göttlicher Liebe hinaus, in den Tod, in das Schweigen und die Verdunklung Gottes hinein. Können wir uns wundern, daß die Kirche, daß das Leben des einzelnen immer wieder in diese Stunde des Schweigens hineingeführt wird, in den vergessenen und beiseite geschobenen Artikel „Abgestiegen zu der Hölle"?

Wenn man dies bedenkt, löst sich die Frage nach dem „Schriftbeweis" von selber; zum wenigsten im Todesruf Jesu „Mein Gott, mein Gott, warum hast du mich verlassen" (Mk 15, 34) wird das Geheimnis des Höllenabstiegs Jesu wie in einem grellen Blitz in dunkler Nacht sichtbar. Vergessen wir dabei nicht, daß dieses Wort des Gekreuzigten die Anfangszeile eines Gebetes Israels ist (Ps 22 [21], 2), in welchem die Not und die Hoffnung dieses von Gott erwählten und gerade so scheinbar zutiefst von ihm verlassenen Volkes erschütternd sich zusammenfaßt. Dieses Gebet aus der tiefsten Not der Gottesfinsternis endet mit einem Lobpreis der Größe Gottes. Auch das ist im Todesruf Jesu mit anwesend, den Ernst Käsemann kürzlich als ein Gebet aus der Hölle herauf bezeichnet hat, als das Aufrichten des ersten Gebotes in der Wüste der scheinbaren Abwesenheit Gottes: „Der Sohn hält dann noch den Glauben, wenn Glaube sinnlos geworden zu sein scheint und die irdische Wirklichkeit den abwesenden Gott kundtut, von dem nicht umsonst der erste Schächer und die höhnende Menge sprechen. Sein Schrei gilt nicht dem Leben und Überleben, nicht sich selbst, sondern dem Vater. Sein Schrei steht gegen die Realität der ganzen Welt." Brauchen wir da noch zu fragen, was Anbetung in unserer Stunde der Finsternis heißen muß? Kann sie etwas anderes sein als der Ruf aus der Tiefe mit dem Herrn, der „abgestiegen ist zur Hölle" und Gottesnähe mitten in der Gottverlassenheit aufgerichtet hat?

Versuchen wir noch eine weitere Überlegung, um in dieses vielschichtige Geheimnis einzudringen, das von einer Seite allein her nicht aufzuhellen ist. Nehmen wir dabei zunächst noch einmal eine exegetische Feststellung zur Kenntnis. Man sagt uns, daß in unserem Glaubensartikel das Wort „Hölle" nur eine falsche Übersetzung für Scheol (griechisch: Hades) sei, womit der Hebräer den Zustand jenseits des Todes bezeichnet, den man sich sehr undeutlich als eine Art von Schattendasein, mehr Nichtsein als Sein, vorstellte. Demnach hätte der Satz ursprünglich nur bedeutet, daß Jesus in die Scheol eingetreten, d. h. daß er gestorben ist. Nun mag das durchaus richtig sein. Aber es bleibt die Frage, ob die Sache damit einfacher und geheimnisloser geworden ist. Ich denke, daß sich jetzt erst recht das Problem auftut, was das eigentlich ist: der Tod, und was denn geschieht, wenn jemand stirbt, also ins Geschick des Todes eintritt? Wir alle werden vor dieser Frage unsere Verlegenheit bekennen müssen. Niemand weiß es wirklich, weil wir alle diesseits des Todes leben, die Erfahrung des Todes nicht kennen. Aber vielleicht können wir eine Annäherung versuchen, indem wir noch einmal ausgehen von dem Kreuzesruf Jesu, in dem wir den Kern dessen ausgedrückt fanden, was Abstieg Jesu, Teilhabe am Todesgeschick des Menschen meint. In diesem letzten Gebet Jesu erscheint, ähnlich wie in der Ölbergszene, als der tiefste Kern seiner Passion nicht irgendein physischer Schmerz, sondern die radikale Einsamkeit, die vollständige Verlassenheit. Darin kommt aber schließlich einfach der Abgrund der Einsamkeit des Menschen überhaupt zum Vorschein, des Menschen, der im Innersten allein ist. Diese Einsamkeit, die zwar meist vielfältig überdeckt, aber doch die wahre Situation des Menschen ist, bedeutet zugleich den tiefsten Widerspruch zum Wesen des Menschen, der nicht allein sein kann, sondern das Mitsein braucht. Deshalb ist die Einsamkeit die Region der Angst, die in der Ausgesetztheit des Wesens gründet, das sein muß und doch in das ihm Unmögliche ausgestoßen ist.

Versuchen wir, uns das mit einem Beispiel noch weiter zu verdeutlichen. Wenn ein Kind einsam in dunkler Nacht durch den Wald gehen muß, fürchtet es sich, auch wenn man ihm noch so überzeugend bewiesen hat, daß überhaupt nichts sei, wovor es sich zu fürchten brauche. Im Augenblick, wo es allein in der Finsternis ist und so Einsamkeit radikal erfährt, steht Furcht auf, die eigentliche Furcht des Menschen, die nicht Furcht vor etwas, sondern Furcht an sich ist. Die Furcht vor etwas Bestimmtem ist im Grunde harmlos, sie kann gebannt werden, indem man den betreffenden Gegenstand wegnimmt. Wenn jemand sich z. B. vor einem bissigen Hund fürchtet, kann man die Sache schnell bereinigen, indem man den Hund an die Kette nimmt. Hier stoßen wir auf etwas viel Tieferes: daß der Mensch da, wo er in letzte Einsamkeit gerät, sich fürchtet, nicht vor etwas Bestimmtem, das man wegbeweisen könnte; er erfährt vielmehr die Furcht der Einsamkeit, die Unheimlichkeit und Ausgesetztheit seines eigenen Wesens, die nicht rational überwindbar ist. Nehmen wir noch ein Beispiel hinzu: Wenn jemand nachts allein mit einem Toten in einem Zimmer wachen muß, wird er seine Lage immer irgendwie als unheimlich empfinden, selbst wenn er sich's nicht gestehen will und imstande ist, sich rational das Gegenstandslose seiner Empfindung begreiflich zu machen. Er weiß an sich genau, daß der Tote ihm nichts antun kann und daß seine Lage vielleicht viel gefährlicher wäre, wenn der Betreffende noch lebte. Was hier aufsteht, ist eine völlig andere Art von Furcht, nicht Furcht vor etwas, sondern im Einsamsein mit dem Tod das Unheimliche der Einsamkeit an sich, die Ausgesetztheit der Existenz.

Wie aber, so müssen wir nun fragen, kann solche Furcht überwunden werden, wenn der Beweis der Gegenstandslosigkeit ins Leere zielt? Nun, das Kind wird seine Furcht verlieren in dem Augenblick, in dem eine Hand da ist, die es nimmt und führt, eine Stimme, die mit ihm redet; in dem Augenblick also, in dem es das Mitsein eines liebenden Menschen erfährt. Und auch derjenige, der mit dem Toten einsam ist, wird die Anwandlung der Furcht verschwinden fühlen, wenn ein Mensch mit ihm ist, wenn er die Nähe eines Du erfährt. In dieser Überwindung der Furcht enthüllt sich zugleich noch einmal ihr Wesen: daß sie die Furcht der Einsamkeit ist, die Angst eines Wesens, das nur im Mitsein leben kann. Die eigentliche Furcht des Menschen kann nicht durch den Verstand, sondern nur durch die Gegenwart eines Liebenden überwunden werden.

Wir müssen unsere Frage noch weiter fortsetzen. Wenn es eine Einsamkeit gäbe, in die kein Wort eines anderen mehr verwandelnd eindringen könnte; wenn eine Verlassenheit aufstünde, die so tief wäre, daß dorthin kein Du mehr reichte, dann wäre die eigentliche totale Einsamkeit und Furchtbarkeit gegeben, das, was der Theologe „Hölle" nennt. Was dieses Wort bedeutet, können wir von hier aus genau definieren: Es bezeichnet eine Einsamkeit, in die das Wort der Liebe nicht mehr dringt und die damit die eigentliche Ausgesetztheit der Existenz bedeutet. Wem fiele in diesem Zusammenhang nicht ein, daß Dichter und Philosophen unserer Zeit der Meinung sind, im Grunde blieben alle Begegnungen zwischen Menschen an der Oberfläche; kein Mensch habe zur eigentlichen Tiefe des anderen Zutritt. Niemand kann danach in die eigentliche Tiefe des anderen hineinreichen; jede Begegnung, wie schön sie auch scheint, betäubt im Grunde nur die unheilbare Wunde der Einsamkeit. Im tiefsten Grunde von unser aller Dasein würde so die Hölle, die Verzweiflung wohnen – die Einsamkeit, die ebenso unbestimmbar wie grauenvoll ist. Sartre hat bekanntlich seine Anthropologie von dieser Vorstellung her konstruiert. Aber auch ein so versöhnlicher und so heiter-gelassen erscheinender Dichter wie Hermann Hesse läßt im Grunde die gleichen Gedanken sichtbar werden:

> Seltsam, im Nebel zu wandern!
> Leben ist Einsamsein.
> Kein Mensch kennt den andern,
> Jeder ist allein!

In der Tat – eines ist gewiß: Es gibt eine Nacht, in deren Verlassenheit keine Stimme hinabreicht; es gibt eine Tür, durch die wir nur einsam schreiten können: das Tor des Todes. Alle Furcht der Welt ist im letzten die Furcht dieser Einsamkeit. Von da aus ist es zu verstehen, weshalb das Alte Testament nur *ein* Wort für Hölle *und* Tod hat, das Wort Sch°ol: Beides ist ihm letztlich identisch. Der Tod ist die Einsamkeit schlechthin. Jene Einsamkeit aber, in die die Liebe nicht mehr vordringen kann, ist – die Hölle.

Damit sind wir wieder bei unserem Ausgangspunkt angelangt, beim Glaubensartikel vom Abstieg in die Hölle. Dieser Satz besagt von hier aus, daß Christus das Tor unserer letzten Einsamkeit durchschritten hat, daß er in seiner Passion eingetreten ist in diesen Abgrund unseres Verlassenseins. Wo uns keine Stimme mehr erreichen kann, da ist Er. Damit ist die Hölle überwunden, oder genauer: der Tod, der vordem die Hölle war, ist es nicht mehr. Beides ist nicht mehr das gleiche, weil mitten im Tod Leben ist, weil die Liebe mitten in ihm wohnt. Nur noch die gewollte Selbstverschließung ist jetzt Hölle oder, wie die Bibel sagt: zweiter Tod (z. B. Offb 20,14). Das Sterben aber ist kein Weg in die eisige Einsamkeit mehr, die Pforten der Sch°ol sind geöffnet. Ich glaube, daß man von hier aus die scheinbar so mythologischen Bilder der Väter verstehen kann, die vom Heraufholen der Toten, von der Öffnung der Pforten sprechen; auch der scheinbar so mythische Text des heiligen Matthäus wird verständlich, der davon spricht, daß beim Tode Jesu die Gräber sich öffneten und die Leiber der Heiligen erstanden (Mt 27, 62 f.): Die Todestür steht offen, seit im Tode das Leben: die Liebe wohnt ...

II. „Aufgefahren in den Himmel"

Die Rede von der Himmelfahrt bedeutet unserer von Bultmann kritisch erweckten Generation zusammen mit derjenigen vom Höllenabstieg den Ausdruck jenes dreistöckigen Weltbildes, das wir mythisch nennen und für definitiv überwunden ansehen. Die Welt ist „oben" und „unten" überall nur Welt, überall von denselben physikalischen Gesetzen regiert, überall grundsätzlich auf dieselbe Art erforschbar. Sie hat keine Stockwerke, und die Begriffe „oben" und „unten" sind relativ, abhängig vom Standort des Beobachters. Ja, da es keinen absoluten Bezugspunkt gibt (und die Erde ganz gewiß keinen solchen darstellt), kann man im Grund überhaupt nicht mehr von „oben" und „unten" – oder auch von „links" und „rechts" sprechen; der Kosmos weist keine festen Richtungen mehr auf. Niemand wird heute im Ernst mehr solche Einsichten bestreiten wollen. Eine örtlich verstandene Dreistöckigkeit der Welt gibt es nicht mehr.

Aber ist sie denn eigentlich gemeint gewesen in den Glaubensaussagen von Höllenabstieg und Himmelfahrt des Herrn? Sicher hat sie das Vorstellungsmaterial dafür geliefert, aber das sachlich Entscheidende war sie ebenso sicher nicht. Die beiden Sätze drükken vielmehr, zusammen mit dem Bekenntnis zum geschichtlichen Jesus, die Gesamtdimension des menschlichen Daseins aus, das zwar nicht drei kosmische Stockwerke, wohl aber drei metaphysische Dimensionen umspannt. Insofern ist es umgekehrt konsequent, daß die augenblicklich sich modern dünkende Einstellung nicht nur Himmelfahrt und Höllenabstieg, sondern auch den geschichtlichen Jesus beiseite räumt, d. h. alle drei Dimensionen des menschlichen Daseins; was übrigbleibt, *kann* nur noch ein verschieden drapiertes Gespenst sein, auf das nicht zufällig niemand mehr ernstlich bauen will.

Was aber sagen denn unsere drei Dimensionen wirklich? Wir haben uns bereits früher klargemacht, daß die Höllenfahrt nicht eigentlich auf eine äußere Tiefe des Kosmos verweist; diese ist völlig entbehrlich für sie: In dem grundlegenden Text, dem Gebet des Gekreuzigten zu dem Gott, der ihn verlassen hat, fehlt jede kosmische Anspielung. Unser Satz lenkt unseren Blick vielmehr hin auf die Tiefe der menschlichen Existenz, die in den Todesgrund, in die Zone der unberührbaren Einsamkeit und der verweigerten Liebe hinabreicht und damit die Dimension der Hölle umschließt, sie als Möglichkeit ihrer selbst in sich trägt. Hölle, Existieren in der endgültigen Verweigerung des „Seins-für", ist nicht eine kosmographische Besimmtheit, sondern eine Dimension der menschlichen Natur, in die sie hinunterreicht. Mehr denn je wissen wir heute, daß eines jeden Existenz diese Tiefe berührt; da die Menschheit im letzten *ein Mensch"* ist, geht diese Tiefe freilich nicht nur den Einzelnen an, sondern betrifft den einen Körper des Menschengeschlechtes insgesamt, das sie daher als Ganzes mitaustragen muß. Von hier aus ist noch einmal zu verstehen, daß Christus, der „neue Adam", diese Tiefe mitzutragen unternommen hat und nicht in schlechthinniger Unberührtheit zu ihr stehen wollte; umgekehrt ist freilich jetzt erst die totale Verweigerung in ihrer vollen Abgründigkeit möglich geworden.

Die Himmelfahrt Christi hinwiederum verweist auf das andere Ende der nach oben und unten unendlich über sich selbst ausgestreckten menschlichen Existenz. Als Gegenpol zur radikalen Vereinsamung, zur Unberührtheit der verweigerten Liebe, trägt diese Existenz die Möglichkeit der Berührung mit allen anderen Menschen in der Berührung mit der göttlichen Liebe in sich, so daß dann Menschsein gleichsam seinen geometrischen Ort im Innern des Selbstseins Gottes finden kann. Freilich sind die beiden Möglichkeiten des Menschen, die so in den Worten Himmel und Hölle vor den Blick kommen, von je völlig anderer Art, auf ganz unterschiedliche Weise Möglichkeiten des Menschen. Die Tiefe, die wir Hölle nennen, kann nur der Mensch sich selber geben. Ja, wir müssen es schärfer ausdrücken: Sie besteht förmlich darin, daß er nichts empfangen und gänzlich autark sein will. Sie ist der Ausdruck der Verschließung ins bloß Eigene. Das Wesen dieser Tiefe besteht demnach eben darin, daß der Mensch nicht empfangen will, daß er nichts nehmen, sondern nur gänzlich auf sich selbst stehen, sich selbst genügen möchte. Wenn diese Haltung letzte Radikalität gewinnt, dann ist er der Unberührbare, der Einsame, der Verweigerte geworden. Hölle ist das Nur-selbst-sein-Wollen, das, was wird, wenn der Mensch sich ins Eigene versperrt.

Umgekehrt ist es das Wesen jenes Oben, das wir Himmel genannt haben, daß es nur empfangen werden kann, so wie man sich die Hölle nur selbst zu geben vermag. Der „Himmel" ist von Wesen her das nicht-Selbstgemachte und -Selbstmachbare; in der Sprache der Schule hatte man gesagt, er sei als Gnade ein „donum indebitum et superadditum naturae" (ein ungeschuldet der Natur dreingegebenes Geschenk). Der Himmel kann als erfüllte Liebe dem Menschen immer nur geschenkt werden; seine Hölle aber ist die Einsamkeit dessen, der das nicht annehmen will, der den Bettlerstatus verweigert und sich auf sich selbst zurückzieht. Von hier aus läßt sich nun überhaupt erst zeigen, was christlich gesehen eigentlich mit Himmel gemeint ist. Er ist nicht zu verstehen als ein ewiger, überweltlicher Ort, aber auch nicht einfach als eine ewige metaphysische Region. Wir müssen vielmehr sagen, daß die Wirklichkeiten „Himmel" und „Himmelfahrt Christi" untrennbar zusammenhängen; erst von diesem Zusammenhang her wird der christologische, personale, geschichtsbezogene Sinn der christlichen Botschaft vom Himmel deutlich. Setzen wir nochmals anders an: Himmel ist nicht ein Ort, der vor der Himmelfahrt Christi aus einem positivistischen Strafdekret Gottes heraus abgesperrt gewesen wäre, um dann eines Tages ebenso positivistisch aufgeschlossen zu werden. Die Wirklichkeit Himmel entsteht vielmehr allererst durch das Ineinstreten von Gott und Mensch. Der Himmel ist zu definieren als das Sichberühren des Wesens Mensch mit dem Wesen Gott; dieses Ineinstreten von Gott und Mensch ist in Christus mit seinem Überschritt über den Bios durch den Tod hindurch zum neuen Leben endgültig geschehen. Himmel ist demnach jene Zukunft des Menschen und der Menschheit, die diese sich nicht selbst geben kann, die ihr daher, solange sie nur auf sich selbst wartet, verschlossen ist und die erstmals und grundlegend eröffnet worden ist in dem Menschen, dessen Existenzort Gott war und durch den Gott ins Wesen Mensch eingetreten ist. Deshalb ist Himmel immer mehr als ein privates Einzelgeschick; er hängt notwendig mit dem „letzten Adam", mit dem endgültigen Menschen, und demgemäß mit der Gesamtzukunft des Menschen zusammen.

III. „Auferstehung des Fleisches"

1. Der Inhalt der neutestamentlichen Auferstehungshoffnung

Vor dem Artikel von der Auferstehung des Fleisches befinden wir uns in einem eigentümlichen Dilemma. Wir haben die Unteilbarkeit des Menschen neu entdeckt; wir leben mit einer neuen Intensität unsere Leibhaftigkeit und erfahren sie als unerläßliche Verwirklichungsweise des einen Seins des Menschen. Wir können von da aus die biblische Botschaft neu verstehen, die nicht einer abgetrennten Seele Unsterblichkeit verheißt, sondern dem ganzen Menschen. Aus einem solchen Empfinden heraus hat sich in unserem Jahrhundert vor allem die evangelische Theologie nachdrücklich gegen die griechische Lehre von der Unsterblichkeit der Seele gewandt, die man zu Unrecht auch als christlichen Gedanken ansehe. In Wahrheit drücke sich darin ein durchaus unchristlicher Dualismus aus; der christliche Glaube allein wisse von der Auferweckung der Toten durch Gottes Macht. Aber hier stellen sich sofort die Bedenken ein: Mag die griechische Unsterblichkeitslehre problematisch sein, ist denn die biblische Aussage nicht noch viel unvollziehbarer für uns? Einheit des Menschen, schön, aber wer vermag sich schon von unserem heutigen Weltbild her eine Auferstehung des Leibes vorzustellen? Diese Auferstehung schlösse ja – so scheint es jedenfalls – einen neuen Himmel und eine neue Erde mit ein, sie verlangte unsterbliche, nahrungslose Körper, einen völlig veränderten Zustand der Materie. Aber ist dies nicht alles völlig absurd, unserem Verständnis der Materie und ihrer Verhaltensweisen durchaus entgegen und somit heillos mythologisch?

Nun, ich denke, daß man zu einer Antwort tatsächlich nur kommen kann, wenn man sorgfältig nach den eigentlichen Intentionen der biblischen Aussage fragt und dabei auch das Verhältnis der biblischen und der griechischen Vorstellungen neu bedenkt. Denn deren Aufeinandertreffen hat beide Auffassungen umgeprägt und damit die ursprünglichen Intentionen des einen wie des anderen Weges überdeckt in einer neuen Gesamtansicht, die wir vorerst wieder abtragen müssen, wenn wir an den Anfang zurückfinden wollen. Die Hoffnung auf die Auferweckung der Toten stellt zunächst einfach die Grundform der biblischen Unsterblichkeitshoffnung dar; sie erscheint im Neuen Testament nicht eigentlich als ergänzende Idee zu einer vorausgehenden und davon unabhängigen Unsterblichkeit der Seele, sondern als die wesentliche Grundaussage über das Geschick des Menschen. Freilich gab es schon vom Spätjüdischen her Ansätze zu einer Unsterblichkeitslehre griechischer Prägung, und dies wird einer der Gründe sein, weshalb man sehr bald den umfassenden Anspruch des Auferstehungsgedankens in der griechisch-römischen Welt nicht mehr begriff. Vielmehr wurden nun die griechische Vorstellung von der Unsterblichkeit der Seele und die biblische Botschaft von der Auferweckung der Toten als eine je halbe Antwort auf die Frage nach dem ewigen Geschick des Menschen betrachtet und beides additiv zueinandergefügt. Dem schon gegebenen griechischen Vorwissen um die Unsterblichkeit der Seele füge die Bibel noch die Offenbarung hinzu, daß am Ende der Tage auch die Körper auferweckt würden, um fortan auf immer das Geschick der Seele – Verwerfung oder Seligkeit – zu teilen.

Demgegenüber werden wir festhalten müssen, daß es sich ursprünglich nicht eigentlich um zwei komplementäre Vorstellungen handelte; vielmehr stehen wir vor zwei verschiedenen Gesamtanschauungen, die man gar nicht einfach addieren kann: Das Menschenbild, das Gottesbild und das Bild von der Zukunft sind je durchaus verschieden, und so kann man im Grunde jede der beiden Ansichten nur als Versuch einer Totalantwort auf die Frage nach dem menschlichen Geschick verstehen. Der griechischen Auffassung liegt die Vorstellung zugrunde, im Menschen seien zwei an sich einander fremde Substanzen zusammengefügt, von denen die eine (der Körper) zerfällt, während die andere (die Seele) von sich aus unvergänglich ist und daher aus sich, unabhängig von irgendwelchen anderen Wesen, weiterbesteht. Ja, in der Trennung von dem ihr wesensfremden Körper käme die Seele erst zu ihrer vollen Eigentlichkeit. Der biblische Gedankengang setzt demgegenüber die ungeteilte Einheit des Menschen voraus; die Schrift kennt beispielsweise kein Wort, das nur den Körper (abgetrennt und unterschieden von der Seele) bezeichnet, umgekehrt bedeutet auch das Wort Seele in den allermeisten Fällen den ganzen leibhaftig existierenden Menschen; die wenigen Stellen, in denen sich eine andere

Sicht abzeichnet, bleiben in einer gewissen Schwebe zwischen griechischem und hebräischem Denken und geben jedenfalls die alte Sicht keineswegs auf. Die Auferweckung der Toten (nicht der Körper!), von der die Schrift redet, handelt demgemäß vom Heil des *einen*, ungeteilten Menschen, nicht nur vom Schicksal einer (womöglich noch sekundären) Hälfte des Menschen. Damit ist nun auch schon klar, daß der eigentliche Kern des Auferstehungsglaubens gar nicht in der Idee der Rückgabe der Körper besteht, auf die wir ihn aber in unserem Denken reduziert haben; das gilt, obwohl diese Bildvorstellung in der Bibel durchgehend verwendet wird. Aber was ist dann der eigentliche Inhalt dessen, was die Bibel mit der Chiffre von der Auferstehung der Toten den Menschen als ihre Hoffnung ankündigen will? Ich denke, man kann dieses Eigentliche am ehesten in der Gegenüberstellung zur dualistischen Konzeption der antiken Philosophie herausarbeiten:

1. Die Unsterblichkeitsidee, welche die Bibel mit dem Wort von der Auferstehung ansagt, meint eine Unsterblichkeit der „Person", des *einen* Gebildes Mensch. Während im Griechischen das typische Wesen Mensch ein Zerfallsprodukt ist, das als solches nicht weiterlebt, sondern seiner heterogenen Artung aus Leib und Seele gemäß zwei verschiedene Wege geht, ist es nach biblischem Glauben gerade dies Wesen Mensch, das als solches, wenn auch verwandelt, fortbesteht.

2. Es handelt sich um eine „dialogische" Unsterblichkeit (= Auferweckung!); d.h. Unsterblichkeit ergibt sich nicht einfach aus der Selbstverständlichkeit des Nicht-Sterben-Könnens des Unteilbaren, sondern aus der rettenden Tat des Liebenden, der die Macht dazu hat: Der Mensch kann *deshalb* nicht mehr total untergehen, weil er von Gott gekannt und geliebt ist. Wenn alle Liebe Ewigkeit will – Gottes Liebe will sie nicht nur, sondern wirkt und ist sie. Tatsächlich ist der biblische Auferweckungsgedanke unmittelbar aus diesem dialogischen Motiv erwachsen: Der Beter weiß im Glauben, daß Gott das Recht herstellen wird (Ijob 19,25 ff.; Ps 73,23 ff.); der Glaube ist überzeugt, daß diejenigen, die um der Sache Gottes willen gelitten haben, auch an der Einlösung der Verheißung Anteil erhalten werden (2 Makk 7,9 ff.). Weil biblisch vorgestellte Unsterb-

lichkeit nicht aus der Eigenmacht des von sich aus Unzerstörbaren hervorgeht, sondern aus dem Einbezogensein in den Dialog mit dem Schöpfer, *darum* muß sie Auferweckung heißen. Weil der Schöpfer nicht bloß die Seele, sondern den inmitten der Leibhaftigkeit der Geschichte sich realisierenden Menschen meint und *ihm* Unsterblichkeit gibt, muß sie Auferweckung der Toten = der Menschen heißen. Hier ist anzumerken, daß auch bei der Formel unseres Symbolums, welches von der „Auferstehung des Fleisches" spricht, das Wort „Fleisch" soviel wie Menschenwelt bedeutet (im Sinn biblischer Ausdrucksweise, etwa: „Alles Fleisch wird schauen Gottes Heil" usw.); auch hier ist das Wort nicht im Sinn einer von der Seele isolierten Körperlichkeit gemeint.

3. Daß die Auferweckung am „Jüngsten Tage", am Ende der Geschichte und in der Gemeinschaft aller Menschen erwartet wird, zeigt den mitmenschlichen Charakter der menschlichen Unsterblichkeit an, die in Beziehung steht zur gesamten Menschheit, von der, zu der hin und mit der der einzelne gelebt hat und daher selig oder unselig wird. Im Grunde ergibt sich dieser Zusammenhang aus dem gesamtmenschlichen Charakter der biblischen Unsterblichkeitsidee von selbst. Der griechisch gedachten Seele ist der Leib und so auch die Geschichte durchaus äußerlich, sie existiert davon losgelöst weiter und bedarf dazu keines anderen Wesens. Für den als Einheit verstandenen Menschen ist demgegenüber die Mitmenschlichkeit konstitutiv; soll *er* weiterleben, dann kann diese Dimension nicht ausgeschlossen sein. So erscheint vom biblischen Grundansatz her die viel verhandelte Frage, ob es nach dem Tode eine Gemeinschaft der Menschen untereinander geben kann, als gelöst; sie konnte im Grunde nur durch ein Überwiegen des griechischen Elements im gedanklichen Ansatz aufkommen: Wo die „Gemeinschaft der Heiligen" geglaubt wird, ist die Idee der anima separata (der „losgetrennten Seele", von der die Schultheologie spricht) im letzten überholt.

Im vollen Umfang wurden all diese Gedanken erst möglich in der neutestamentlichen Konkretisierung der biblischen Hoffnung – das Alte Testament allein läßt die Frage nach der Zukunft des Menschen letztlich doch in der Schwebe. Erst mit Christus, dem Men-

schen, der „mit dem Vater eins ist", dem Menschen, durch den das
Wesen Mensch eingetreten ist in Gottes Ewigkeit, zeigt sich definitiv die Zukunft des Menschen offen. Erst in ihm, dem „Zweiten
Adam", rundet sich die Frage, die der Mensch selber ist, zur Antwort. Christus ist Mensch, ganz und gar; insofern ist in ihm die
Frage anwesend, die wir Menschen sind. Aber er ist zugleich Anrede Gottes an uns, „Wort Gottes". Das Gespräch zwischen Gott
und Mensch, das seit Anfang der Geschichte hin und her geht, ist in
ihm in ein neues Stadium getreten: In ihm ist das Wort Gottes
„Fleisch" geworden, real eingelassen in unsere Existenz. Wenn aber
der Dialog Gottes mit dem Menschen Leben bedeutet, wenn wahr
ist, daß der Dialogpartner Gottes eben durch sein Angesprochensein von dem, der ewig lebt, selbst Leben hat, dann bedeutet dies,
daß Christus als die Rede Gottes an uns selber „die Auferstehung
und das Leben" ist (Joh 11, 25). Das bedeutet dann weiterhin, daß
das Eintreten in Christus, d. h. der Glaube, im qualifizierten Sinn
ein Eintreten in jenes Gekanntsein und Geliebtsein von Gott her
wird, welches Unsterblichkeit ist: „Wer an den Sohn glaubt, *hat* ewiges Leben" (Joh 3, 36; 5, 24; 3, 15 f.). Nur von da aus ist die Gedan-
kenwelt des vierten Evangelisten zu verstehen, der in seiner Darstellung der Lazarus-Geschichte dem Leser begreiflich machen will,
daß Auferstehung nicht bloß ein fernes Geschehen am Ende der
Tage ist, sondern durch den Glauben jetzt geschieht. Wer glaubt,
steht in dem Gespräch mit Gott, das Leben ist und den Tod über-
dauert. Damit fallen nun auch die „dialogische", unmittelbar auf
Gott bezogene und die mitmenschliche Linie des biblischen Un-
sterblichkeitsgedankens ineinander. Denn in Christus, dem Menschen, treffen wir Gott; in ihm treffen wir aber auch auf die Gemeinschaft der anderen, deren Weg zu Gott durch ihn und so
zueinander läuft. Die Orientierung auf Gott ist in ihm zugleich die
Orientierung in die Gemeinschaft der Menschheit hinein, und nur
die Annahme dieser Gemeinschaft ist Zugehen auf Gott, den es
nicht abseits Christi und so auch nicht abseits des Zusammenhangs
der ganzen menschlichen Geschichte und ihres mitmenschlichen
Auftrags gibt.

Damit klärt sich auch die in der Väterzeit und wieder seit Luther
vielbedachte Frage des „Zwischenzustandes" zwischen Tod und
Auferstehung: Das im Glauben eröffnete Mit-Christus-Sein ist be-

gonnenes Auferstehungsleben und daher den Tod überdauernd (Phil 1, 23; 2 Kor 5, 8; 1 Thess 5, 10). Der Dialog des Glaubens ist jetzt schon Leben, das durch den Tod nicht mehr zerbrochen werden kann. Die von lutherischen Theologen immer wieder erwogene und neuerdings auch vom holländischen Katechismus ins Spiel gebrachte Idee des Todesschlafes ist daher vom Neuen Testament her nicht zu halten und auch nicht durch das mehrfache Vorkommen des Wortes „schlafen" im Neuen Testament zu rechtfertigen: Der geistige Duktus des Neuen Testamentes steht einer solchen Auslegung grundsätzlich und in allen Schriften im Weg, die übrigens auch von dem im Spätjudentum erreichten Denken über das Leben nach dem Tode aus kaum noch zu verstehen wäre.

2. Die wesentliche Unsterblichkeit des Menschen

Mit den bisherigen Überlegungen dürfte einigermaßen deutlich geworden sein, worum es in der biblischen Auferstehungsverkündigung eigentlich geht: Ihr wesentlicher Gehalt ist nicht die Vorstellung von einer Rückgabe der Körper an die Seelen nach einer langen Zwischenzeit, sondern ihr Sinn ist, den Menschen zu sagen, daß sie, sie selbst, weiterleben; nicht aus eigener Macht, sondern weil sie in einer Weise von Gott gekannt und geliebt sind, daß sie nicht mehr untergehen können. Gegenüber der dualistischen Unsterblichkeitskonzeption, wie sie sich in der griechischen Leib-Seele-Schematik ausspricht, will die biblische Formel von der Unsterblichkeit durch Auferweckung eine ganzmenschliche und dialogische Vorstellung von der Unsterblichkeit vermitteln: Das Wesentliche des Menschen, die Person, bleibt; das, was in dieser irdischen Existenz leibhaftiger Geistigkeit und durchgeisteter Leiblichkeit gereift ist, das besteht auf eine andere Weise fort. Es besteht fort, weil es in Gottes Gedächtnis lebt. Und weil es der Mensch selbst ist, der leben wird, nicht eine isolierte Seele, darum gehört das mitmenschliche Element mit in die Zukunft hinein; darum wird die Zukunft des einzelnen Menschen erst dann voll sein, wenn die Zukunft der Menschheit erfüllt ist.

Nun drängt sich hier eine Reihe von Fragen auf. Die erste lautet: Ist Unsterblichkeit damit nicht zu einer puren Gnade gemacht, obgleich sie doch in Wahrheit dem Wesen des Menschen als Menschen zukommen muß? Oder anders ausgedrückt: Landet man hier nicht am Ende bei einer Unsterblichkeit allein für die Frommen, also in einer Zerteilung des menschlichen Schicksals, die unannehmbar ist? Wird hier nicht, theologisch gesprochen, die natürliche Unsterblichkeit des Wesens Mensch mit dem übernatürlichen Geschenk der ewigen Liebe verwechselt, die den Menschen selig macht? Muß nicht gerade um der Menschlichkeit des Glaubens willen an der natürlichen Unsterblichkeit festgehalten werden, weil eine rein christologisch aufgefaßte Fortexistenz des Menschen notwendig ins Mirakelhafte und Mythologische abgleiten würde? Diese letzte Frage kann man ohne Zweifel nur bejahend beantworten. Aber das widerspricht auch unserem Ansatz keineswegs. Auch von ihm her wird man mit Entschiedenheit sagen müssen: Die Unsterblichkeit, die wir eben ihres dialogischen Charakters wegen als „Auferweckung" benannt haben, kommt dem Menschen als Menschen, *jedem* Menschen zu und ist nichts sekundär hinzugefügtes „Übernatürliches". Aber man muß doch weiter fragen: Was macht eigentlich den Menschen zum Menschen? Und was ist das definitiv Unterscheidende des Menschen? Darauf werden wir antworten müssen: Das Unterscheidende des Menschen ist, von oben gesehen, sein Angesprochensein von Gott, dies also, daß er Dialogpartner Gottes ist, das von Gott gerufene Wesen. Von unten gesehen bedeutet das, daß der Mensch jenes Wesen ist, das Gott denken kann, das auf Transzendenz geöffnet ist. Nicht ob er Gott wirklich denkt, sich wirklich auf ihn hin öffnet, ist hier die Frage, sondern daß er grundsätzlich jenes Wesen ist, das dazu an sich befähigt ist, auch wenn es faktisch, aus welchen Gründen auch immer, diese Fähigkeit vielleicht nie zu verwirklichen vermag.

Nun könnte man sagen: Aber ist denn nicht viel einfacher das Unterscheidende des Menschen darin zu sehen, daß er eine geistige, unsterbliche Seele hat? Diese Antwort ist richtig, aber wir bemühen uns eben, ihren konkreten Sinn ans Licht zu bringen. Beides widerspricht sich gar nicht, sondern drückt nur in verschiedenen Denkformen das gleiche aus. Denn „eine geistige Seele haben" heißt gerade besonderes Gewolltsein, besonderes Gekanntsein und Geliebtsein von Gott; eine geistige Seele haben heißt: ein Wesen sein, das von Gott auf ewigen Dialog hin gerufen und darum seinerseits fähig ist, Gott zu erkennen und ihm zu antworten. Was wir in einer mehr substantialistischen Sprache „Seele haben" nennen, werden wir in einer mehr geschichtlichen, aktualen Sprache bezeichnen „Dialogpartner Gottes sein". Damit ist nicht gesagt, daß die Redeweise von der Seele falsch sei (wie ein einseitiger und unkritischer Biblizismus heute gelegentlich behauptet); sie ist in gewisser Hinsicht sogar notwendig, um das Ganze dessen zu sagen, worum es hier geht. Aber sie ist andererseits auch ergänzungsbedürftig, wenn man nicht in eine dualistische Konzeption zurückfallen will, die der dialogischen und personalistischen Sicht der Bibel nicht gerecht werden kann.

Wenn wir also sagen, daß des Menschen Unsterblichkeit in seiner dialogischen Verwiesenheit auf Gott hin gründet, dessen Liebe allein Ewigkeit gibt, so ist darin nicht ein Sondergeschenk der Frommen angesprochen, sondern die wesentliche Unsterblichkeit des Menschen als Menschen herausgestellt. Nach unseren letzten Überlegungen ist es durchaus möglich, den Gedanken auch von der Leib-Seele-Schematik her zu entwickeln; deren Bedeutung, ja vielleicht Unerläßlichkeit besteht darin, daß sie diesen wesenhaften Charakter der menschlichen Unsterblichkeit herausstellt. Aber sie muß doch auch immer wieder in die biblische Perspektive gerückt und von ihr her korrigiert werden, um jener Sicht dienstbar zu bleiben, die vom Glauben auf die Zukunft des Menschen hin eröffnet worden ist. Im übrigen wird an dieser Stelle wieder einmal sichtbar, daß man im letzten nicht reinlich zwischen „Natur" und „Übernatürlich" scheiden kann: Der Grunddialog, der den Menschen allererst als Menschen konstruiert, geht bruchlos über in den Gnadendialog, der Jesus Christus heißt. Wie könnte es auch anders sein, wenn Christus wirklich der „Zweite Adam", die eigentliche Erfüllung jener unendlichen Sehnsucht ist, die aus dem ersten Adam – aus dem Menschen überhaupt aufsteigt?

*Im Gespräch mit Professor Dr. Walter Kasper während des
wissenschaftlichen Symposions „Dienst an der Einheit. Zu Wesen
und Auftrag des Petrusamts", das die Katholische Akademie vom
11.–14. Oktober 1977 in Rom aus Anlass des 80. Geburtstags Papst
Pauls VI. veranstaltete (Foto: Akademiearchiv / Felici)*

Welches Heil bietet der Glaube an? Worauf hofft er? Und wie verhält sich die christliche Hoffnung zu den diesseitig begründeten Zukunftsperspektiven politisch-gesellschaftlicher Art? Mit diesen Fragen befasste sich eine vielbeachtete Abendveranstaltung „Innerweltliche und christliche Heilserwartung" am 26. September 1974 in München. Der Beitrag von Prof. Dr. Joseph Ratzinger, zur damaligen Zeit Professor für Dogmatik und Dogmengeschichte an der Universität Regensburg, bezieht differenziert und pointiert aus theologischer Perspektive Stellung. Den weiteren Beitrag an diesem Abend leistete Prof. Dr. Dr. Ulrich Hommes aus philosophischer Sicht.

Das Heil des Menschen –
Innerweltlich und Christlich

Heil – Glück – Zukunft

Das Wort „Heil" hat sich im Lauf der Entwicklung immer mehr aus der allgemeinen Sprache ins Haus der Theologie zurückgezogen und im selben Maß hat es an Bedeutung und Gewicht für das durchschnittliche Empfinden verloren. Seine Nachfolge hat fürs erste das Wort „Glück" angetreten. Aber es konnte nur einen Teil dessen auffangen, was einst Heil gesagt hatte: Es benennt nur das Wohlsein des Subjekts, des Einzelnen und klammert die Welt aus, die beim Begriff Heil im Blickfeld stand. Es verläuft dem Gefälle seines Sinnes nach nahezu umgekehrt als Heil: Bei „Heil" wird vorgestellt, daß die Welt „erlöst" ist und damit auch ich; bei dem Wort Glück denke ich daran, daß ich mit meiner „Lebensqualität" einverstanden bin und mit der Welt insofern, als sie es mit mir jedenfalls gut gemeint hat. Immerhin war in dem Wort „Glück" zuviel ausgefallen, als daß es auf Dauer ein vollgültiger Ersatz für „Heil" hätte sein können und so hat sich zusehends ein zweites Wort in den Vordergrund geschoben, das sich mit „Glück" in die alten Rechte von „Heil" teilt und dabei das Wörtchen „Glück" zusehends als einen kleinen Spießbürger belächelt oder auch beschimpft. Gemeint sind die Wörter „Hoffnung" und „Zukunft", deren Faszination immer mächtiger wird, weil sie Größeres versprechen, als „Glück" je bedeuten konnte.

Damit ist in gewisser Hinsicht die Intention rehabilitiert, die hinter dem Wort „Heil" stand, aber sein theologischer Inhalt ist womöglich noch weiter zurückgewiesen als zuvor. Schon für das „Glück" waren die Aussagen des Glaubens eher hinderlich gewesen; noch vor wenigen Jahren las ich in der Anklage eines ehemaligen Priesters gegen die Kirche den Satz, mit ihren Verboten habe sie uns das „bißchen Glück" auch noch streitig gemacht, das ohnedies bescheiden genug vom Leben gewährt wird. Zunächst einmal konnte das Heil einigermaßen geschrumpft in der Form des „Seelenheils" noch in einem Nebenzimmer des Daseins weiterexistieren, aber auch in diesem Fall wurden „Seelenheil" und „Glück" meistens als Gegensätze empfunden, und wieviel man auch von seinem „Glück" zugunsten des „Seelenheils" abziehen mochte, so blieb doch das Verhältnis beider meist einigermaßen gespannt. Nun aber hat sich in dem Maß, in dem das Seelenheil sozusagen auf Hungerration gesetzt wurde, eine unerwartete Entwicklung zugetragen. Je mehr das „Glück" gegen die „Seele" verstanden und damit freier zu sich selber wurde, desto gefräßiger und desto blasser wurde es zugleich. Da er nichts mehr vor sich hatte, mußte der glückshungrige Mensch um so mehr darauf bestehen, jetzt unumschränkt haben und sein zu können, was er wollte; aber je mehr Schranken er niederlegte, um so fühlbarer wurden ihm diejenigen, die bestehen blieben. Der Vergleich mit dem größeren Glück des anderen, der es doch auch nicht besser verdient hatte, wurde mehr und mehr zum düsteren Schatten, der auch das Erreichte verdunkelte; nur die völlige Gleichheit konnte als Hoffnung erscheinen und sie dürfte freilich ihr Maß nur an den höchsten Möglichkeiten nehmen, denn nur dort konnte gegeben sein, was man selbst so sehr vermißte. Um dies zu erreichen, erschien das Bündnis aller Benachteiligten der einzige Weg und damit trat zugleich auch wieder eine sittliche Aufgabe von erregender Größe hervor: Die Sittlichkeit, zuerst ins Individuelle des Seelenheils abgedrängt, privatisiert, verquält, ein ewiger Gegner des Glücks, erschien nun in neuer Gestalt als Auftrag für das Ganze: im Bund mit allen Entrechteten das Heil der Welt zu schaffen, vor dem das persönliche Glück nur als schaler Ersatz oder als spießiges Krämertum erscheinen konnte. Die machbare Zukunft – die Zeit der völligen Freiheit und Gleichheit zog nun alle Bedeutungs- und Gefühlsgehalte von „Heil" und „Glück" in einem auf sich.

Theologische Auskünfte von ehedem erscheinen in diesem Licht noch fataler, noch unbrauchbarer als unter der bescheidenen Ampel des bürgerlichen Glücks. Was vorher noch als letzte Rechtfertigung der von der Theologie vertretenen Sache des Glaubens hatte gelten können, wird nun zur Hauptanklage: daß sie nämlich ein Faktor der Stabilisierung in Welt und Gesellschaft war, der die Ordnung der Dinge und Menschen leidlich zusammenhielt. Denn eben damit, so muß man nun sagen, hat sie das Heraufkommen einer besseren Welt verhindert und verteidigt, was man nicht verteidigen, sondern zerstören sollte. Indem sie die Menschen mit der Hoffnung des Seelenheils tröstete, hat sie die Widersprüche der gegenwärtigen Welt abgestumpft, ihnen ihre Schärfe genommen und so die Menschen dahin gebracht, sich mit der Welt abzufinden, wie sie nun einmal ist, anstatt sie aufzurütteln zum Kampf für das Bessere. Indem sie den Menschen die Welt erträglich erscheinen ließ oder sie vielleicht durch die ein und andere gute Tat auch wirklich einigermaßen erträglich machte, hat sie nicht gut getan, sondern den Aufbruch ins Bessere hinausgeschoben und damit diejenigen begünstigt, die von diesem Aufbruch zu fürchten haben. So muß nun in allem genau das Gegenteil dessen getan werden, was die Christen gewollt und getan haben: Statt sich der guten Taten Gottes zu erinnern, muß das Potential des „gefährlichen Gedächtnisses" geweckt, müssen alle bösen Erinnerungen der Geschichte wachgerufen, eingehämmert werden, damit der gewaltige Stau solchen Bewußtseins des Bösen die Dämme wegreiße, die die gegenwärtige Welt schützen. Statt zur Liebe anzuhalten, die die Wunden verbindet, im Kleinen hilft und damit die großen Nöte verschmerzen läßt, muß man das Bewußtsein der Ungleichheit bis aufs Äußerste schärfen. „Bewußtmachen" tritt an die Stelle der Liebe: Die nackte, unbeschönigte Erkenntnis – die Gnosis – der Grausamkeit der Welt, sie muß den Sprengstoff geben, der ausreicht, die trennenden Mauern niederzulegen und das Neue heraufzuführen. Von diesem Programm vermag sich heute kaum noch jemand auszuschließen. Gewiß gibt es Stimmen der Resignation, gerade von denen, die zuerst Vorkämpfer des Neuen waren – der späte Horkheimer etwa, der zuletzt die Grausamkeit der technischen Gesellschaft nicht geringer fand als das Elend der religiösen Gesellschaft und so das Geschick des Menschen überhaupt nur noch in der Perspektive des Tragischen zu fassen vermochte. Aber Resignation mag Altersweisheit sein, eine Haltung, das Leben aufzubauen ist sie nicht. Es kann nicht verwundern, daß auch die Theologie sich mit unterschiedlichem Eifer am Werk der neuen Welt zu beteiligen versucht, denn wenn endlich die Aussicht besteht, daß die Welt aufhört, ein Tal der Tränen zu sein – wer könnte da beiseite stehen? Die Frage ist heute eigentlich garnicht mehr, ob man sich am Programm der machbaren Zukunft beteiligt und Hoffnung (nach einem Wort von Ernst Bloch) im Laboratorium handhabt oder nicht; die Frage geht eigentlich nur noch dahin, mit welchen Instrumenten und von welchen Richtungen her man das Ziel anvisiert. Ein Mensch aber, der auf die Frage nach Heil nicht von der Zukunft redet und keine Strategie angibt, mit der die Welt gründlich verändert werden kann, hat nach Ansicht der meisten Zeitgenossen überhaupt nichts irgendwie Erhebliches gesagt, wenn man ihn nicht gar der Reaktion zurechnen muß, die die Welt in ihrem gegenwärtigen Zustand konservieren will.

Der Vernunft aber ist es eigen, zu widersprechen, genauer nachzufragen, zu kritisieren. Zu ihr gehört es, sich der herrschenden Meinung entgegenzustellen. Die empirischen Fakten, die die Ideologen und Techniker der Zukunft vorzuweisen haben, verstärken den Zwang zur Frage. Aber auch die Grundfigur des Denkens, die hier waltet, muß Widerspruch hervorrufen. Sammeln wir nun ganz beiläufig ein paar Fragen, die da auftauchen, wo man die Betäubung der Vernunft überwindet, die von dem faszinierenden Traum der künftigen Welt ausgeht. Kann das empörte Bewußtsein, kann der durch böses Erinnern geschürte Haß die Gleichheit der Menschen hervorbringen? Oder muß er nicht als Neid auch weiterhin allgegenwärtig bleiben und die Menschen vergiften? Kann die Zerstörung der Gegenwart wirklich die bessere Zukunft heraufführen? Kann man überhaupt das Glück, das „Heil" durch Umverteilung der Güter dieser Welt produzieren? Worauf beruhen denn eigentlich Glück und Unglück? Welche Begriffe von Heil und Unheil verwendet der, der die Gebärde der Liebe und die von ihr kommende Erträglichkeit des Lebens wegwirft, weil ihm nur die Welt genügen würde, in der er diese Gebärde nicht mehr braucht? Versteht derjenige den Menschen recht, der das Glück kollektiv sichern will und der der Schlechtigkeit der Vergangenheit sicher ist, weil er ihr gesellschaftliches Muster fehlerhaft findet? Kann man das Schicksal der Menschen vor uns, Wert und Unwert dessen, was sie glaubten, hofften, liebten, an den ökonomischen Parametern der Industriegesellschaft messen? Kann man deren Widersprüche, die eindeutig das Produkt der von der Aufklärung freigesetzten technisch-ökonomischen Vernunft sind, schlicht als das Endprodukt der vorigen

Geschichte hinstellen? Kann man so tun, als ob es den Völkern der Dritten Welt zwar noch immer unermeßlich schlecht, aber auf Grund der Arbeit der Sendboten der technischen Vernunft des Westens und der revolutionären Vernunft des Ostens langsam etwas besser gehe, während doch gerade diese beiden Formen einer neuen „Mission" erst die spezifische Gestalt des Elends produzieren, das uns zu Recht erschüttert?

Aber fragen wir besser nicht im allgemeinen, sondern einmal ganz konkret nach uns selber. Wie steht es da – was macht eigentlich für einen Menschen heute das Leben lebenswert? Etwa die Aussicht, daß es in 50 Jahren eine gerechtere Welt geben wird? Sie mag eine Leidenschaft sein, die einen Inhalt gibt, die fordert und in Bewegung hält. Aber reicht das aus? Ist es nicht in Wirklichkeit gerade die Meinung, daß irgendwann einmal die Welt in Ordnung sein könnte, die heute das Leben unerträglich und hoffnungslos macht? Schafft sie nicht einen Fanatismus, der das Leben verwüstet? Wird nicht in der Extrapolation des Heils in die Zukunft das Leben glanzlos und düster; wird nicht in der Verketzerung der Liebe und des Humors die eigentliche Voraussetzung der Zukunft zerstört? In diesen Zusammenhang gehören einige merkwürdige, aber doch höchst charakteristische Beobachtungen über die Verfassung des Menschen von heute: Woher rührt es eigentlich, daß immer weniger Raum ist für Kinder – für die Zukunft des Menschen – in unserer Gesellschaft? Wie soll man es erklären, daß man von Amts wegen dazu übergehen will, das Kind – die Zukunft – als Krankheit zu behandeln und als Krankheit „kurieren" (d. h. töten) zu lassen? Welch merkwürdige Umkehrung des Willens zur Zukunft liegt darin, daß alle Kräfte auf die Frage konzentriert scheinen, wie man am lautlosesten und sichersten der „Gefahr" neuen Lebens begegnen kann? Dafür gibt es gewiß viele Gründe – zunächst eine Art Platzangst angesichts der Berechnungen über die Grenzen des Wachstums, die dazu führen, den eigenen Platz in der Welt verteidigen zu wollen, die Zukunft als Feind des Heute zu fürchten. Aber vielleicht muß man doch tiefer gehen. Steht nicht letztlich dahinter die Sorge, ob menschliches Leben überhaupt zumutbar ist, ob es ein sinnvolles Geschenk ist, das man getrost auch ungefragt weitergeben darf oder ob es nicht eigentlich eine unerträgliche Last ist, so daß es besser wäre, nicht geboren zu sein? Wer antwortet auf diese Frage, die mitten in der Apotheose der Zukunft den Menschen immer tiefer verunsichert? Etwa die Strategien für eine neue Welt? Gewiß nicht. Denn die Frage, ob es sich morgen lohnen wird, ein Mensch zu sein, die hängt nicht ab von der Form der Güterverteilung, sondern von tieferen Fragen, die im Menschen umgehen, auch wenn sie öffentlich nicht genannt werden.

Die erste Aufgabe, auf die es heute für den verantwortungsbewußten Menschen (und so auch für den Theologen) ankommt, muß es sein, die schlafende Vernunft zu wecken. Die Antwort des Glaubens ist nicht ob der Schärfe der Vernunft unverständlich geworden, sondern ob ihrer Müdigkeit. Wer mit seinem Denken bei der Statistik endet, kann im Glauben der Christen wenig Brauchbares finden. Das Elend der heutigen Theologie scheint mir in einem nicht geringen Maß darin zu gründen, daß es ihr an Mut fehlt, die g a n z e Vernunft wachzurufen. Wo aber dies versäumt wird, bleibt nur die Alternative, entweder das völlig Unverständliche zu proklamieren oder sich der herrschenden Stimmungslage anzupassen. Dann aber wird aus einer Auskunft über das Christliche unter der Hand eine Ausrede, die zwar nicht den christlichen Glauben rechtfertigt, aber doch wenigstens den betreffenden Theologen als einen vernünftigen Zeitgenossen erscheinen läßt, mit dem man reden kann. Langfristig wird man freilich auf diesem Weg nicht weiterkommen, bei dem Theologen ihre Haut um den Preis des Anathems über die ganze Kirchengeschichte zu retten versuchen. Denn was ist schon die „Vernünftigkeit" eines einzelnen Theologen wert, wenn die Sache, für die er spricht, bisher nur unvernünftig verlaufen ist? Wenn Theologie über die Selbstbestätigung des Theologen hinaus Sinn haben soll, dann muß zunächst nicht die private Vernünftigkeit ihrer Vertreter herausgekehrt werden, sondern dann hat der Theologe zuallererst schlicht, gleichsam handwerklich Auskunft zu geben über das, was der Glaube lehrt, ohne den es Theologie nicht gäbe. Das widerspricht keineswegs dem vorhin Gesagten: Der Glaube braucht die Vernunft, um verstanden und vollzogen zu werden. Aber er braucht dabei vor allem eine Vernunft, die nicht nur produktiv sein will, sondern vernehmen kann, was auf sie zukommt. Er braucht die hörende Vernunft. Und deswegen ist es der Anfang aller Theologie, zuerst das Hören in sein Recht zu setzen und das Datum so aufzunehmen, wie es gegeben ist, selbst wenn es unserer augenblicklichen Erwartungslage zuwiderläuft: Die großen Chancen der Vernunft kommen immer aus dem, was wir nicht vorhergesehen haben.

Die Antwort der Quellen des Glaubens

Nehmen wir also doch die vom Geist der Neuzeit weitgehend zurückgelassene Frage auf, von welchem Heil eigentlich der Glaube redet. Um unsere Erörterung nicht ins Uferlose treiben zu müssen, wird es gut sein, sie möglichst präzis zu umgrenzen und zu beschränken, auch wenn dabei von der Weite der Sache notwendig manches verlorengehen wird. Unsere Fragestellung zielt im ganzen auf das Gegenüber von innerweltlicher und christlicher Heilserwartung. So legt es sich nahe, im Gegenüber zur säkularen Zukunftshoffnung, von der bislang die Rede war, nun zu fragen, welche Hoffnung eigentlich der Glaube anzubieten hat. Was hat der Mensch nach der Botschaft des Neuen Testaments zu hoffen? Unserer vorigen Überlegung entsprechend wollen wir dabei zunächst möglichst unkommentiert, sozusagen möglichst buchstäblich die Auskunft der Dokumente selbst zu hören versuchen. Natürlich wird dagegen sofort der Einwand aufsteigen, ein solcher Versuch könne nur auf eine hermeneutische Naivität hinauslaufen, denn was man aus einem Text heraushöre, das hänge ja schon davon ab, wie man ihn befrage und aus welcher Weise des Verstehens man komme. Das ist richtig. Und trotzdem kann es nicht sein, daß die Identität des Glaubens vollständig in den Wolken der Hermeneutik verborgen ist. Er selber erhebt den Anspruch, einfach und eine Kunde gerade für die Einfachen zu sein. Er selber verwahrt sich dagegen, daß nur die „Gnosis", die gelehrte Erkenntnis, ihn vermitteln könne und daß der Nicht-Hermeneutiker ewig auf der Stufe des „Psychikers", des letztlich Ahnungslosen verbleiben müsse. Er selbst hat gegen seine Verschlüsselung ins Spezialistische, die schon im ersten Jahrhundert begann, das Bekenntnis als die einfache Kennmarke („Symbolum") seiner Identität gestellt. Nur weil er einfach ist, kann er das Tiefste treffen und daher immer neu kommentiert und nie völlig ausgemessen werden. Nur das Einfache ist das Unermeßliche; aus dem Komplizierten führt der Weg nicht mehr weiter, es sei denn durch die immer neue Rückkehr ins Einfache. So dürfen wir, ohne die Unausmeßbarkeit des Glaubens zu leugnen, durchaus mit dem einfachen Hören beginnen. Ich wähle einen Text aus, mit dem Paulus gegen die „Sophia", die Gelehrtheit der Korinther das alte palästinensische Bekenntnis in seinem unverkürzten und unverminderten Wirklichkeitsanspruch verteidigt, um genau dieser Frage zu begegnen, worauf eigentlich der Christ zugeht, von wo aus er sein Leben baut:

„Wenn Christus nicht auferstanden ist, dann ist leer unsere Verkündigung, leer auch euer Glaube. Dann werden wir erfunden als Falschzeugen Gottes, denn wir hätten gegen Gott bezeugt, daß Christus auferstanden ist, den er nicht auferweckt hätte, wenn die Toten nicht auferstehen. Wenn die Toten nicht auferstehen, ist auch Christus nicht auferstanden. Wenn aber Christus nicht auferstanden ist, dann ist euer Glaube nichtig … Dann sind auch die in Christus Entschlafenen verloren. Wenn wir nur in diesem Leben unsere Hoffnung auf Christus gesetzt haben, dann sind wir die Erbärmlichsten unter allen Menschen … Wenn Tote nicht auferweckt werden, dann ‚laßt uns essen und trinken, denn morgen werden wir sterben'. Täuscht euch nicht: Böser Umgang verdirbt auch das Gute. Werdet richtig nüchtern und sündigt nicht, denn es sind da welche, die Gott nicht kennen – zu euerer Beschämung sage ich es" (1 Kor 15,14–19.32–34).

Die hier gegebene Antwort ist eindeutig: Der Christ hofft auf die Auferstehung der Toten. Dies muß zunächst unzweideutig gesagt werden, auch wenn es heute naiv-mythisch klingen mag und alles dazu drängt, die Aussage interpretatorisch zu schwächen und umzuwandeln, noch ehe sie formuliert ist. Wo sie nicht gemacht wird, hat man bereits den Weg der Ausflüchte beschritten. Für Paulus hängt der Sinn der christlichen Verkündigung an *dieser* Erwartung; ohne sie sind ihm Glaube und Verkündigung nichtig, christliches Leben sinnlos.[1] In der Geschichte des Dogmas ist diese Aussage in zweifacher Weise entfaltet worden:

a) In der Überzeugung von der Auferstehung der Toten eingeschlossen ist die Erwartung eines neuen Himmels und einer neuen

Erde, d. h. die Gewißheit einer positiven Sinnerfüllung von Kosmos und Geschichte, die Gewißheit, daß beides nicht als Müllhaufen endet, der zuletzt Blut und Tränen dieser Zeit als leere Illusionen gleichmütig begräbt.[2] Das Bild vom „neuen Himmel und der neuen Erde" sieht vielmehr am Ende einen gesamthaften Sinn, in den alle Teilsinne eingehen. Sie sind in ihm auf-gehoben, gehören zu ihm, aber er ist nicht die Summe oder das Produkt daraus. Gerade die Reduktion der Wirklichkeit auf das Gegenüber von Material und Produkt, die sich in der Philosophie der Neuzeit zutrug und sich in die Praxis des technischen Zeitalters übersetzte, ist zum Verhängnis des Menschen geworden, der darin erst vollends den Widerspruch zwischen Wollen und Werk erfährt. Unter der universalen Herrschaft dieses Denk- und Lebensschemas erscheint uns etwas, was nicht Produkt und daher nicht durch berechnete Leistung hervorzubringen ist, überhaupt als nichtig. Und doch tritt Hoffnung in ihrem wahren Sinn erst da wieder auf, wo wir etwas über unsere Produktion hinaus zu erwarten haben. Insofern ist der Verweis auf den neuen Himmel und die neue Erde ein Bekenntnis dazu, daß der Mensch überhaupt hoffen darf und erst dies gibt dann auch seinen Produktionen Sinn.[3]

b) Immer deutlicher ist in der Dogmengeschichte ein zweiter Aspekt ausgesprochen worden, daß nämlich in die christliche Verheißung auch die individuelle Erfüllung jedes Einzelnen eingeschlossen ist, in die das Leben nach dem Tod übergeht. Ausdrücklich hat dies im Jahre 1336 Papst Benedikt XII. in seiner Bulle Benedictus Deus formuliert: „Die Seelen ... der verstorbenen Gläubigen, ... die keiner weiteren Reinigung bedürfen, ... sind noch vor der Auferstehung und dem Allgemeinen Gericht ... im Himmel ... und schauen Gottes Wesenheit von Angesicht ..."[4] Man muß es ganz klar sagen: Der Christ erwartet den Himmel – auch heute noch. In einer Welt, die das Gesetz der Erhaltung der Energie kennt, wundert es ihn nicht, daß auch jene geheimnisvolle Energie, die wir „Geist", „Seele" nennen, unverloren bleibt und schließlich durch alle Verschattungen hindurch ihren Grund sieht, mit ihm und gerade dadurch mit dem Ganzen der Schöpfung kommuniziert.

In diesem Zusammenhang ist noch eine Zwischenbemerkung vonnöten. Wir haben beim Verweis auf die Frage, die der Tod für jede menschliche Hoffnung ist, den „Himmel" genannt, nicht aber von der Hölle gesprochen, die keine „Hoffnung", sondern das Ende der Hoffnung und insofern die Radikalisierung des Todesphänomens ist. Immerhin ist es der Erwähnung wert, daß der bekannte Soziologe P. L. Berger auf der Suche nach einer neuen, induktiven Rechtfertigung für den Glauben an die Transzendenz – an Gott – das „Argument der Verdammnis" ins Spiel bringt: „Es handelt sich dabei um Erfahrungen, die unseren Sinn für das Menschenmögliche derart überfordern, daß die einzige angemessene Reaktion nur ein Fluch von übernatürlichem Ausmaß sein kann … Was mich beschäftigt, ist nicht die Frage, wie Eichmann zu erklären sei oder wie man mit ihm hätte verfahren sollen … Denn hier liegt … ein Fall vor, in dem Verdammung eine absolute, zwingende Notwendigkeit ist … Die Weigerung, in diesem Falle zu verdammen, und zwar absolut, wäre nicht nur ein Prima-facie-Beweis für falsch verstandene Gerechtigkeit, sondern etwas viel Schlimmeres: eine verhängnisvolle Verletzung der Humanitas."[5] Noch einmal: Die christliche Hoffnung heißt Himmel; wenn die christliche Lehre auch das Wort Hölle kennt, so besagt dies, daß christliche Hoffnung Gewißheit wahrer Gerechtigkeit ist, die auch Fluch sein kann, wo Menschenleben bis in die Wurzel hinab Ungerechtigkeit ist.

Solchen Auskünften gegenüber, die sich aus den Urkunden des Glaubens ergeben, ist die Frage unvermeidlich: Aber ist denn für diese Welt, für diese Zeit nichts verheißen? Das führt uns zu einer dritten Feststellung:

c) Nirgendwo gehört zur christlichen Erwartung die Hoffnung auf einen definitiven Fortschritt in der Geschichte und auf eine definitiv heile innergeschichtliche Gesellschaft. Die Fortschrittsidee hat sich zwar aus dem Christlichen entwickelt, ist aber als Vorstellung eines kollektivierbaren und fixierbaren innerweltlichen Heilszuwachses selbst nicht christlich. Ihr Entstehungsdatum läßt sich ziemlich deutlich fixieren: Es liegt im Werk des kalabresischen Abtes Joachim von Fiore (ca. 1130–1202), der den christlichen Trinitätsglauben in die Geschichte projizierte und demgemäß eine aufsteigende Geschichtslinie von der Zeit des Vaters (Altes Testament) über die Zeit des Sohnes (Neues Testament) zur Zeit des Heiligen Geistes erwartete. Der fromme Mönch, der selbst Ordensgründer

Mit Bruder Georg beim festlichen Empfang anlässlich seiner Weihe zum Erzbischof von München und Freising in der Katholischen Akademie; 28. Mai 1977 (Foto: Akademiearchiv / Gerd Pfeiffer)

war und als Seliger verehrt wird, sah diese Zukunft noch ganz in der Perspektive des Glaubens, ja, des Mönchtums: Die Zeit des Geistes sollte endlich die volle Einhaltung der Bergpredigt bringen, die Versöhnung von Lateinern und Griechen, von Juden und Christen; es sollte eine Zeit der Mönche sein, in der alle das leben würden, was Benedikt und die großen Ordensgründer in der Zeit des Sohnes beispielhaft vorweggenommen hatten.[6] Ernst Benz hat die Stufen nachgezeichnet, auf denen dieser Gedanke von frommer Erwartung zu säkularem politischem Programm wurde; über Hegel ist die Perspektive des einfachen Abtes zu einer Geschichtsmacht bis in unsere Stunde herein geworden.[7] Übrigens war auch Joachim der Gedanke nicht fremd gewesen, daß es möglich sei, dem Kommen der Zukunft in die Hände zu arbeiten, sie vorzubereiten und sie heraufführen zu helfen; seine eigene Ordensgründung verstand sich als ein Versuch solcher Vorwegnahme der Zukunft.

Man kann diese Umwandlung des Trinitätsbekenntnisses in eine Stufenlogik der Geschichte sehr wohl begreifen: Das Ungenügen an der bestehenden Welt hat immer schon das Verlangen nach dem Goldenen Zeitalter geweckt; die Differenz zwischen den prophetischen Verheißungen des Alten Bundes und der tatsächlichen Wirklichkeit Kirche mußte nach dem Erlahmen der Erwartung baldiger Widerkunft Christi folglich solche Entwürfe einer wahren Kirche und einer endgültig erlösten Welt hervorrufen. Die Kirche hat sie dennoch als ein Mißverständnis ihres Bekenntnisses in dem dramatischen Streit des 13. und 14. Jahrhunderts verworfen, und dies mit vollem Recht. Die christliche Erwartung für diese Welt ist von der Bibel und von den tragenden Bekenntnissen her ganz anders zu beschreiben. Für sie wird diese Welt immer eine Welt der Drangsal und der Mühe sein. Man braucht, um diese Aussage zu belegen, nicht auf die Apokalypse zurückzugreifen, denn diese Überzeugung zählt zu den konstanten Aussagen des ganzen Neuen Testaments. Vielleicht am eindringlichsten ist sie formuliert in den Abschiedsreden Jesu im Johannesevangelium. Der letzte Satz vor dem sogenannten Hohepriesterlichen Gebet lautet: „Dies habe ich euch gesagt, damit ihr *in mir* Frieden habt; *in der Welt* habt ihr Drangsal, aber seid getrost, ich habe die Welt überwunden" (16,33).

Von einem kollektiv fixierten oder fixierbaren Fortschritt ist nirgends die Rede. Dennoch gibt es auch eine irdische Verheißung für den Glauben, die freilich ganz anders aussieht, als die von Joachim her datierenden Zukunftserwartungen. Das Markusevangelium berichtet uns von der Frage des Petrus, was denn der Lohn für den Totalverzicht der Jünger sei, die um Jesu willen alles aufgegeben hatten. Darauf antwortet Jesus mit einem rätselhaften Wort, das nun doch in einer erstaunlichen Weise das Ineinander von Glaubenshoffnung und irdischem Glück, die Verbindung von „dieser" und „jener" Welt ausdrückt: „Wahrlich ich sage euch: Da ist keiner, der Haus oder Brüder oder Schwestern oder Mutter oder Vater oder Kinder oder Äcker um meinetwillen und um des Evangeliums willen verlassen hätte, ohne daß er Hundertfaches jetzt, in dieser Welt – Häuser, Brüder, Schwestern, Mütter, Kinder, Äcker – empfinge, mitten unter Verfolgungen und im zukünftigen Äon ewiges Leben" (Mk 10,28–30). Was soll das bedeuten? Nun, unmittelbar ist hier offensichtlich vom Missionar die Rede, der in der Verkündigung des Wortes, im Aufbau der Kirche, hundertfach wieder erhält, was er preisgab: Alles ist sein, weil nichts sein ist; mitten unter Verfolgung, Anfeindung und Bedrängnis ist er doch reich und beschenkt über alles menschliche Erwarten hinaus. Die Logik, die im Alten Testament auf den Stamm Levi, auf die Priester angewandt war, wird hier auf den Missionar Jesu Christi übertragen. Der Stamm Levi erhält kein Land, sein Losanteil ist „nur" Gott, das Priesterrecht ist dem Armenrecht nachgebildet.[8] Aber gerade so ist er reich: Weil ihm nichts Einzelnes gehört, gehört ihm alles. Demgemäß ist zwar hier von der spezifischen Situation dessen die Rede, der für das Wort auszieht und in der Armut des Wortes den Reichtum der Antwort erfährt. Dennoch darf man wohl sagen, daß damit ein Grundzusammenhang zwischen dem Verzicht des Glaubens und einer auch in diese Welt hereinreichenden Erfüllung ausgesprochen ist, die freilich klar in den Kontext der Verfolgung gestellt wird. Die irdische Mühsal wird nicht aufgehoben und dennoch gibt es auch weltlich, diesseitig, eine Bestätigung der Verheißung, die im Glauben wohnt.

Der Einwand: Vertröstung?

Die Auskunft der Urkunden, die damit innerhalb der gesetzten Beschränkung in großen Zügen umrissen ist, drängt an dieser Stelle von selbst über sich hinaus zur Frage: Was bedeutet dies alles? Was bedeutet es für uns, hier und heute? Nun, die Antwort auf die Ausgangsfrage nach der Hoffnung des Christen lautet zunächst ganz klar: Der Christ hofft auf das ewige Leben. Wer dies verschweigt oder bestreitet, redet nicht mehr vom Christentum des neuen Testaments, sondern von eigenen Erfindungen ohne Vollmacht und ohne Belang. Also doch, summa summarum, Vertröstung aufs Jenseits, wird man uns jetzt sogleich entgegenhalten. Ich denke, man müsse hier zuerst einmal vor weiteren Erwägungen und sie erst ermöglichend einfach das Wort „Vertröstung" zurückweisen, und dies aus verschiedenen Gründen:

a) Zunächst muß hier eine Gegenfrage gestattet sein: Wer vertröstet eigentlich? Was ist denn das, „Vertröstung"? Man wird antworten: Der vertröstet, der nichts ändert. Der Gegensatz zu Vertröstung ist die Tat, die Veränderung, die den Trost überflüssig macht. Aber stimmt das eigentlich? Vertröstet denn der nicht, der zwar zu ändern beginnt, aber bestenfalls in 50 Jahren einen Erfolg versprechen kann? Wem kommt denn seine Änderung zugute? Selbst angenommen, daß sie Erfolg hat (wogegen alles spricht), hilft sie etwa dem, der jetzt leidet? Und was kostet eigentlich die Veränderung? Welche Opfer werden in Kauf genommen, welche Zerstörungen, nicht nur äußerlich, sondern im und am Menschen selbst? Kasimir Edschmid hat in seinem Bolivar-Roman in erregenden Bildern das ungeheuere Ausmaß der seelischen, körperlichen und wirtschaftlichen Zerstörungen geschildert, das der Befreiungskampf Südamerikas von den Spaniern hervorbrachte bis hin zu dem tragischen Ende, daß Bolivar, von seiner eigenen Regierung verfolgt, im Haus eines Spaniers stirbt. Vermutlich war jener Kampf unumgänglich. Aber waren die, die ihn erleben mußten, nicht schändlichst betrogen und „vertröstet", wenn die Frucht ihres Kampfes nach allen Verwüstungen nur die zerrissenen Nationalstaaten des Subkontinents waren, deren Not uns heute erregt? Indes – wir brauchen nicht hundertfünfzig Jahre zurückzugehen. Alexander Solschenizyn hat in seinem „August vierzehn" in dem kurzen Dialog zwischen Militärarzt und aufgeklärtem Fähnrich angesichts der ersten Verwundeten des Krieges mit geradezu fotographischer Genauigkeit das Credo des Zukunftsgläubigen festgehalten. „Einzelne Fälle sogenannter Barmherzigkeit – so sagt der Fähnrich zu dem erstaunten Arzt – verdunkeln bloß die Frage nach der Gesamtlösung und tragen zu deren Verzögerung bei im Falle dieses Krieges und überhaupt in Rußland – je schlechter, desto bessser!" Auf den Einwand „Wie soll denn das aussehen? Verwundet – gut. Man läßt ihn im Fieber, im Schüttelfrost, im Delirium, mit Infektionsgefahr liegen? ... Man läßt unsere Soldaten einfach leiden und zugrundegehen – und das soll dann besser sein?" – auf diesen Einwand hin wird der Arzt belehrt: „Wir brauchen einen *integrierenden* Standpunkt, um nicht auf den Leim zu gehen. Wer hat nicht alles in Rußland gelitten und leidet auch heute noch! Zu den Leiden der Arbeiter und Bauern sollen die Leiden der Verwundeten ruhig dazukommen. Mißstände im Sanitätswesen sind auch gut. Dann ist das Ende näher. Je schlechter, desto besser!" (Luchterhand Verlag 1972, S. 181 f.) Jeder, der mit den Zukunftsgläubigen je gesprochen hat, weiß, daß dieser Dialog nicht erfunden ist. In ihm ist der wahre geistige Hintergrund des „Archipel Gulag" aufgedeckt: Wer ihn liest, spürt, welches Leiden es kostete, langsam zu erkennen, daß dieses Zeichen des Schreckens nicht trotz des Kampfes um die bessere Zukunft, gegen die Vertröstungen, entstanden ist, sondern ihr genaues Produkt, ihren exakten Ausdruck bildet.

Wer solchen Zusammenhängen nachgeht, für den wird sich die Gegenüberstellung von Vertröstung und Veränderung notwendig auflösen. Ihm wird die machbare Zukunft aufhören, der wahre Begriff des Heils zu sein. Sehr präzis hat kürzlich Helmut Kuhn das Faszinierende und Zerstörerische des Credo an die machbare Welt beschrieben: „... Im übrigen aber heißt ‚gut' für den Zukunftsgläubigen das Zeitgemäße und jeweils Spätere, denn Geschichte ist Fortschritt, Gut-Sein heißt Fortschrittlich-Sein und das Böse ist Rückschrittlichkeit. Die Vertikale wird durch die Horizontale ersetzt. Nicht mehr Sursum corda! lautet der Imperativ, sondern: seid Avantgardisten! Die Vergangenheit – das, wovon du dich emanzipieren mußt; die Gegenwart – das Objekt der Gesellschaftskritik;

die Zukunft – das was nicht oder noch nicht ist – ist alles. Sie ist das aktivierte Nichts – die parasitische Spinne, die, solange sie noch Appetit hat, die Wirklichkeit mit ideologischen Gespinsten und Fangnetzen überzieht."[9]

b) Der Verweis auf das ewige Leben ist gewiß mit dem Realismus gekoppelt, der einen kollektiv fixierten Humanitätsfortschritt als Fata Morgana entlarvt und ihr die Tatsächlichkeit einer Welt gegenüberstellt, in der um die Humanität immer neu gekämpft werden muß, in der es immer schwer sein wird, ein Mensch zu sein. Aber zu diesem Realismus gehört, von der Überzeugung der Realität des Ewigen her, auch die Überzeugung, daß es dennoch immer *möglich* sein wird, Mensch zu sein, eben weil der Himmel existiert, der keineswegs nur Zukunft, sondern eine Realität von höchster gegenwärtiger Bedeutung ist. Insofern wird hier gerade nicht vertröstet, sondern die Vertröstung weggenommen und zum Bestehen in der Realität geführt.

c) Eine Vertröstung ist der Verweis auf den „Himmel" dann nicht, wenn es sich beim ewigen Leben um eine Wirklichkeit handelt. Dann darf nicht davon geschwiegen werden. Dann ist wirklich alles anders, die Bedeutung jedes einzelnen Schrittes menschlichen Lebens ist dann geändert. Die Frage, um die es geht, ist so wichtig, daß man sie nicht ausklammern kann, um einstweilen Dringlicheres zu tun. Zumindest die *Frage* duldet keine Verdrängung. Und wenn die Praxis ein Kriterium der Wahrheit ist, dann gibt sie gerade hier eine gewichtige Antwort. Je mehr die Leidenschaft für das ewige Leben in Menschen wachgeworden ist, desto „humaner" und humanisierender wurden sie. Der Dynamismus der Heiligen ist nur aus dem neuen Gewicht zu verstehen, das in ihr Leben eingebrochen war und seine Maße von Grund auf veränderte. Bei allem Furchtbaren, das die Kirchengeschichte aufzuweisen hat, ist eines klar: Zerstörung und Gleichgültigkeit kamen nicht von denen, die wirklich vom Glauben an das ewige Leben erfüllt waren. Von Benedikt über Franz von Assisi zu Bartholomé de las Casas, Petrus Claver und Vinzenz von Paul sind die wirklich Glaubenden die Lichtblicke, die die Menschheit gelehrt haben, was Menschsein sein könnte; sie sind die großen Tröster, die nicht vertröstet, sondern geheilt haben. Vielleicht ist es nützlich, neben den Verweis auf die

Großen, die über der Erde den Himmel sichtbar und so die Erde wohnlich gemacht haben, ein vielleicht eher abstruses, aber doch durchaus bezeichnendes Beispiel dafür zu stellen, wie das Auftauchen des Ewigen am Rande des Lebens auch da noch ein wenig Trost eröffnen konnte, wo Gesellschaftskritik mit Recht ansetzen durfte. Als Herzog Ludwig der Bärtige von Bayern-Ingolstadt im Jahre 1434 den Tod in seine Nähe kommen spürte, wurde ihm bewußt, „daß er in seinem Leben viel gefehlt hatte; daß unrechtes Gut an seinen Händen klebte; daß seine Mittel nicht immer die erlaubten gewesen waren und die rechten. Nur beständiges Gebet, so dachte er, könne ihn noch retten – Gebet, das von den Armen kommen mußte, denen das Himmelreich verheißen ist. So stiftete er ein Pfründehaus für fünfzehn Arme, die, solange die Welt stünde, dort von seinem Erbe leben und für ihn beten sollten.[10] Man hat oft über die Jenseitsangst des Mittelalters gelacht, die in solchen Testamenten zum Ausdruck kommt. Aber wäre es nicht gut gewesen, sie wäre nicht erst am Ende des Lebens, sondern in seiner Mitte aufgetaucht? Die Angst der einen – die Angst davor, daß Gerechtigkeit Realität, Macht ist – war die Hoffnung der anderen und daß in ihnen Angst zu Hoffnung wurde, konnte auch die Angst der zu Recht Fürchtenden verwandeln.

Ewigkeit als Gegenwart

In solchen Überlegungen bahnt sich eine Antwort an auf die Frage: Was heißt das eigentlich, „das ewige Leben erwarten"? Was ist das, wenn ein Mensch das ewige Leben glaubt und erhofft? Dies ist ja nicht irgendein Inhalt in seinem Bewußtsein, so wie darin allerlei Kenntnisse enthalten sind und auch wieder verschwinden, sondern es prägt den Ansatz der geistigen Existenz vom Grund her und es prägt ihn damit auch auf die anderen hin. Ich möchte hier die These wagen: Von der Existenz ewigen Lebens hängt es ab, ob es überhaupt Glück (in *diesem* Leben!) für den Menschen gibt. Die Hoffnung ewigen Lebens ist so weit davon entfernt, bloße Verschiebung des Heils ins viel Spätere zu sein, daß sie umgekehrt die Bedingung der Möglichkeit dafür ist, daß es überhaupt „Heil" – so etwas wie Glück – geben kann. Wieso eigentlich? Nun, wenn es Ewigkeit nicht gibt, wenn Geist nicht das Vorgängig-Schöpferische, sondern das Nachträglich-Zufällige ist, dann hat das wirkliche *an sich* keinen Sinn. Daran kann dann auch der Mensch nichts Grundsätzliches ändern. Denn auch er selber ist dann an sich ein Gebilde ohne Sinn. Er vermag zwar für begrenzte Zusammenhänge sozusagen Sinnkreise herzustellen, ohne damit jedoch die Qualität des Ganzen ändern zu können. Denn das Sein als solches, die Wirklichkeit als Ganze, wird durch solche Produktionen nicht verändert. Der produzierte partikuläre Sinn ist dann doch ein Spiel im und am Unsinnigen. Das ist aber auch für das menschliche Leben nicht gleichgültig. Es kann sich zwar streckenweise in die partikulären Sinngestalten flüchten, die es hervorbringt. Aber da es in seinem Grund ins Sinnlose hinabreicht, wird in der Tiefe alles Denkens, Seins und Tuns die Macht der Sinnlosigkeit das Bestimmende bleiben. Robert Spaemann hat überzeugend dargestellt, wie solche Trennung von Sinn und Sein dem Menschen nur zwei Alternativen offenläßt: Fanatiker oder Zyniker zu werden. „Der Fanatiker findet sich in einer sinnlosen Faktizität vor und ergreift die Partei des Sinnes, die Partei der Liebe, der Kommunikation und Vernunft gegen die Wirklichkeit. Ob es überhaupt Sinn gibt, hängt von seinem Handeln ab. Und ihm sind deshalb bei der Verfolgung seines Zieles keinerlei moralische Maßstäbe gesetzt, da ja sein Ziel allererst Moral überhaupt konstituiert. Sein Scheitern wäre das schlimmste aller Übel, weil die Welt, wie sie ist, die schlechteste aller möglichen Welten ist. Der Antipode des Fanatikers ist der Zyniker. Sinn, Vernunft, Glück sind ihm Epiphänomene über einer sinnlosen Faktizität. Er hält es, aktiv handelnd oder mit Genugtuung zuschauend, mit dieser Faktizität, mit der Macht gegen den Sinn, der nur eine Illusion ist. Auch ihm ist, wie dem Fanatiker, alles erlaubt, nur daß er dazu keiner moralischen oder geschichtsphilosophischen Rechtfertigung bedarf. Fanatismus und Zynismus sind einander entgegengesetzt, aber sie berühren sich, wie alle Extreme. Der Zyniker ist häufig der enttäuschte Fanatiker, der den Glauben an die Realisierbarkeit seines Zieles verloren hat und nun nur mehr die Macht, nicht mehr den Sinn sucht."[11]

Aber wie sieht es auf der politischen Ebene aus? Haben wir uns nicht doch ins Persönlich-Private geflüchtet und durch diesen Verzicht in Wirklichkeit die Position derer begünstigt, die jetzt Macht haben, also still ihre Partei ergriffen? Nun, die von Spaemann geschilderte Alternative reicht schon tief in die politischen Entscheidungen hinein, die von dem Grundentscheid über Sinn und Unsinn der Welt nicht abzutrennen sind. So stehen wir im politischen Raum vor einer Alternative, die das Gegenüber von Zynismus und Fanatismus spiegelt und weiterführt. Der Streit der letzten Jahre hat hier ein sehr deutliches Gegenüber ausgebildet. Auf der einen Seite meldet sich die wertfreie positivistische Rationalität zu Wort, die allein nach der immanenten Sachlichkeit des jeweiligen Bereiches urteilen und handeln will. Auf der anderen Seite steht jene Kritik alles Bestehenden, die die Welt an dem Maßstab einer herrschaftsfreien Gesellschaft völliger Freiheit und Gleichheit mißt, von da aus die vermeinte Sachlichkeit als verschleierte Interessenvertretung verurteilt und zu einer so radikalen Kritik des Gegebenen kommt, daß sie Reformen als „Reformismus" verurteilen muß und nur die Mobilisierung aller Kräfte für die totale Veränderung als Weg zum Heil ansehen kann. Wenn die Leidenschaft für „Gerechtigkeit" und „Freiheit" besticht, so muß doch der Dogmatismus, der die Gegenwart an illusionären Zukunftsbildern mißt und sie ihretwegen zerstört, abschrecken. Die Zuflucht zur reinen Sachlichkeit, zur reinen Rationalität liegt nahe, aber die kritische Frage, woher die Sachlichkeit ihre Maße nimmt, an welcher „Sache" sie sie mißt, verlangt zuvor nach Antwort. Wie ungenügend hier die Verkapselung in den Positivismus ist, hat Helmut Kuhn anschaulich herausgestellt. Der homo faber (so sagt er) „versteht dies und das zu machen, und das jeweils Gemachte ist ‚gut', das heißt es erfüllt in vortrefflicher Weise den ihm zugewiesenen besonderen Zweck. Er produziert Beförderungsmaschinen, und diese Maschinen sind gut, denn sie befördern ein Maximum von Personen mit einem Maximum von Geschwindigkeit durch ein Maximum räumlicher Entfernung. Oder er produziert Waffen, die wiederum gut sind, denn sie sind imstande, ein Maximum von Personen ... in einem Minimum von Zeit zu vernichten. Aber die Frage, ob es gut für den Menschen ist, so rasch wie möglich in möglichst großer Zahl im Frieden befördert und im Krieg umgebracht zu werden – diese Frage liegt außerhalb seiner Zuständigkeit."[12] Das ganze Elend des

Positivismus liegt in diesen Sätzen offen zutage. Was die Politik braucht, ist ein Maximum an sachlicher Rationalität, die ohne dogmatistischen Fanatismus welcher Prägung auch immer nach dem möglichst Guten sucht. Aber um dies tun zu können, braucht die Vernunft einen Begriff des Guten, ohne den ihre Sachlichkeit zum Spielball der Interessen wird. Christlicher Glaube steht gegen die irrationale Theologisierung der Politik; er will sie vernünftig, weil er diese Welt diese Welt sein läßt. Er hebt die Vernunft nicht auf, er fordert sie heraus und er gibt ihr Halt, indem er sie an den Maßstab des Ewigen bindet, der die Vernunft erst zu sich selbst befreit.

Was also sollen wir tun? Schauen wir vor einer Antwort noch einmal in die Vergangenheit und in die Gegenwart hinein; noch einmal mag eine Bemerkung von Helmut Kuhn hier weiterhelfen. „Die Völker Europas haben sich durch die Jahrhunderte mit wechselndem Erfolg um eine politische Weisheit bemüht, die den Gemeinnutzen mit persönlicher Freiheit, Herrschaft mit Gleichheit, Staatlichkeit mit überstaatlicher Bestimmung versöhnen soll. Nun, unter dem Regime seiner blutdurstigen Zukunft scheint all dies Bemühen vergeblich, als eine Beschönigung der Schmach der Unterdrückung …"[13] Was der Christ tun soll, ist dies: Unter dem Maßstab des Ewigen seine Vernunft anwenden, so daß sie vor dem Gericht des Ewigen bestehen kann. Der Glaube ist ein Auftrag an die Vernunft, sie selbst zu sein. Was er ihr verbietet, ist allein die Unvernunft, die sich weigert, die Dinge so zu sehen wie sie sind; die nicht nach der Erkenntnis und der Verwirklichung des Möglichen trachtet, sondern unter der Herrschaft unwirklicher Leitbilder das Mögliche durch das Unmögliche verdirbt. Der Auftrag des Glaubens heißt: verantwortete Vernünftigkeit; Verantwortung gibt es freilich nur, wo ein „Wort" da ist, an dem wir zuletzt gemessen werden.

Wozu also ist der Glaube gut? Er ist gut, um dem Menschen leben, sich freuen und leiden zu helfen. Die Empörung gegen das Leid, die wir heute gelehrt werden und die sich als Erlösung gibt, endet das Leid nicht, sondern macht es nur unerträglich. Auch der Glaube endet das Leid nicht, aber er macht Menschen fähig, es zu tragen und es mitzutragen. Der Mensch braucht nicht Lehrmeister der Empörung (die kann er selbst), sondern Lehrmeister der Verwandlung, die in der Tiefe des Leides die Freude aufdecken und da, wo das Wohlbehagen endet, das wahre Glück aufschließen. Wer den Sonnengesang des heiligen Franziskus liest, wer diesen Menschen verstehen lernt, der im Zusammenbruch seiner Erwartungen, physisch und psychisch in die dunkelste Nacht gestoßen, Gott um des Bruders Tod willen zu preisen vermochte, der weiß wie hell der „Himmel" – er allein – die Erde machen kann.

So rundet sich das Ganze zu der am Ende nochmals wiederholten Frage: Welches Heil bietet der Glaube an? Worauf hofft er? Noch einmal müssen wir zuerst sagen: Er erwartet nicht ein politisch-ökonomisches Paradies – für ihn ist solche Erwartung eine Farce des Bösen, mit der er die Menschen betrügt und versklavt; wir alle können wissen, wie wahr das ist. Irdisch gesehen erwartet der Glaube eine Welt, die immer voller Drangsale sein wird; eine Welt, in der es immer fast unerträglich schwer sein wird, ein Mensch zu sein; eine Welt, die nie die Humanität fest fixiert in Händen hält, sondern stets neu dessen bedarf, daß Menschen Menschen werden. Aber weil der Glaube gleichzeitig die kommende Welt glaubt und erwartet, weiß er, daß es dennoch lohnend und schön ist, sich in dieser Welt für Gerechtigkeit und Wahrheit abzumühen. Weil er die andere Welt erwartet, kann er den Menschen auch jetzt glücklich machen im Ringen um das, was er als das Bleibende erkennt. Das Reich, das „nicht von dieser Welt ist", es allein, macht auch diese Welt lebbar und lebenswert. Der Glaube ersetzt nicht die Politik, aber er schafft etwas Entscheidendes, ohne das sie in all ihren Sicherungen und Überlegungen ins Leere stößt: das Gewissen, das den Menschen vertrauenswert macht. Der Glaube wirkt, daß es immer wieder, dem Schein zum Trotz, Menschen gibt, denen man vertrauen kann und die selbst aus dem Vertrauen leben. Insofern ist gerade der Glaube an die jenseitige Welt die Voraussetzung dafür, daß man in dieser Welt wohnen kann. Weil er jenseitig ist, eben darum ist der Glaube auch diesseitig und wo er seine Jenseitigkeit verliert, da wird er nicht nur selbst zu einem leeren Gespenst; da wird das Diesseits insgesamt zu einem Gespensterhaus, in dem die Geister des Zynismus und des Fanatismus aus- und eingehen. Wo das Jenseits zur Vertröstung erklärt wird, da wird das Diesseits trostlos. Der wahre Trost aber umgreift Himmel und Erde zugleich. Weil er wahr ist, kann er sich die Vernunft leisten, die die Dinge so nimmt wie sie sind: ohne die Illusion eines irdischen Paradieses, die die Vernunft betäubt und die Freiheit zerstört.

Im Gespräch mit Karl Rahner SJ anlässlich des Empfangs der
Katholischen Akademie zu dessen 75. Geburtstag; 4. März 1979
(Foto: Akademiearchiv / Gerd Pfeiffer)

Über die Kirche

Dieser Text führt mitten hinein in die bewegte Zeit während des Zweiten Vatikanischen Konzils (1962–1965). Er geht zurück auf den Beitrag zu einer Tagung vom 9./10. Februar 1963 in München. Unter dem Thema „Das Zweite Vatikanische Konzil" wurde dabei nach Abschluss der ersten Sitzungsperiode anhand ausgewählter thematischer Schwerpunkte eine erste theologische Würdigung der Ergebnisse versucht. Neben Prof. Dr. Joseph Ratzinger, seinerzeit Professor der Fundamentaltheologie an der Universität Bonn und Peritus (theologischer Berater) des Kölner Kardinals und Erzbischofs Joseph Frings beim Konzil, wirkten weitere namhafte Referenten mit wie Weihbischof Walter Kampe, Limburg, und Prof. P. Karl Rahner SJ, Innsbruck.

WESEN UND GRENZEN DER KIRCHE

Bei der Beratung des ekklesiologischen Schemas im Dezember 1962 ist etwas für den ersten Blick höchst sonderbares geschehen. 20 Jahre zuvor, im Jahre 1943, war die Enzyklika Mystici corporis Christi erschienen, die von allen freudig begrüßt wurde, nicht zuletzt deshalb, weil sie die Kirche als Leib des Herrn verstehen lehrte. Das neue Schema über die Kirche baute gleichfalls auf diesem Grundgedanken auf, aber gerade dies wurde nun zum hauptsächlichen Ansatzpunkt der Kritik. Ein solcher Vorgang ist nur begreiflich, wenn man erkennt, daß die Kirche etwas Lebendiges ist, das in der Geschichte voranschreitet und wächst; wenn man erkennt, daß mit der Kirche selber auch das Verständnis von der Kirche ein wachsendes und voranschreitendes sein muß. Von daher versteht es sich, daß das, was im Jahre 1943 ein Fortschritt war, es im Jahre 1962 nicht mehr unbedingt sein mußte. Zugleich wird die Schwierigkeit des Bemühens deutlich, zu einer Wesensaussage von der Kirche zu kommen. Eine solche kann immer nur auf dem Hintergrund der Geschichtlichkeit dieser Kirche versucht werden, und so ergibt sich als erstes die Aufgabe, die geistige Bewegung zu verstehen, in der sowohl das Ereignis des Jahres 1943 wie dasjenige von 1962 seinen Ort hat.

I. Zur Frage nach dem Wesen der Kirche

1. Der geschichtliche Hintergrund der Enzyklika Mystici corporis

Die Bewegung, aus der die Enzyklika von 1943 hervorgewachsen ist, reicht weit zurück, bis hinter die Schwelle der Reformation und der von ihr geschaffenen neuen Entscheidungen. Etwa seit dem

13. Jahrhundert hatte sich eine tiefgehende Umbildung des Leib-Christi-Begriffes ergeben. Das Beiwort „mystisch" gewann nun verstärkte Bedeutung, man sprach vom „mystischen Leib", was soviel besagen sollte wie Leib im übertragenen Sinn, das heißt Körperschaft. Dieser Gedanke von einer „Körperschaft" bildete auch den Grund dafür, daß man nun lieber vom mystischen Leib der *Kirche*, statt vom mystischen Leib *Christi* sprach und damit die Kirche als die Körperschaft der Christen erklärte, was sicher nicht der alte Sinn des Leib-Christi-Bildes gewesen war. Aus diesem Ansatz ergaben sich willkürliche Erweiterungen des Bildes wie von selber. *Johannes von Ragusa* etwa unterscheidet am Leib der Kirche eine Region des Hauptes, der Hände und der Füße und meint damit die kirchlichen Gewalten und Würden, die staatlichen Gewalten und schließlich die Handwerker und sonstigen Berufe.[1] Parallel damit entwickelt sich der Begriff der res publica christiana, des populus christianus, das heißt der Christenheit als einer Wirklichkeit, in der politische, kulturelle und religiöse Gegebenheiten untrennbar miteinander vermengt sind. In einer Reihe von liturgischen Texten, die dem 15. Jahrhundert entstammen, hat sich dieses Verständnis der Kirche als Christenheit niedergeschlagen, am deutlichsten vielleicht in der Oration aus der Messe gegen die Heiden –, wenn hier Gott gebeten wird, er möge auf die Hilfe der Christen bedacht sein „ut gentes paganorum, quae in sua feritate confidunt, dexterae tuae potentia conterantur". Kirche wird hier beinahe schon im Sinne eines christlichen Abendlandes verstanden, das sich vor den Heiden abgrenzt und um Schutz vor ihnen bittet.[2] Dieses stark juristisch, ja politisch bestimmte Kirchenverständnis wird in der reformatorischen Polemik weiterhin zugespitzt, indem der Kirche nun vorgeworfen wird, sie habe sich selbst in eine societas externarum rerum ac rituum degeneriert; sie sei verkehrt worden zu einem weltlichen Reich kirchlicher Macht, zu einer Art von Papststaat. Diesem Vorgang der Veräußerlichung setzt die Reformation ihren Gedanken der Verborgenheit der Kirche entgegen und gibt von diesem Ansatz aus auch dem Leib-Christi-Begriff eine neue Wendung, die etwa in folgendem Satz aus der Apologie der AUGSBURGISCHEN KONFESSION[3] ansichtig wird: „Wiewohl nu die Bösen und gottlosen Heuchler mit der rechten Kirchen Gesellschaft haben in äußerlichen Zeichen, im Namen und Ämtern, dennoch wenn man eigentlich

reden will, was die Kirche sei, muß man von dieser Kirchen sagen, die der Leib Christi heißt und Gemeinschaft hat nicht allein in äußerlichen Zeichen, sondern die Güter im Herzen hat, den heiligen Geist und Glauben."[4] Der Begriff des Leibes Christi wird hier zu einem Ausdruck für die unsichtbare Innenseite der Kirche umgedeutet; daß er tatsächlich in diese Richtung weist, galt offenbar auch den katholischen Theologen fortan als einleuchtend, und so mußte ihnen dieses Wort obzwar nicht falsch, so doch als gefährlich erscheinen. Tatsächlich galt die Benennung der Kirche als Leib Christi noch den Vätern des ersten Vatikanischen Konzils vielfach als protestantisch belastet; noch immer hörte man aus ihr den Protest gegen die sichtbare hierarchische Kirche heraus, in dessen Zusammenhang sie einmal eine Rolle gespielt hatte. Nur so ist es zu verstehen, daß von jetzt an die Leib-Christi-Idee aus dem katholischen Kirchenbegriff verschwindet; die nachtridentinischen Definitionen der Kirche erwähnen diesen Gedanken nicht mehr. Ihr Ausgangspunkt liegt in der Idee des Volkes, die von vornherein einem institutionellen Verständnis entgegenkam. So definiert etwa der CATECHISMUS ROMANUS die Kirche als das über den ganzen Weltkreis verstreute gläubige Volk;[5] bekannt ist die jahrhundertelang führend gebliebene Definition BELLARMINS: Die Kirche ist die Versammlung der Gläubigen, die durch das Bekenntnis des gleichen christlichen Glaubens und durch die Gemeinschaft derselben Sakramente zusammengehalten wird und unter der Leitung der rechtmäßigen Hirten, insbesondere des einen Stellvertreters Christi auf Erden, des römischen Bischofs, steht.[6]

Erst rund 300 Jahre später, in der katholischen Romantik, wird der Begriff des mystischen Leibes für das katholische Denken von neuem entdeckt. Die konfessionellen Gegensätze waren abgeklungen, in einer neuen Atmosphäre des Friedens war katholisches Denken wieder stärker bereit, sich den geistigen Impulsen der Zeit zu öffnen und sie selbst mitzugestalten. Die Entdeckung von Staat und Geschichte durch HEGEL einerseits, der der ganzen Romantik eigentümliche Organismusgedanke anderseits eröffnete ganz neue Möglichkeiten für die Lehre von der Kirche, die alsbald genutzt wurden. MÖHLER ließ 1825 sein bis zur Stunde klassisch gebliebenes Werk „Die Einheit in der Kirche" erscheinen, in dem er vom Wirken des Heiligen Geistes her die Idee der Kirche konstruierte. 1860 erschien

PILGRAMS „Physiologie der Kirche", die schon im Titel den Organismusgedanken des Verfassers erkennen läßt. Auf diese Weise standen sich nun aber zwei unterschiedliche ekklesiologische Richtungen gegenüber: die alte vom römischen Katechismus und von Bellarmin sich herleitende, die die Kirche vom Volkbegriff her dachte und sie so primär hierarchologisch-institutionalistisch verstand,[7] auf der anderen Seite entfaltete sich die neue organologischmystische Auffassung, die sich zugleich als Rückgriff auf die Kirchenväter auslegte. Das ekklesiologische Schema, das den Vätern des ersten Vatikanischen Konzils vorgelegt wurde, verwertete den Leib-Christi-Begriff, stieß aber gerade damit auf große Schwierigkeiten.[8] Verabschiedet wurde, wie bekannt, am Ende nur die Primatslehre, was ungewollt noch einmal einen Rückschlag in der Bewegung des ekklesiologischen Denkens zur Folge hatte. Die unmittelbare Aufgabe war nun, diese schwer umkämpfte Doktrin auszulegen und zu verteidigen, sodaß das Primatsproblem zunächst die gesamte Aufmerksamkeit der Ekklesiologen absorbierte.

In dem neuen theologischen Durchbruch, der dem ersten Weltkrieg folgte, kam der verheißungsvolle Ansatz der Romantik dann endgültig zum Tragen. In dem Zerbrechen aller bisherigen Sicherungen entdeckte man die Mutter Kirche von neuem; „das Jahrhundert der Kirche"[9] schien gekommen zu sein. Möhler und Pilgram wurden neu aufgelegt. Man begeisterte sich an den Schriften der Väter, besonders AUGUSTINS und faßte das neue Erkennen und Wissen um die Kirche in ihrer Benennung als mystischer Leib des Herrn zusammen.[10] Mit elementarer Kraft hatte sich ein Durchbruch durch jahrhundertelange Verhärtungen ergeben und man empfand es mit Recht als großes Ereignis, daß diese neue Sicht der Kirche in der Enzyklika Mystici corporis ihre Bestätigung durch das kirchliche Lehramt empfing, denn man durfte darin zugleich eine Überwindung des einseitig hierarchologischen Verständnisses der Kirche sehen und eine amtliche Bejahung all des Neuen, das seit Möhler in der Theologie gewachsen war.

Freilich, als die Enzyklika erschien, war die Entwicklung in Wirklichkeit bereits einen Schritt weiter vorangegangen und nur durch den Krieg einstweilen in ihrer Entfaltung behindert. Aber die Umrisse dessen, was kommen mußte, zeichneten sich schon deutlich ab. Was zwischen den Weltkriegen geschehen war, war ein Anfang, bei dem es nicht bleiben konnte. Man hatte in das Bild vom mystischen Leib alle Herrlichkeiten des Übernatürlichen gehäuft und dadurch einen höchst unwirklichen Begriff geschaffen, der neben der nun einmal allzu menschlichen Wirklichkeit der Kirche wie ein Traumgebilde erscheinen mußte, über das die Romantik zwar einen Augenblick hinwegsehen, aber nicht für immer hinwegtäuschen konnte. Tatsächlich war man sich des Problems bewußt gewesen, hatte sich aber mit einer Teilung der Ekklesiologie geholfen. Die bisherige institutionalistische Ekklesiologie sollte nicht einfach abgebaut, sondern als apologetische Kirchenlehre weiterhin unverändert stehengelassen werden. Neben sie aber wollte man jetzt eine zweite, dogmatische Kirchenlehre setzen, die dann von der mystischen Herrlichkeit des Inneren zu handeln hätte. Aber wer könnte lange vergessen, daß die mystische Herrlichkeit nichtssagendes, leeres Gerede bleibt, wenn die konkrete Kirche so gänzlich anders uns begegnet? Man konnte auf die Dauer nicht daran vorbeigehen, daß das Innere nur erscheint und wirklich ist im Äußeren und daß das Äußere nur erträglich ist, wenn es untrennbar das Sich-gewähren des Inneren bedeutet. Aus diesem Grunde konnte die Nebeneinanderstellung von zweierlei Ekklesiologie keine Lösung sein, wo doch gerade das Ineinander von Herrlichkeit und Niedrigkeit das eigentliche Problem ist.

Etwa gleichzeitig erschienen die kritischen Arbeiten von Oswald HOLZER,[11] Ludwig DEIMEL,[12] Johannes BEUMER,[13] Erich PRZYWARA[14] und besonders von Mannes Dominikus KOSTER [1940].[15] Auf verschiedenerlei Weise machten sie alle das Eine bewußt, daß man Kirche nicht von einer mystischen Idee her konstruieren kann, weil auf diese Weise ihre Sichtbarkeit nicht zu bewältigen ist. Desgleichen wird nun betont, daß biblisches Denken nicht individualistisch den einzelnen meint, der dann verborgenerweise, „mystisch", mit der Gnade des Herrn vereint würde, sondern vom Bund Gottes ausgehend zuerst das Ganze sucht und im Ganzen den einzelnen. Tiefer noch führten ob ihrer erstaunlichen historischen Erudition die gleichzeitigen Arbeiten von Henri DE LUBAC, der überdies schon von der Tradition der Väter her das Neue entfaltete.[16]

In den eben genannten kritischen Werken meldete sich vor allem auch der Volk-Gottes-Begriff wieder als der umfassendere und wirklichkeitsnähere an; die „Mystik" des corpus-Begriffes wurde eher wieder mißtrauisch betrachtet, als unfähig, den wahren Realitäten gerecht zu werden, und dies nun gerade von Theologen, die man nicht einfach als Erben Bellarmins und einer einseitig antireformatorischen Theologie hinstellen konnte, sondern die von der Leib-Christi-Idee her eine falsche Verherrlichung der Kirche des Kreuzes fürchteten und darum besorgt waren, daß die irdische Niedrigkeit der pilgernden Kirche nicht unter dem Goldglanz einer falschen Gloriole verdeckt werde; die weiterhin besorgt waren, daß die biblische Zeichnung, die vom Bund her den einzelnen sucht, nicht im modernen Organismus-Denken und nicht in einer individualistischen Mystik untergehe. „Volk Gottes" und „Leib Christi" standen und stehen sich so als zwei Ansatzpunkte des Kirchenbegriffes von neuem gegenüber. Diese Situation, die 1943 erst im Kommen war, ist heute voll entfaltet; sie bestimmte die Diskussion des Konzils.

2. Der gegenwärtige Stand des Gesprächs

Was soll man zu diesem Dilemma sagen? Der richtige Weg scheint mir durch die aus dem Reichtum der Quellen schöpfenden Werke de Lubacs vorgezeichnet. Denn die Antwort kann nicht kommen aus irgendwelchen leidenschaftlich eingenommenen und verteidigten spekulativen Theorien über das Wesen von Kirche; sie kann auch nicht kommen aus einer endlosen Interpretation kirchlicher Lehrdokumente, die ja nicht den Sinn haben, die vorandrängende theologische Forschungsarbeit zu ersetzen, sondern vielmehr das Authentische am schon Erarbeiteten zu formulieren. Die Lösung kann nur kommen aus einer gründlichen und genauen Besinnung auf die Schrift und auf die gesamte Überlieferung im Licht der Schrift. Derartiges kann selbstverständlich im Rahmen eines so begrenzten Referates nicht unternommen werden; es kann nur versucht werden, ein paar Grundlinien des schon Erarbeiteten in äußerster Knappheit zu skizzieren.

Der einfachste und unverdächtigste Weg, um das neutestamentliche Verständnis von Kirche zu ertasten, dürfte darin bestehen, einfach von dem Namen auszugehen, den die erste Gemeinde der Glaubenden sich selbst gab, und der sich gegenüber allen anderen Bezeichnungen durchzusetzen vermochte, weil er am meisten dem geschichtlichen Selbstverständnis der werdenden Kirche entsprach: ἐκκλησία. In diesem Worte liegt zunächst eine doppelte geschichtliche Reminiszenz. Es erinnert an die Volksversammlung Griechenlands, in der die Polis ihr eigenes Wesen als Staat verwirklichte. Es erinnert zum anderen an die Volksversammlung Israels, in der gleichfalls ein Volk sich als Volk selbst vollzog, die sich aber von der Volksversammlung in Griechenland dadurch unterschied, daß hier nicht nur die Männer zusammenkamen, sondern auch Frauen und Kinder. Dies deshalb, weil es hier, anders als bei den Griechen, nicht darum ging, zu beschließen, was zu tun war, sondern zu hören und hörend anzunehmen, was Gott beschlossen hatte. So erschien die Versammlung des hörenden Volkes um den Sinai als Urbild israelitischer Volksversammlung überhaupt: Die Selbstverwirklichung Israels trägt sich im gemeinsamen Hören auf das Wort Gottes zu, von dem dieses Volk sein Volksein empfängt. Indem nun die Gemeinde derer, die an Christus glauben, sich als ekklesia benennt, überträgt sie dieses Bild auf sich selber. Sie legt sich aus als die Versammlung des endgültigen Israel, in der sich Gott sein Volk zusammenruft von allen Enden der Erde.[17]

Konkret zerlegt der Sprachgebrauch der frühen Christenheit das Wort ekklesia in ein dreifaches Bedeutungsspektrum: Es bezeichnet die Kultversammlung,[18] die Ortsgemeinde,[19] und die Gesamtkirche.[20] Diese drei Grundbedeutungen gehen in der Weise ineinander über, daß die jeweilige Ortsgemeinde als die Darstellung der einen Gesamtwirklichkeit Kirche, dieser einen und unteilbaren endzeitlichen Gottesidee, erscheint, und daß wiederum die Kultversammlung als die konkrete Verwirklichung des Kircheseins der einzelnen Kirche aufgefaßt wird. Demnach gilt also folgender Zusammenhang der drei Bedeutungsstufen: Es gibt die eine Größe der ekklesia, des Volkes Gottes, das Gott sich versammelt in dieser Welt. Diese eine Kirche Gottes existiert konkret in den verschiedenen einzelnen Ortsgemeinden und realisiert sich dort wiederum in der Kultversammlung. Deutlicher gesagt: So wie das Volk Israel mitten in seiner Verstreuung über die Erde hin dennoch eins geworden und eins geblieben war durch den Tempel und jedes Jahr in der

Passahfeier in und um den Tempel seine Einheit vollzog, so wurden die örtlich verstreuten Gemeinden der Christusgläubigen eins vom neuen Tempel, nämlich vom Herrenleib her. Sie sind eins als ekklesia, das heißt als Kultversammlung Gottes, in der sie das eine Brot essen, das sie zu einem Leib macht, in der sie das eine Wort bezeugen, durch das sie eines Geistes sind. Sie benötigen nicht mehr den geographisch einen Tempel und nicht mehr die Einheit der Abstammung und des Blutes, weil sie eine tiefere Einheit haben: die Einheit des einen Brotes, durch das der Herr sie untereinander und mit sich selbst vereint; die Einheit des einen Wortes, in dem der eine Geist des Herrn sich in ihnen bezeugt. Wenn wir also sagen dürfen, daß das Wort ekklesia die Idee Israels, des von Gott gerufenen Volkes aufgreift und demnach zunächst soviel wie „Volk Gottes" bedeutet, so ist dieses Volk doch näherhin dadurch bestimmt, daß es vom Leibe Christi und vom Wort Christi lebt und auf solche Weise selbst Leib Christi wird.

Man könnte von hier aus ganz kurze Kirche definieren als *Volk Gottes vom Leibe Christi her.* Daß sie Volk Gottes ist, das hat sie mit dem Volk des Alten Bundes gemeinsam; daß sie es im Leibe Christi ist, das ist gleichsam ihre differentia specifica als neues Volk, bezeichnet ihre besondere Weise, dazusein und eins zu sein. Diese Aussage wiederum weist zurück auf den Grund, den Jesus selbst gesetzt hat: Er hat Zwölfe gerufen als Abbild Israels, des *Volkes* Gottes; Er hat Kirche endgültig gesetzt, indem Er mit diesen Zwölfen *Abendmahl* hielt und ihnen so das Neue gab, das sie von dem alten Israel unterschied. Die paulinische Bezeichnung der Kirche als Leib Christi ist im Grunde nur in der Formulierung etwas Neues, in der Sache ist sie einfach Auslegung dieses vom Herrn selbst gesetzten Sachverhaltes: daß das neue Volk vom Herrenmahl her seine eigentümliche Wirklichkeit empfängt.

Die Kirche ist Leib Christi, weil sie den Leib des Herrn im Herrenmahl empfängt und von dieser Mitte her lebt. Aus dieser Aussage, zu der uns die bisherigen Überlegungen geführt haben, geht zugleich hervor, daß „Leib Christi" nicht, wie man es seit der Romantik, ja in der Sache schon seit der Reformation mißverstanden hatte, ein Begriff der mystischen Ordnung für das unanschauliche, geheimnisvolle Innere der Kirche ist, sondern ihr Concretissimum bezeichnet, das zugleich freilich untrennbar die innerste Tiefe ihres

Lebens in sich trägt: die Feier des Herrenmahles. Mit „corpus Christi" wird die Kirche geschildert als die Gemeinschaft derer, die miteinander Herrenmahl feiern; es ist ein Begriff, der durchaus die Sichtbarkeit der Kirche ausdrückt und freilich untrennbar davon ihren verborgenen Grund. Hier wird also genau das zur Aussage geführt, was wir suchen: die Untrennbarkeit von außen und innen, das Sein der Kirche als sacramentum Dei in dieser Welt. Auch der Gedanke der Ordnung, des Amtes als Dienst am Leib und Wort des Herrn, ist in diesem Begriff gegenwärtig, ja der Sinn des kirchlichen Amtes vom Primat bis zu den einfachsten Dienstleistungen ist nur von dieser Mitte her recht zu verstehen. Und endlich: Wenn hier Kirche durchaus als sichtbare erscheint, so tritt zugleich auch die eigentümliche Weise dieser Sichtbarkeit in den Blick, daß es nämlich die Sichtbarkeit des Fensters ist, dessen Wesen der Verweis über sich hinaus darstellt.

Die Väter haben sich von solchen Einsichten her nicht gescheut, die Kirche als wahren Leib des Herrn [corpus verum] zu bezeichnen, während wenigstens zeitweise die Eucharistie als corpus mysticum [mysticum = sacramentale] benannt wurde.[21] Grundlegend bleibt für den Sprachgebrauch bis ins 12. Jahrhundert hinein die unlösliche Verschränkung von eucharistischem und kirchlichem Leib, das Wissen darum, daß von der Eucharistie her sich Kirche erbaut und daß wiederum Kirche nicht ohne Eucharistie verstanden und definiert werden kann. Erst im 12. Jahrhundert vollzieht sich der Wechsel der Verwendung des Wortes mysticum, das nun nicht mehr der Eucharistie, sondern der Kirche zugeordnet wird. Zugleich steht hier schon im Hintergrund die Umdeutung des Wörtchens, das nicht mehr Ausdruck der sakramentalen Ordnung, sondern Bezeichnung einer Allegorie ist. Damit sind wir an unserem Ausgangspunkt angelangt: beim Abgleiten des Leib-Begriffes in die juristische Sphäre.[22] Vergessen wir nicht an dieser Stelle zu erwähnen, daß es bei Paulus ebenso wie bei den Vätern das Wort corpus Christi *mysticum* nicht gibt, sondern daß Kirche einfach „Leib Christi" [ohne Beifügung] heißt.

Sieht man zurück, so läßt sich sagen, daß die Geschichte sich weit vom ursprünglichen Leib-Christi-Begriff entfernt und ihn zweimal in entscheidender Weise umgebogen hat. In diesen geschichtlichen Überlagerungen liegt die eigentliche Problematik der Leib-Christi-Lehre. Zurückschauend können wir jetzt drei geschichtliche Ringe feststellen:

1] den *biblisch-patristischen* Begriff: Kirche als Volk Gottes, das in der Eucharistiefeier in den Leib Christi hineinversammelt wird. Man könnte von einem *sakramental-ekklesiologischen Verständnis* sprechen; es gilt die Gleichung: ecclesia = communio = corpus Christi;

2] daneben steht der *mittelalterliche* Begriff: Man spricht vom corpus *ecclesiae* mysticum; Kirche erscheint als Körperschaft Christi [nicht als „Körper" Christi!]. Man könnte von einem *körperschaftlich-juristischen Leibverständnis* reden;

3] die Neuzeit entfaltet den *romantischen* Begriff: corpus Christi mysticum = der geheimnisvolle mystische Organismus Christi; das Wort „mystisch" wird von der Mystik abgeleitet. Wir stehen vor dem *organologisch-mystischen Verständnis.*

Wenn vom ersten Begriff ausgegangen wird, besteht überhaupt kein Gegensatz zum Volk-Gottes-Begriff. „Volk Gottes" ist in „Leib Christi" aufgenommen wie das Alte Testament ins Neue. In diesem Falle besteht auch das Dilemma „Kirche zwischen Institution und Mystik" nicht. Im zweiten und dritten und in jedem anderen Falle dagegen ergibt sich eine aussichtslose Verklemmung der verschiedenen Aspekte der kirchlichen Wirklichkeit. Den ersten Begriff erneuern heißt demgegenüber, wirkliche reformatio leisten: die Last der Geschichte überwinden und die Gegenwart reinigen vom Ursprung her – darin liegt die große Chance und die Aufgabe des Konzils.

II. Die Frage der Kirchengliedschaft

1. *Leib Christi und römisch-katholische Kirche*

Von diesen Einsichten her ist nun auch ein weiteres Problem zu beleuchten, das von der Frage nach dem Wesen der Kirche zu derjenigen nach ihren Grenzen überleitet. In der Enzyklika Mystici corporis hatte Aufsehen erregt die Gleichsetzung corpus Christi mysticum = römisch-katholische Kirche, die dort vorgenommen worden war und sich selbstverständlich auch in dem Konzilsschema über die Kirche wiederfand. Schon beim Erscheinen der Enzyklika hatte diese rigorose Gleichsetzung den Auslegern einige Schwierigkeiten bereitet;[23] in den Debatten des Konzils rief sie die Proteste ökumenisch gesinnter Bischöfe hervor. Was soll man dazu sagen? Den Schlüssel dürfte die Aufhellung der geschichtlichen Dimensionen des Leib-Christi-Begriffes bieten. Wenn man den Begriff patristisch im Sinne der Gleichung Kirche = communio deutet, wenn er also die sakramentale Gemeinschaft der untereinander im Leibe Christi Kommunizierenden aussagt, dann ist die Identifizierung mit der konkreten communio eucharistica prinzipiell berechtigt. Freilich ist sie nicht ohne Vorbehalte auszusagen, weil allen Getauften eine bestimmte Zuordnung zur communio eignet, die sie von der Situation der Ungetauften eindeutig unterscheidet. Davon wird gleich noch einmal zu sprechen sein. Wenn man den Begriff im Sinne des Mittelalters institutionell-hierarchisch versteht, ist die Gleichung eindeutig. Wenn man ihn schließlich im Sinne des modern gedachten corpus mysticum versteht, ist die Identifizierung sinnlos und falsch, weil in der verborgenen Gnadenordnung, die damit angedeutet wird, selbstverständlich eine solche Einengung kein Recht haben kann.

Die Problematik der in der Enzyklika wie im Konzilsschema ausgesprochenen Gleichsetzung besteht darin, daß der corpus-Christi-Begriff dort ungenau und unbestimmt ist und Elemente aus allen drei genannten Schichten enthält. Hinzuzufügen ist, daß die beständige Formulierung „corpus Christi mysticum", die unpaulinisch, unpatristisch und auch fürs Mittelalter ungebräuchlich ist, primär auf das Gedankengut der ekklesiologischen Romantik des 19. und 20. Jahrhunderts verweist und damit allerdings die Identifizierung mit der römischen Kirche schwer erträglich erscheinen läßt. Das verborgene Geheimnis des geistlichen Wirkens Christi kann man, wie gesagt, nicht in die Grenzen der sichtbaren Kirche einengen.[24] In diesem Sachverhalt liegt der berechtigte Ansatz zu der jetzt laut gewordenen Kritik.

2. Die Zugehörigkeit zur Kirche

Damit sind wir unmittelbar vor die Frage gestellt: „Wer gehört zur communio der Kirche?", das heißt vor das Problem der Kirchengliedschaft.[25] In dieser Sache stehen sich innerhalb der katholischen Theologie seit langem zwei gegensätzliche Überlieferungen gegenüber. Da gibt es zunächst eine mehr kanonistische Überlieferungsreihe, die sich im can. 87 CIC kristallisiert, wenn hier gesagt wird, der Mensch werde durch die Taufe zur „Person in der Kirche". Daneben steht eine dogmatisch-apologetische Überlieferungslinie, die zuletzt in der Enzyklika von 1943 nachdrücklich formuliert wurde und ins neue Kirchenschema ebenfalls eingegangen war. Danach ist Kirchenglied nur, wer in Glaubensbekenntnis, Sakramentenempfang und Unterordnung unter die Hierarchie [einschließlich Papst] mit der Kirche geeint und nicht exkommuniziert ist. Im Gegensatz zur kanonistischen Überlieferungsreihe, die jeden Getauften als Kirchenglied verstehen lehrt, stellt sich dabei die Frage, wie es um das Christsein der nichtkatholischen Christen bestellt sei. Dieses Problem wird hier mit der Unterscheidung „reapse-voto" bewältigt, welche besagt, daß die Katholiken „wirklich" Kirchenglieder seien, die anderen es „dem Wunsche nach" [voto] sein könnten. Eine solche Lösung hat dreierlei gegen sich: 1] Sie beinhaltet eine fiktive Psychologie, indem sie den getrennten Brüdern einen Wunsch unterstellt, den sie bewußtseinsmäßig ausdrücklich verneinen. 2] Sie schließt faktisch eine Gleichstellung der nichtkatholischen Christen mit den Heiden in Sachen Kirchengliedschaft ein, weil ja auch letzteren die wunschmäßige Zugehörigkeit zur Kirche zugeschrieben werden kann. 3] Der Ausgangspunkt dieses ganzen Lösungsversuches bleibt vollständig im Subjektiven stecken; das Heil der Nichtkatholiken wird praktisch ausschließlich auf den subjektiven Faktor eines Wunsches reduziert, der noch dazu bewußtseinsmäßig nicht einmal feststellbar ist.

Hinter dieser Zweiheit von Überlieferungen steht tieferhin ein doppelter sakramentaler Ausgangspunkt: Die Kanonistik denkt von der Taufe als dem Sakrament der Christwerdung her; alles Christliche aber hat mit der Kirche zu tun. Ein bloß individuelles Christsein gibt es nicht, sondern Christsein heißt immer zum ganzen Christus und so zur Kirche gehören. Da es aber nur eine Kirche gibt, muß jeder, der Christ ist, in irgendeiner Form Glied der einen Kirche sein.

Die zweite Überlieferung knüpft hingegen offenbar an die Gleichung Kirche = communio an, die besagt, daß der wesentliche Inhalt des Christseins das Kommunizieren im Leib des Herrn ist. Wenn aber Kirche Kommuniongemeinschaft ist, dann ist nur der in der Kirche, der kommuniziert. Von hier aus ergibt sich die Einengung auf die vorhin genannten Gliedschaftsmerkmale von selbst. Dennoch bleibt auch hier bestehen, daß die „Exkommunizierten" in einer anderen Beziehung zur Kirche stehen als die Nichtgetauften. Durch die Taufe sind sie grundsätzlich zu Zugehörigen der Kommuniongemeinschaft geworden, auch wenn faktisch ihr Ort außerhalb der Einheit der communio steht. Dies zu übersehen, ist zweifellos der Fehler, der bezüglich der Thesen der zweiten Traditionslinie angemerkt werden muß. Die Kirche kann und darf sich nicht damit abfinden, die von ihrer Kommunion Getrennten sich selbst zu überlassen oder gar ihr Christsein zu übersehen. Daß die Schar derer, die nicht mit ihr kommunizieren, heute größer ist als der Innenraum der Kommunikanten, ist ihre Not, ist die tiefe Wunde im Herrenleib, die sie als ihre eigene Wunde erleiden muß. In beiden Fällen bleibt es also bestehen, daß es unterschiedliche Formen der Zugehörigkeit zur Kirche gibt, daß aber jeder Getaufte Anteil an der Kirche hat. Die Frage, in welcher Begrifflichkeit man diesen Sachverhalt ausdrücken will, ist demgegenüber zweitrangig. Wenn vor allem die Vertreter der von uns sogenannten dogmatischen Überlieferungsreihe sagen, daß der Begriff des unvollkommenen Gliedes in sich widerspruchsvoll, ein verfehltes Bild sei, so kann man ihnen darin ruhig recht geben.[26] Es ist in der Tat auch gar nicht nötig, die verschiedenen Weisen der Zugehörigkeit zur Kirche speziell an dem Bild des Gliedes zu entfalten. Entscheidend bleibt allein, daß die Sache, um die es geht, zur Aussage kommt, daß das Christsein der getrennten Brüder anerkannt und zugleich die Wunde der Kirche, die in ihrer Trennung liegt, nicht verschwiegen wird.

Bei einer solchen Betrachtungsweise ergibt es sich von selbst, daß die allzu unmittelbare Verquickung der Gliedschaftsfrage mit der Heilsfrage gelöst wird. Es kann der Sachlichkeit des Fragens nur schaden, wenn die Frage nach der Kirchengliedschaft immer unmittelbar mit der Frage nach dem Heilsweg der betreffenden Gruppen belastet wird. Sie muß zunächst in sich, von den aus dem Kirchenbegriff folgenden sachlichen Kriterien her beantwortet werden. Erst an zweiter Stelle ist dann die Frage zu stellen, wie die so bestimmten Gruppen von Menschen Anteil haben an dem einen Heil Jesu Christi, das in der Kirche gegenwärtig ist. Der Radius dieser zweiten Frage reicht freilich weiter, in sie müssen nicht nur die Christen, sondern muß die ganze Menschheit einbezogen werden.

3. Kirche und Heil der Welt

Was nun dieses Problem des Heils der Vielen angeht, so wird es sicher nicht Sache des Konzils sein können, darüber eine ausgeführte Theorie zu geben. Die neue Sicht des Menschen und der Welt, vor die uns die Erkenntnisse der letzten Jahrhunderte gestellt haben, hat hier neue Fragen aufgeworfen, neue Tatsachen in unser Blickfeld gerückt und damit der Diskussion ganz neue Ausgangspunkte gesetzt.[27] Hier wird um eine Vereinbarung des scheinbar Widersprüchlichen noch gründlich und ernst gerungen werden müssen. Das Konzil wird im Letzten nur die Tatbestände aussagen können, die schon feststehen, ohne eine Synthese zu versuchen, das heißt, es wird den doppelten Sachverhalt hinstellen müssen, daß einerseits alles Heil kirchlich strukturiert und kirchlich vermittelt ist, und daß anderseits allen Menschen, wann und wo immer sie leben, dieses Heil zugänglich ist.

Wenn im Vorangehenden klargeworden ist, daß die Frage nach der Kirchenzugehörigkeit und die Frage nach dem Heil zwar eng zusammenhängen, aber doch nicht identisch sind, so wird eine solche Erkenntnis auch eine neue Sicht des missionarischen Problems ermöglichen: Ohne Zweifel hat die Mission einen Heilsbezug und wird auf das Heil der Menschen hin getan. Dennoch liegt darin nicht der einzige, ja vielleicht nicht einmal der erste und eigentliche Grund der Mission.[28] Die Meinung Franz Xavers, ohne Mission müßten die Menschen samt und sonders in die Hölle kommen, teilen wir nicht mehr. Mission gründet neben und vielleicht sogar vor ihrem unmittelbaren Heilsbezug darin, daß die Kirche auf solche Weise ihre eigene innere Dynamik vollzieht, das Offenstehen für alle, in dem sie Gottes Gastfreundschaft zeichenhaft ausdrückt, der alle Menschen geladen hat, Tischgenossen beim Hochzeitsmahl seines Sohnes zu sein. Jener göttliche Überfluß, der für das Wirken Gottes in Schöpfung und Heilsgeschichte kennzeichnend ist, drückt sich auch in der Mission aus, in der die Kirche sich selbst öffnet, das Überströmen der göttlichen Liebe nach außen hin nachahmend mitvollzieht. Und weiterhin muß Mission geschehen, damit die Geschichte zu ihrem Ziel gebracht, der zerrissene Körper der Menschheit wieder zur Einheit geführt werde. Das Wesen der Sünde ist die Sonderung in den Egoismus des je einzelnen hinein. Sünde ist ein Mysterium der Trennung, der Zerrissenheit, durch das die Menschheit zerspalten ist in den Egoismus der vielen, von denen jeder nur sich selber kennt und versteht. Ihr geheimnisvolles Zeichen ist Babylon, der Ort der Sprachenverwirrung, in dem der Egoismus die Brücken des Verstehens abgebrochen hat. Das Wesen des Christusgeschehens ist demgegenüber die Vereinigung, das Wieder-zusammen-führen der verstreuten Glieder der Menschheit zu einem Leib. Sein Zeichen ist das Pfingstgeschehen, das Wunder des Verstehens, das die Liebe schafft, die das Getrennte zur Einheit bringt. In der Mission vollzieht so die Kirche das eigentliche Wesen der Heilsgeschichte, das Mysterium der Vereinigung. Mission geschieht, um das Pfingstwunder zu vollenden, die Zerrissenheit, die den Körper der Menschheit spaltet, zu heilen und sie aus Babylon herauszuführen in die pfingstliche Wirklichkeit hinein. So wird in der Mission erst vollends sichtbar, was Kirche ist: Dienst am Geheimnis der Vereinigung, das Christus in seinem gekreuzigten Leibe wirken wollte.[29]

Fast tausend Zuhörer folgten am 4. Juni 1970 in München einer Einladung der Katholischen Akademie in Bayern zu einem Abendvortrag von Prof. Dr. Joseph Ratzinger, damals Ordinarius für Dogmatik an der Universität Regensburg. Das Thema „Warum ich heute noch in der Kirche bin" hatte offenbar ins Zentrum einer Fragestellung geführt, die viele Menschen bewegte. Das zweite Plädoyer in der Reihe „Christsein und Kirche" hielt am 11. Juni 1970 mit ähnlich großem Echo der Baseler Theologe Dr. Hans Urs von Balthasar unter dem Titel „Warum ich heute noch Christ bin".

WARUM ICH NOCH IN DER KIRCHE BIN[1]

Gründe, nicht mehr in der Kirche zu sein, gibt es heute viele und gegensätzliche. Der Kirche den Rücken zu kehren, fühlen sich heute nicht mehr bloß Menschen gedrängt, denen der Glaube der Kirche fremd geworden ist, denen die Kirche zu rückständig, zu mittelalterlich, zu welt- und lebensfeindlich erscheint, sondern auch Menschen, die die geschichtliche Gestalt der Kirche, ihren Gottesdienst, ihre Unzeitgemäßheit, den Widerschein des Ewigen in ihr liebten. Ihnen scheint, daß die Kirche dabei ist, ihr Eigentliches zu verraten, daß sie dabei sei, sich an die Mode zu verkaufen und damit ihre Seele zu verlieren: Sie sind enttäuscht wie ein Liebender, der den Verrat einer großen Liebe erleben muß und erwägen ernstlich, ihr den Rücken zu kehren.

Umgekehrt gibt es aber auch recht gegensätzliche Gründe, in der Kirche zu bleiben: In ihr bleiben nicht nur die, die unentwegt den Glauben an ihre Sendung festhalten, oder jene, die sich von einer lieben, alten Gewohnheit nicht lösen wollen (selbst wenn sie von dieser Gewohnheit wenig Gebrauch machen). In ihr bleiben heute mit größtem Nachdruck gerade auch diejenigen, die ihr ganzes geschichtliches Wesen ablehnen und den Inhalt, den ihre Amtsträger ihr zu geben oder festzuhalten versuchen, mit Leidenschaft bekämpfen. Obwohl sie das, was die Kirche war und ist, beseitigen wollen, sind sie entschlossen, sich nicht aus ihr hinausweisen zu lassen, um aus ihr das zu machen, was sie ihrer Meinung nach werden soll.

Vorbesinnung auf die Lage der Kirche

So ergibt sich aber eine wahrhaft babylonische Situation für die Kirche, in der nicht nur die Motive des In und Gegen aufs seltsamste verquert sind, sondern kaum noch eine Verständigung möglich scheint. Vor allem: Mißtrauen zieht auf, weil das Sein-in-der-Kirche seine Eindeutigkeit verloren hat und keiner mehr der Aufrichtigkeit des andern zu trauen wagt. Das hoffnungsvolle Wort Romano Guardinis, 1921 gesprochen, scheint ins Gegenteil verkehrt: Ein Vorgang von großer Tragweite hat begonnen: die Kirche erwacht in den Seelen. Heute scheint das Wort umgekehrt lauten zu müssen: in der Tat, ein Vorgang von großer Tragweite spielt sich ab – die Kirche erlischt in den Seelen und sie zerfällt in den Gemeinden. Inmitten einer Welt, die nach Einheit strebt, zerfällt die Kirche in nationalistisches Ressentiment, in die Verketzerung des Fremden, in die Glorifizierung des Eigenen. Zwischen den Managern der Weltlichkeit und einer Reaktion, die sich allzusehr ans Äußerliche und bloß Gewesene klammert, zwischen Mißachtung der Überlieferung und positivistischem Bauen auf den Buchstaben scheint es keine Mitte zu geben – die öffentliche Meinung weist jedem unerbittlich seine Stelle zu; sie braucht klare Etikette und kann sich auf Nuancen nicht einlassen: Wer nicht für den Fortschritt ist, ist gegen ihn; man hat Konservativer oder Progressist zu sein. Die Wirklichkeit ist freilich, gottlob, doch anders: Im stillen und noch fast ohne Stimme gibt es dazwischen auch heute die einfach Glaubenden, die auch in dieser Stunde der Verwirrung den wahren Auftrag der Kirche verwirklichen: die Anbetung und die Geduld des täglichen Lebens vom Worte Gottes her. Aber in das Bild, das man haben will, passen sie nicht und so bleiben sie weithin stumm – diese wahre Kirche ist zwar nicht unsichtbar, aber tief verborgen unter dem Gemächte der Menschen.

Damit ist eine erste Andeutung über den Hintergrund gewonnen, auf dem sich heute die Frage stellt: Warum bleibe ich noch in der Kirche? Wenn sie sinnvoll beantwortet werden soll, müssen wir zunächst die Analyse dieses Hintergrunds, der ja mit dem Wörtchen „heute" unmittelbar zu unserem Thema gehört, noch weiter vertiefen und jetzt über die Feststellung der Situation hinaus die Frage nach ihren Gründen aufnehmen.

Wie konnte es zu dieser merkwürdig babylonischen Situation kommen in dem Augenblick, in dem wir ein neues Pfingsten erhofft hatten? Wie war es möglich, daß gerade in dem Moment, in dem das Konzil die reife Ernte des Erwachens der letzten Jahrzehnte eingebracht zu haben schien, statt des Reichtums der Erfüllung sich plötzlich eine unheimliche Leere ergab? Wie konnte es geschehen, daß aus dem großen Aufbruch zur Einheit der Zerfall hervorkam? Ich möchte fürs erste versuchen, mit einem Vergleich zu antworten, der zugleich die Aufgabe aufdecken kann, die uns gestellt ist und damit schon andeutend die Gründe sichtbar macht, die in allem Nein auch weiterhin ein Ja ermöglichen. Es scheint, wir sind bei unserem Bemühen um das Verständnis der Kirche, das schließlich auf dem Konzil zu einem aktiven Ringen um sie, zu einer konkreten Arbeit an der Kirche geworden ist, so nahe an eben diese Kirche herangekommen, daß nun eine Wahrnehmung des Ganzen nicht mehr gelingt, daß wir vor Häusern nicht mehr die Stadt, vor Bäumen nicht mehr den Wald zu sehen vermögen – die Situation, in die uns die Wissenschaft dem Wirklichen gegenüber so vielfach geführt hat, scheint sich nun auch in bezug auf die Kirche ergeben zu haben. Wir sehen das Einzelne in einer so überzeichneten Genauigkeit, daß es uns unmöglich wird, das Ganze wahrzunehmen. Und wie dort bedeutet auch hier der Gewinn an Exaktheit Verlust an Wahrheit. So unbestreitbar richtig alles ist, was uns das Mikroskop zeigt, wenn wir ein Stück Baum in ihm betrachten, so kann es doch zugleich Wahrheit verdecken, wenn es uns vergessen läßt, daß das Einzelne nicht bloß das Einzelne ist, sondern daß es eine Existenz im Ganzen hat, die nicht mikroskopierbar und doch wahr, wahrer als die Isolierung des Einzelnen ist.

Sagen wir die Dinge nunmehr ohne Bild. Die Perspektive der Gegenwart hat unseren Blick auf die Kirche auch in dem Sinn umgeformt, daß wir Kirche praktisch nur noch unter dem Aspekt der Machbarkeit sehen, unter der Frage, was man daraus machen kann. Die intensive Bemühung um Reform in der Kirche hat schließlich alles andere vergessen lassen, sie ist uns heute nur noch ein Gebilde, das man verändern kann und das uns vor die Frage stellt, was man an ihr verändern soll, um sie für die jeweiligen Zwecke, die sich der einzelne dabei denkt, „effizienter" zu machen. In diese Fragestellung hinein ist der Reformgedanke im allgemeinen Bewußtsein weitgehend degeneriert und somit seines Kerns beraubt. Denn Reform im ursprünglichen Sinn ist ein geistlicher Vorgang, ganz nah mit Umkehr, Bekehrung verwandt und in diesem Sinn der Mitte des Christlichen zugehörig: Nur durch Bekehrung wird man Christ, das gilt für den einzelnen ein ganzes Leben lang, das gilt für die Kirche die ganze Geschichte hindurch. Auch sie lebt als Kirche davon, daß sie sich immer neu zum Herrn hin bekehrt, sich wegkehrt von der Verhärtung ins Eigene, in die bloße, liebe Gewohnheit, die so leicht gegen die Wahrheit steht. Wo aber Reform von diesem Zusammenhang, von der Mühsal der Bekehrung abgelöst und das Heil nur noch von der Veränderung der anderen, von immer neuen Formen und immer neuen Anpassungen an die Zeit erwartet wird, da mag noch manches Nützliche geschehen – im ganzen wird sie ein Zerrbild ihrer selbst. Solche Reform kann im Grund immer nur das Unwichtige, das Zweitrangige an der Kirche erreichen; kein Wunder, daß ihr zuletzt die Kirche selbst als zweitrangig erscheint. Wenn man das bedenkt, wird auch das Paradox verständlich, das sich scheinbar bei den Erneuerungsbemühungen der Gegenwart ergeben hat: Die Bemühung, verhärtete Strukturen aufzulockern, Formen des kirchlichen Amtes, die aus dem Mittelalter oder mehr noch aus den Zeiten des Absolutismus stammen, zu korrigieren und Kirche von solchen Überlagerungen zu befreien zu einem einfacheren Dienst aus dem Geist des Evangeliums heraus, – diese Bemühung hat tatsächlich zu einer Überschätzung des amtlichen Elements in der Kirche geführt, die nahezu beispiellos in der Geschichte dasteht. Die Institutionen und Ämter in der Kirche werden zwar heute radikaler kritisiert als irgendwann zuvor, aber sie absorbieren auch ausschließlicher die Aufmerksamkeit als ehedem: Für nicht wenige scheint die Kirche heute überhaupt nur noch daraus zu bestehen. Die Frage nach der Kirche erschöpft sich dann im Kampf um ihre Einrichtungen; man will einen so ausgebauten Apparat nicht ungenutzt lassen und findet ihn doch reichlich unpraktisch für die neuen Zwecke, die man ihm gibt.

Dahinter wird ein Nächstes, das Eigentliche sichtbar: die Krise des Glaubens, die der eigentliche Kern des Vorgangs ist. Kirche ragt ihrem soziologischen Radius nach noch immer weit über den Kreis der eigentlich Glaubenden hinaus und ist durch diese institutionalisierte Unwahrheit in ihrem wahren Wesen tief verfremdet. Die Publizitätswirkung des Konzils und die scheinbar möglich werdende Annäherung von Glaube und Nichtglaube, die die Berichterstattung fast zwangsläufig vortäuschte, hat diese Verfremdung aufs äußerste radikalisiert: Der Beifall für das Konzil kam zum Teil auch von denjenigen, die selbst gar nicht vorhatten, Gläubige im

Sinn der christlichen Überlieferung zu werden, aber einen „Fortschritt" der Kirche in Richtung auf ihren eigenen Entscheid als Bestätigung ihres Weges begrüßten. Zugleich ist freilich auch in der Kirche selbst der Glaube in eine erregende Gärung geraten. Das Problem der geschichtlichen Vermittlung läßt das alte Credo in ein schwer deutbares Zwielicht treten, in dem die Umrisse der Dinge sich verwischen; der Einspruch der Naturwissenschaften oder mehr noch dessen, was man für modernes Weltbild hält, tut das Seinige, um diesen Prozeß zu verschärfen. Die Grenzen zwischen Auslegung und Leugnung werden, gerade im Herzen des Ganzen, immer undeutlicher: Was heißt „Auferstanden von den Toten" eigentlich? Wer glaubt, wer legt aus, wer leugnet? Und hinter dem Streit um die Grenzen der Auslegung verschwindet zusehends das Antlitz Gottes. „Tod Gottes" ist ein ganz realer Prozeß, der heute bis tief ins Innere der Kirche hineinreicht. Gott stirbt in der Christenheit, so scheint es. Denn wo Auferstehung zum Widerfahrnis eines in überholten Bildern empfundenen Auftrags wird, da handelt Gott nicht. Handelt er überhaupt? Das ist die Frage, die auf dem Fuße folgt. Aber wer will so reaktionär sein, auf einem realistischen „Er ist auferstanden" zu bestehen? So ist dem einen Fortschritt, was der andere für Unglaube halten muß und das bislang Undenkliche wird normal, daß Menschen, die das Credo der Kirche längst verlassen haben, sich guten Gewissens als die wahrhaft fortgeschrittenen Christen ansehen. Für sie aber ist der einzige Maßstab, an dem die Kirche zu messen ist, die Zweckmäßigkeit, mit der sie funktioniert; freilich bleibt noch die Frage, was zweckmäßig ist und wozu das ganze eigentlich funktionieren soll. Für Gesellschaftskritik, für Entwicklungshilfe, für Revolution? Oder für gemeindliche Feiern? In jedem Fall muß man von Grund auf neu anfangen, denn für all das war Kirche ursprünglich nicht gemacht und in ihrer gegenwärtigen Form ist sie ja wohl auch wirklich nicht funktionstüchtig dafür. So steigt das Unbehagen bei Gläubigen und Ungläubigen. Das Hausrecht, das der Unglaube in der Kirche gewonnen hat, läßt beiden die Lage immer unerträglicher erscheinen; vor allem ist tragischerweise durch diese Vorgänge das Programm der Reform in eine merkwürdige und vielen kaum noch auflösbare Zweideutigkeit geraten.

Nun kann man natürlich sagen: Aber das ist doch nicht das Ganze unserer Situation. Es gibt ja auch soviel Positives, was in den letzten Jahren gewachsen ist und einfach nicht verschwiegen werden darf – die neue Zugänglichkeit der Liturgie, die Wachheit für das soziale Problem, das bessere Verstehen unter den getrennten Christen, den Abbau mancher Angst, die aus falschem Buchstabenglauben gewachsen war und vieles andere. Das ist wahr und man soll es nicht verkleinern. Aber kennzeichnend für die kirchliche „Großwetterlage" (wenn man so sagen darf) ist es nicht. Im Gegenteil, auch alles dies ist einstweilen in die Zwielichtigkeit hineingezogen, die sich aus der Verwischung der Grenzen von Glaube und Unglaube ergeben hat. Nur anfangs schien das Ergebnis dieser Verwischung Befreiung zu sein. Heute ist klar, daß trotz aller Zeichen der Hoffnung, die es gibt, aus diesem Vorgang nicht eine moderne, sondern eine rundum fragwürdig gewordene und tief zerrissene Kirche hervorgekommen ist. Sagen wir es einmal ganz hart: Das Erste Vatikanum hatte die Kirche beschrieben als „signum levatum in nationes", als das große eschatologische Banner, das weithin sichtbar die Menschen ruft und vereint. Sie sei (so meinte das Konzil von 1870) jenes von Jesaja (11,12) erhoffte, weithin sichtbare Zeichen, das jeder Mensch erkennen kann und das allen unzweideutig den Weg weist: Mit ihrer wunderbaren Ausbreitung, ihrer hohen Heiligkeit, ihrer Fruchtbarkeit in allem Guten und ihrer unerschütterlichen Stabilität sei sie das eigentliche Wunder des Christentums, seine ständige, alle anderen Zeichen und Wunder ersetzende Beglaubigung vor dem Angesicht der Geschichte.[2] Heute scheint dies alles ins Gegenteil verkehrt: Nicht wunderbare Ausbreitung, sondern kleinkarierter, stagnierender Verein, der weder die Grenzen des europäischen noch die des mittelalterlichen Geistes ernsthaft zu überschreiten vermochte; nicht hohe Heiligkeit, sondern Ansammlung aller menschlichen Ärgernisse, beschmutzt und gedemütigt von einer Geschichte, die keinen Skandal schuldig geblieben ist, von Ketzerverfolgungen und Hexenwahn, von Judenverfolgung und Gewissensknechtung bis zur Selbstdogmatisierung und zum Widerstand gegen die wissenschaftliche Evidenz, so daß nur schamhaft sein Haupt verhüllen kann, wer dieser Geschichte zugehört; nicht Stabilität endlich, sondern Mitgerissensein von allen Strömungen der Geschichte, vom Kolonialismus, vom Nationalismus und eben auch schon im Begriff, sich mit dem Marxismus zu arrangieren und womöglich weitgehend zu identifizieren ... Nicht

Zeichen, das zum Glauben ruft, scheint so die Kirche, sondern eher das Haupthindernis, ihn anzunehmen.

Die wahre Theologie der Kirche scheint so nur noch darin bestehen zu können, ihr die theologischen Prädikate zu nehmen, sie rein politisch zu betrachten und zu behandeln. Sie scheint nicht mehr selbst eine Wirklichkeit des Glaubens, sondern die recht zufällige, wenn auch vielleicht unumgängliche Organisation der Glaubenden zu sein, die man möglichst schnell nach den modernsten Erkenntnissen der Soziologie umgestalten sollte. Vertrauen ist gut, Kontrolle ist besser – das ist nun nach allen Enttäuschungen dem kirchlichen Amt gegenüber die Parole. Das sakramentale Prinzip will nicht mehr einleuchten, verläßlich scheint nur noch die demokratische Kontrolle:[3] schließlich ist ja auch der Heilige Geist gar zu ungreifbar. Wer den Blick in die Vergangenheit nicht scheut, weiß freilich, daß die Beschämungen der Geschichte gerade darauf beruhten, daß man diesen Weg ging: die Machtergreifung des Menschen durchführte – seine Leistungen für das einzig Reale hielt.

Ein Bild für das Wesen der Kirche

Eine Kirche, die nur politisch, gegen ihre ganze Geschichte und ihr eigenes Wesen betrachtet wird, hat keinen Sinn, und eine nur politische Entscheidung zum Bleiben in der Kirche ist unredlich, auch wenn sie unter dem Etikett der Redlichkeit auftritt. Aber wie kann dann angesichts der gegenwärtigen Situation das Bleiben in der Kirche gerechtfertigt werden? Anders ausgedrückt: Der Entscheid für die Kirche muß ein spiritueller Entscheid sein, wenn er Sinn haben soll – aber wie ist eine solche spirituelle Entscheidung zu begründen? Ich möchte wiederum eine erste Vorantwort in einem Vergleich geben und dafür auf die Aussage zurückgreifen, die sich zunächst für die Schilderung der Situation angeboten hatte. Wir hatten gesagt, daß wir bei unserem Hantieren an der Kirche so nahe an sie herangekommen sind, daß es keine Wahrnehmung des Ganzen mehr gibt. Dieser Gedanke läßt sich ausweiten, wenn man dafür ein Bild heranzieht, das die Kirchenväter bei ihrer symbolischen Betrachtung von Welt und Kirche gefunden haben. Sie erklärten, im Aufbau des Kosmos sei der Mond ein Bild für das, was die Kirche im Aufbau des Heils, im geistig-geistlichen Kosmos ist. Uralte Symbolik der Religionsgeschichte wird hier aufgenommen (die Väter haben von „Theologie der Religionen" zwar nicht geredet, aber sie vollzogen), in der der Mond als Sinnbild der Fruchtbarkeit wie der Hinfälligkeit, als Symbol des Todes, des Vergehens ebenso wie als Symbol der Hoffnung auf Wiedergeburt und Auferstehung Bild der menschlichen Existenz war, „pathetisch und tröstend zugleich".[4] Lunare und tellurische Symbolik verschmelzen vielfach. Der Mond stellt in seiner Vergänglichkeit wie in seiner Wiedergeburt die Welt des Menschen dar, die irdische Welt, die Welt, die vom Empfangen und von der Bedürftigkeit gezeichnet ist, die ihre Fruchtbarkeit von anderswo her: von der Sonne empfängt. So wird lunare Symbolik zugleich zum Symbol für den Menschen, für das Menschsein, wie es in der Frau sich darstellt: empfangend und fruchtbar aus der Kraft des Empfangenen.

Die Übertragung der Symbolik des Mondes auf die Kirche ergab sich für die Väter vor allem von zwei Ansatzpunkten her: von der Verbindung Mond – Frau (Mutter) und von dem Gesichtspunkt aus, daß das Licht des Mondes fremdes Licht ist, Licht des Helios, ohne den der Mond nur Dunkelheit wäre; er leuchtet, aber sein Licht ist nicht sein Licht, sondern Licht eines andern.[5] Er ist Dunkel und Helligkeit zugleich. Er selbst ist Dunkelheit, aber er schenkt Helligkeit, von einem andern her, dessen Licht durch ihn weitergeht. Eben darin aber stellt er die Kirche dar, die leuchtet, auch wenn sie selber dunkel ist: Nicht von ihrem eigenen Licht her ist sie hell, sondern vom wahren Helios Christus her empfängt sie Licht, so daß sie, obgleich selber nur Erdengestein (wie der Mond, der ja auch nur eine andere Erde ist), dennoch in der Nacht unserer Gottesferne Licht geben kann – „der Mond erzählt vom Geheimnis Christi".[6]

Man soll Symbole nicht pressen; ihr Kostbares besteht gerade in einer Bildlichkeit, die sich logischen Schematismen entzieht. Dennoch drängt sich hier im Zeitalter der Mondfahrt eine Ausweitung des Vergleichs auf, in der mit dem Gegenüber von physikalischem und symbolischem Denken das Spezifische unserer Situation auch vor der Wirklichkeit Kirche sichtbar werden kann. Der Mondfahrer bzw. die Mondsonde entdeckt den Mond nur als Gestein, als Wüste, Sand, Gebirge, aber nicht als Licht. Und in der Tat: Er ist an sich und für sich nur dies, nur Wüste, Sand, Gestein. Und dennoch ist er, nicht in sich, aber von anderswo her und auf anderswo hin, auch Licht und bleibt es auch im Zeitalter der Raumfahrt. Er ist das, was er nicht selber ist. Das andere, nicht-Seinige, ist doch auch seine Wirklichkeit – als nicht-Seinige. Es gibt eine Wahrheit der Physik und es gibt eine Wahrheit der Poesie, der Symbole, deren eine die andere nicht aufhebt. Und nun frage ich: Ist das nicht ein sehr genaues Bild der Kirche? Wer sie mit der Raumsonde beschaufelt und befährt, kann nur Wüste, Sand, Gestein entdecken, die Menschlichkeiten des Menschen und seine Geschichte mit ihren Wüsten, ihrem Staub und ihren Höhen. Das ist das Ihrige. Und es ist doch nicht das Eigentliche an ihr. Das Entscheidende ist, daß sie, obgleich selbst nur Sand und Stein, doch Licht ist vom Herrn her, von dem andern her: Das nicht-Ihrige ist das wahrhaft Ihrige, ihr Eigentliches, ja, sie hat ihr Wesen darin, daß sie selbst nicht zählt, sondern daß das an ihr zählt, was sie nicht ist, daß sie nur besteht, um sich enteignet zu sein – daß sie ein Licht hat, das sie nicht ist und dessentwegen allein sie doch ist. Sie ist „Mond" – mysterium lunae – und so geht sie den Gläubigen an, denn so eben ist sie Ort einer bleibenden spirituellen Entscheidung.

Weil mir der hier im Bild berührte Sachverhalt entscheidend zu sein scheint, möchte ich ihn, bevor ich versuche, ihn aus der Sprache des Bildes in Sachaussagen zu übersetzen, noch an einer anderen Beobachtung verdeutlichen. Nach der Verdeutschung der Liturgie, vor der letzten Reform, ergab sich mir immer wieder eine sprachliche Hemmung an einem Text, die aus eben demselben Zusammenhang hervorkam und symptomatisch noch einmal das gleiche abbildet, worum es hier geht. In dem deutsch gebeteten Suscipiat heißt es: Der Herr möge das Opfer annehmen „zum Segen für uns und *Seine* ganze heilige Kirche". Mir kam immer wieder auf die Zunge „und *unsere* ganze heilige Kirche". In dieser Sprachhemmung liegt das ganze Problem zutage, um das es geht, und die ganze Verschiebung wird darin offenkundig, die uns widerfahren ist. An die Stelle seiner Kirche ist unsere Kirche und sind damit die vielen Kirchen getreten, jeder hat die seinige. Die Kirchen sind *unsere* Unternehmungen geworden, auf die wir stolz sind oder deren

wir uns schämen, viele kleine Privateigentümer stehen nebeneinander, lauter „unsrige" Kirchen, die wir selber machen, die unser
Werk und Eigentum sind, und die wir demgemäß umgestalten oder
erhalten wollen. Hinter „unserer Kirche" oder auch „eurer Kirche"
ist uns „Seine Kirche" entschwunden. Aber um sie allein geht es
und wenn es sie nicht mehr gibt, soll auch „unsere" Kirche abdan-
ken. Kirche als bloß unsrige ist ein überflüssiges Sandkastenspiel.

Warum ich in der Kirche bleibe

Damit ist aber auch schon die prinzipielle Antwort auf die Frage
des Themas gegeben: Ich bin in der Kirche, weil ich daran glaube,
daß nach wie vor und unaufhebbar durch uns, hinter „unserer Kirche" „Seine Kirche" lebt und daß ich bei Ihm nicht anders stehen
kann, als indem ich bei und in Seiner Kirche stehe. Ich bin in der
Kirche, weil ich trotz allem daran glaube, daß sie zutiefst nicht
unsere, sondern eben „Seine" Kirche ist.

Ganz konkret gesagt: Die Kirche ist es, die uns, trotz all der
Menschlichkeit der Menschen in ihr, Jesus Christus gibt, und nur
durch sie können wir ihn als eine lebendige, vollmächtige, mich
jetzt und hier fordernde und beschenkende Wirklichkeit empfangen. Henri de Lubac hat diesen Sachverhalt folgendermaßen formuliert: „Wissen diejenigen, die Jesus noch annehmen, obwohl sie
die Kirche leugnen, daß sie ihn letztlich ihr verdanken? … Jesus ist
für uns lebendig. Doch unter welchem Flugsand wäre, zwar nicht
sein Name und nicht sein Andenken, so doch sein lebendiger Ein-
fluß, die Wirkung des Evangeliums und der Glaube an seine göttliche Person begraben ohne die sichtbare Kontinuität seiner Kirche?
… ‚Ohne die Kirche müßte Christus sich verflüchtigen, zerbröckeln,
erlöschen.' Und was wäre die Menschheit, hätte man ihr Christus
genommen?"[7] Diese elementare Erkenntnis muß am Anfang stehen:
Was immer es in der Kirche an Untreue gibt und geben mag, wie
sehr es wahr ist, daß sie des ständig neuen Maßnehmens an Jesus
Christus bedarf, so gibt es doch keine letzte Entgegensetzung von
Christus und Kirche. Die Kirche ist es, durch die er über die Distanz

*Der damalige Professor Joseph Ratzinger als Teilnehmer einer Studien-
und Kontaktreise der Katholischen Akademie in Bayern nach Israel; hier
mit Julius Kardinal Döpfner (links) auf dem Tempelberg in Jerusalem;
im Februar 1975 (Foto: Akademiearchiv)*

der Geschichte hinweg lebendig bleibt, heute zu uns spricht, heute bei uns ist als unser Meister und Herr, als unser Bruder, der uns zu Geschwistern vereint. Und indem die Kirche, sie allein, uns Jesus Christus gibt, ihn in der Welt lebendig anwesend sein läßt, ihn im Glauben und Beten der Menschen allzeit neu gebiert, gibt sie der Menschheit ein Licht, einen Halt und einen Maßstab, ohne den sie nicht mehr vorstellbar wäre. Wer die Gegenwart Jesu Christi in der Menschheit will, kann sie nicht gegen die Kirche, sondern nur in ihr finden.

Damit ist auch schon das Nächste gesagt. Ich bin in der Kirche aus denselben Gründen, aus denen heraus ich überhaupt Christ bin. Denn glauben kann man nicht allein. Glauben kann man nur als Mitglaubender. Glaube ist seinem Wesen nach Kraft der Vereinigung. Sein Urbild ist die Geschichte von Pfingsten, das Wunder des Verstehens, das zwischen Menschen geschieht, die von Herkunft und Geschichte her einander fremd sind. Glaube ist kirchlich oder er ist nicht. Dazu kommt ein weiteres: Wie man nicht allein glauben kann, sondern nur als Mitglaubender, so kann man nicht auf Grund eigener Vollmacht und eigener Erfindung glauben, sondern nur wenn und weil es eine Ermächtigung zum Glauben gibt, die nicht in meiner eigenen Macht steht, nicht aus meiner Macht kommt, sondern mir vorausgeht. Ein selbsterfundener Glaube ist ein Widerspruch in sich. Denn ein selbsterfundener Glaube würde mir ja nur verbürgen und sagen können, was ich ohnedies selber bin und weiß, er könnte die Grenze meines Ich nicht überschreiten. Daher ist auch eine selbstgemachte Kirche, eine Gemeinde, die sich selbst erschafft, die nur von eigenen Gnaden ist, ein Widerspruch in sich. Wenn Glaube Gemeinschaft verlangt, dann eine solche, die Vollmacht hat und die mir vorausgeht, nicht eine solche, die meine eigene Schöpfung, das Instrument meiner eigenen Wünsche ist.

Das ganze läßt sich auch von einem mehr historischen Aspekt aus formulieren: Entweder war dieser Jesus mehr als Mensch, so daß ihm eine Vollmacht innewohnte, die mehr war als Produkt eigener Willkür. Entweder also ging von ihm eine Vollmacht aus, die trägt und durch die Zeit hindurch hält, oder er hinterließ eine solche Vollmacht nicht. In diesem Fall bin ich auf meine eigenen Rekonstruktionen angewiesen, und dann ist er nicht mehr als irgendeine andere große Stiftergestalt, die man sich reflektierend vergegenwärtigt. Ist er aber mehr, dann hängt er nicht von meinen Rekonstruktionen ab, dann gilt die Vollmacht, die er hinterlassen hat, auch heute.

Kehren wir zurück: Christsein kann es nur in Kirche geben. Nicht daneben. Und scheuen wir uns nicht, noch einmal die pathetisch klingende Frage ganz nüchtern zu stellen: Was wäre denn die Welt ohne Christus? Ohne einen Gott, der redet und den Menschen kennt, und den daher der Mensch kennen kann? Wir wissen heute, wo der Versuch einer solchen Welt mit so verbissener Zähigkeit betrieben wird, sehr genau, wie die Antwort lautet: ein absurdes Experiment. Ein Experiment ohne Maßstab. Wie sehr auch das Christentum konkret in seiner Geschichte versagt haben mag (und es hat immer wieder in einer bestürzenden Weise versagt), die Maßstäbe der Gerechtigkeit und der Liebe sind, selbst wider ihren Willen, dennoch von der in ihr verwahrten Botschaft ausgegangen, oft gegen sie und doch niemals ohne die stille Macht dessen, was in ihr hinterlegt ist.

Mit anderen Worten: Ich bleibe in der Kirche, weil ich den nur in ihr und nicht letztlich gegen sie vollziehbaren Glauben als eine Notwendigkeit für den Menschen, ja, für die Welt ansehe, wovon sie lebt, auch wo sie ihn nicht teilt. Denn wo es Gott nicht mehr gibt – und ein schweigender Gott ist kein Gott – da gibt es die der Welt und dem Menschen vorgängige Wahrheit nicht mehr. In einer Welt ohne Wahrheit aber kann man auf die Dauer nicht leben; wo der Verzicht auf Wahrheit gesetzt wird, zehrt man im stillen davon, daß ihr Erlöschen noch nicht wirklich angekommen ist, wie das Licht der Sonne nach ihrem Ende noch eine Zeitlang bliebe und täuschen könnte über die Weltennacht, die in Wahrheit angebrochen wäre.

Dasselbe läßt sich von einer anderen Seite her nochmal anders formulieren: Ich bleibe in der Kirche, weil nur der Glaube der Kirche den Menschen erlöst. Das klingt sehr traditionell und dogmatisch, unwirklich, ist aber ganz nüchtern und realistisch gemeint. Das Verlangen nach Erlösung ist in unserer Welt der Zwänge und der Frustrationen mit einer elementaren Wucht neu aufgewacht. Die Bemühungen von Freud und C. G. Jung sind nichts anderes als Versuche, Erlösung den Unerlösten zu geben. Marcuse, Adorno, Habermas fahren auf ihre Weise und von anderen Ansätzen her fort, Erlösung zu suchen und zu verkünden. Im Hintergrund steht

Marx und auch seine Frage ist die der Erlösung. Je freier, je aufgeklärter, je mächtiger der Mensch wird, desto mehr bohrt das Verlangen nach Erlösung in ihm, desto unfreier findet er sich. Gemeinsam ist den Bemühungen von Marx über Freud zu Marcuse, daß sie Erlösung suchen, indem sie eine von Leid, Krankheit, Not geheilte Welt anstreben. Die herrschaftsfreie, leidfreie, unrechtsfreie Welt ist die große Parole unserer Generation geworden; die stürmischen Explosionen der Jugend gelten dieser Verheißung und die Ressentiments der Alten wüten dagegen, daß sie noch immer nicht verwirklicht ist, noch immer Herrschaft, Unrecht, Leid existieren. Gegen Leid und Unrecht in der Welt anzukämpfen, ist in der Tat ein durchaus christlicher Impuls. Aber die Vorstellung, als könne man durch soziale Reform, durch Aufhebung von Herrschaft und von Rechtsordnung die leidfreie Welt herstellen und das Verlangen, es hier und jetzt zu erreichen, bedeuten eine Irrlehre, eine tiefe Verkennung des Wesens Mensch. Leid kommt in dieser Welt wahrlich nicht nur aus der Ungleichheit von Besitz und Macht. Und Leid ist nicht nur das Lästige, das der Mensch abschütteln sollte: Wer das will, muß in die Scheinwelt des Rauschgiftes fliehen, um so nur erst recht sich selbst zu zerstören und in den Widerspruch zur Wirklichkeit zu geraten. Nur im Durchleiden seiner selbst und im Sichfrei-Leiden von der Tyrannis des Egoismus findet sich der Mensch, findet er seine Wahrheit, seine Freude, sein Glück. Daß man uns vorgaukelt, man könne ohne das Bestehen seiner selbst, ohne die Geduld des Verzichts und die Mühsal der Überwindung Mensch werden, daß man uns vormacht, die Härte des Stehens zum Übernommenen und das geduldige Erleiden der Spannung zwischen dem Sollen des Menschen und seinem tatsächlichen Sein brauche es nicht, das macht ganz wesentlich die Krise unserer Stunde aus. Ein Mensch, dem die Mühsal genommen und der ins Schlaraffenland seiner Träume entführt wird, verliert sein Eigentliches, sich selbst. Der Mensch wird in der Tat nicht anders als durch das Kreuz erlöst, durch die Annahme der Passion seiner selbst und der Welt, die in der Passion Gottes zur Stätte des befreienden Sinnes geworden ist. Nur so, in dieser Annahme, wird der Mensch frei. Alle Angebote, die es billiger versprechen, werden scheitern, sich als trügerisch erweisen. Die Hoffnung des Christentums, die Chance des Glaubens beruht letztlich ganz einfach darauf, daß er die Wahrheit sagt. Die

Chance des Glaubens ist die Chance der Wahrheit, die verdunkelt und getreten werden, aber nicht untergehen kann. Kommen wir zu einem Letzten. Ein Mensch sieht immer nur soviel, soviel er liebt. Gewiß gibt es auch die Hellsichtigkeit der Verneinung und des Hasses. Aber sie können nur sehen, was ihnen gemäß ist: das Negative. Sie können damit die Liebe vor einer Blindheit bewahren, in der sie ihre eigenen Grenzen und Gefährdungen übersieht. Aber aufbauen können sie nicht. Ohne ein gewisses Maß an Liebe findet man nichts. Wer sich nicht ein Stück weit wenigstens in das Experiment des Glaubens, in das Experiment mit der Kirche einläßt, bejahend einläßt, es nicht riskiert, mit den Augen der Liebe zu schauen, ärgert sich nur. Das Wagnis der Liebe ist die Vorbedingung des Glaubens. Wird es gewagt, so braucht man sich nichts von den Dunkelheiten der Kirche zu verbergen. Aber man entdeckt, daß sie doch nicht das einzige sind. Man entdeckt, daß es neben der Kirchengeschichte der Skandale doch auch die andere Kirchengeschichte gibt, die der freimachenden Kraft des Glaubens, die sich in so großen Gestalten wie Augustinus, Franz von Assisi, dem Dominikaner Las Casas mit seinem leidenschaftlichen Kampf für die Indios, Vinzenz von Paul, Johannes XXIII. alle Jahrhunderte hindurch fruchtbar bewährt hat. Er findet, daß die Kirche eine Lichtspur in die Geschichte getragen hat, die nicht wegzudenken ist. Und auch das Schöne, das unter dem Anruf ihrer Botschaft erwacht ist und sich uns in unvergleichlichen Werken noch heute zeigt, wird ihm zu einem Zeugnis der Wahrheit: Was so sich auszudrücken vermochte, kann nicht nur Finsternis sein. Die Schönheit der großen Kathedralen, die Schönheit der Musik, die im Umkreis des Glaubens gewachsen ist, die Würde der kirchlichen Liturgie, überhaupt die Wirklichkeit des Festes, das man nicht selber machen, sondern nur empfangen kann,[8] die Durchformung des Jahres im Kirchenjahr, in dem sich das Damals und das Heute, Zeit und Ewigkeit durchdringen – das alles ist in meinen Augen keine belanglose Zufälligkeit. Die Schönheit ist der Glanz des Wahren, sagt Thomas von Aquin einmal, und die Verzerrung des Schönen ist die Selbstironie der verlorenen Wahrheit, könnte man hinzufügen. Der Ausdruck, den sich der Glaube in der Geschichte zu schaffen vermochte, zeugt für ihn, für die Wahrheit, die hinter ihm steht.

Ich möchte einen weiteren Hinweis nicht unterlassen, auch wenn er sehr ins Subjektive zu führen scheint. Man kann doch auch heute, wenn man die Augen offenhält, Menschen begegnen, die ein lebendiges Zeugnis der freimachenden Kraft christlichen Glaubens sind. Und es ist keine Schande, Christ auch zu sein und zu bleiben wegen der Menschen, die uns Christsein vorgelebt, es in ihrem Leben glaubens- und liebenswert gemacht haben. Schließlich ist es doch eine Illusion, wenn der Mensch sich zu einer Art von transzendentalem Subjekt machen will, in dem nur das Unzufällige gilt. Gewiß ist es dann eine Pflicht, auf solche Erfahrungen zu reflektieren, ihre Verantwortbarkeit zu prüfen, sie zu reinigen und neu zu erfüllen. Aber bleibt es nicht auch dann, in diesem notwendigen Prozeß der Objektivierung, ein nicht zu verachtender Ausweis des Christlichen, daß es Menschen menschlich gemacht hat, indem es sie mit Gott verbunden hat? Ist nicht das Subjektivste hier zugleich ein ganz Objektives, dessen wir uns vor niemand zu schämen brauchen?

Noch eine Bemerkung zum Schluß. Wenn, wie es hier geschah, davon die Rede ist, daß man ohne Liebe nichts sehen kann, daß man also auch die Kirche lieben muß, um sie zu erkennen, werden viele heute unruhig. Ist Liebe nicht das Gegenteil zu Kritik? Und ist sie nicht am Ende der Vorwand der Herrschenden, die Kritik ausschalten und das Bestehende zu ihren Gunsten erhalten wollen? Dient man den Menschen, indem man sie beruhigt und das beschönigt, was ist, oder dient man ihnen, indem man immerfort gegen die sich festfahrende Ungerechtigkeit und gegen das Schwergewicht der Strukturen für den Menschen auftritt? Das sind sehr weitreichende Fragen, die hier im einzelnen nicht untersucht werden können. Aber eins sollte doch klar sein: Wirkliche Liebe ist weder statisch noch unkritisch. Wenn es überhaupt eine Möglichkeit gibt, einen anderen Menschen positiv zu verändern, dann doch nur, indem man ihn liebt und so ihn langsam wandeln hilft, von dem, was er ist, zu dem hin, was er sein kann. Sollte es bei der Kirche anders sein? Blicken wir auf die jüngste Geschichte: In der liturgischen und theologischen Erneuerung der ersten Hälfte dieses Jahrhunderts ist wirkliche Reform gewachsen, die positive Veränderung bewirkte; das war nur möglich, weil es Menschen gab, die die Kirche wach, mit der Gabe der Unterscheidung, „kritisch" liebten und um sie zu leiden bereit waren. Wenn heute nichts mehr gelingen will, so doch wohl deshalb, weil wir alle allzusehr nur uns selbst bestätigen möchten. In einer Kirche zu bleiben, die wir eigentlich erst machen müssen, damit sie bleibenswert werde, lohnt sich nicht; es ist ein Widerspruch in sich selbst. In der Kirche zu bleiben, weil sie es wert ist, daß sie bleibt; weil sie es wert ist, daß sie geliebt und durch Liebe allzeit neu über sich hinaus zu sich selbst verwandelt wird – das ist der Weg, auf den die Verantwortung des Glaubens auch heute weist.

*Der Protektor der Katholischen Akademie in Bayern
beim Festlichen Abend der Akademie zu Fronleichnam; 9. Juni 1977
(Foto: Akademiearchiv / Gerd Pfeiffer)*

Vom Weltauftrag des christlichen Glaubens

*Die Frage nach der christlichen Grundlage des europäischen Selbst-
verständnisses und damit zusammenhängend die Frage nach den
Aufgaben der Christen bei der Gestaltung der Zukunft Europas
standen im Zentrum einer international besetzten Tagung „Europa
und die Christen" der Katholischen Akademie in Bayern am 28./29.
April 1979 in Straßburg. Bei dieser Veranstaltung im unmittelbaren Vorfeld der ersten Direktwahl zum Europaparlament refe-
rierte neben dem Politikwissenschaftler Dolf Sternberger, dem Bot-
schafter des Staates Israel in der Bundesrepublik Deutschland Ehud
Avriel und dem Historiker Joseph Rovan auch der damalige Erzbischof von München und Freising, Joseph Kardinal Ratzinger. In
seinem grundlegenden Vortrag entfaltete er die Thematik von einer
Analyse der geistigen Situation über eine Bestimmung des spezifisch europäischen Erbes bis hin zu wegweisenden Thesen für das
konkrete Zusammenleben in einem künftigen Europa, das dem
hohen Anspruch seiner Tradition gerecht wird.*

EUROPA –
VERPFLICHTENDES ERBE FÜR DIE CHRISTEN

In der wechselvollen Geschichte von Begriff und Wirklichkeit „Europa" ist es bezeichnend, daß der Gedanke an Europa immer dann pointiert auftrat, wenn den „unter diesem Sammelbegriff zu vereinigenden Völkern Gefahr" drohte.[1] Dies ist nicht erst in unserer Zeit so, wo nach den beiden Weltkriegen angesichts der Zerstörungen in der europäischen Welt die Frage nach dem Abendland und nach der Wiederherstellung eines geeinten Europa drängend wurde. Heinz Gollwitzer hat darauf hingewiesen, daß schon der seit Anbruch der Neuzeit erfolgte Übergang des Wortes „Europa" aus der Bildungssprache ins Populäre wohl nicht nur eine Folge der Breitenwirkung humanistisch-antikischen Denkens war, sondern auch als Reaktion auf die Bedrohung durch die Türken anzusehen ist.[2] Europa erfährt, was es selber ist, am deutlichsten dort, wo es nachdrücklich mit dem konfrontiert wird, was den Gegensatz seines Eigenen darstellt. Dem Wesen einer Sache kann man am ehesten dadurch nahekommen, daß man zunächst einmal feststellt, was sie nicht ist. Das Problem der heutigen Europadebatten und auch des politischen Ringens um Europa besteht weitgehend darin, daß unklar bleibt, was man nun mit „Europa" eigentlich meint oder will. Ist es mehr als ein etwas nebuloser romantischer Traum? Ist es mehr als eine politisch-wirtschaftliche Interessengemeinschaft der an den Rand gedrängten, ehemaligen Weltherrscher? Das eigentlich mit Europa Gemeinte muß wohl zwischen nebulosem Idealismus und bloß pragmatischer Interessengemeinschaft liegen. Nur wenn es mehr als das eine wie das andere ist, kann es auf lange Frist ein zugleich reales und ideales Ziel eines sittlich geprägten politischen Handelns darstellen. Das bloß Reale ohne eine gestaltende, sittliche Idee trägt nicht; aber auch das bloß Ideale, das keinen konkreten politischen Inhalt hat, bleibt unwirksam und leer. – So könnte eine erste These, die meinem Referat zugrundeliegen soll, lauten: Nur wenn der Begriff „Europa" eine Synthese aus politischer Realität und sittlicher Idealität darstellt, kann er zu einer prägenden Kraft für die Zukunft werden. Demgemäß müssen wir nach einem Begriff von Europa suchen, der diese Anforderungen erfüllt. Als Methode hat sich uns vorhin von der Geschichte des europäischen Gedankens und der europäischen Wirklichkeit selber her der Weg angeboten, zunächst einmal an den Gegenbildern zu erfragen, was Europa nicht ist. In einem zweiten Abschnitt möchte ich dann versuchen, die positiven Komponenten des Begriffs Europa zu formulieren. Der dritte Abschnitt soll ganz kurz die Aufgaben definieren, die sich demjenigen stellen, der Europa will.

I. Gegenbilder zu Europa

Wenn wir damit beginnen, die Gegenbilder zu dem zu ermitteln, was von der Geschichte und von dem in ihr verwahrten Ethos her „Europa" heißen muß, so sehe ich insbesondere deren drei, die jeweils ein unterschiedliches geschichtliches Gefälle gegenüber der Geschichtsdynamik des Europäischen ausdrücken. – Es gibt als erstes heute weltweit einen starken psychologischen und politischen Trend, der hinter das europäische Element in der Geschichte zurück möchte. Er will Geschichte sozusagen reinigen vom Einbruch des Europäischen, das als Entfremdung vom Eigenen oder überhaupt als Erbsünde der Geschichte, als der Grund für die lebensgefährliche Krise angesehen wird, in der die Menschheit heute steht. – Es gibt als zweites einen Trend, der europäischen Geschichte gleichsam nach vorn zu entrinnen und ihre eigene Bewegungsrichtung derart fortzusetzen, daß man die in ihr enthaltene Verklammerung an Vorgegebenes löst. – Als drittes gibt es einen Trend, der beide Bewegungsrichtungen miteinander verbindet, dadurch die stärkste Verschmelzung von Realismus und idealen Antriebskräften erzielt und damit auch zum stärksten Gegenentwurf zu Europa wird.

Ich möchte im folgenden versuchen, diese drei Trends kurz zu skizzieren, von denen ich glaube, daß sie die Grenzen des Begriffs Europa markieren können.

1. Zurück hinter Europa

Vom Ende der Antike bis tief in die frühe Neuzeit hinein erwies sich der Islam als der eigentliche Gegenspieler Europas. Die schon im 6. vorchristlichen Jahrhundert bei Hekataios von Milet gegebene und nicht nur geographisch gemeinte Gegenüberstellung von Europa und Asien, von Erebos (Abend) und Oriens,[3] wirkt verändert in dieser Konfrontation weiter. Der Islam ist schon in seiner Entstehung in gewisser Hinsicht ein Zurückgehen zu einem Monotheismus, der die christliche Wende zum menschgewordenen Gott nicht aufnimmt und sich ebenso der griechischen Rationalität und ihrer Kultur verschließt, welche über den Gedanken der Menschwerdung Gottes zum Bestandteil des christlichen Monotheismus geworden war. Dagegen kann man natürlich einwenden, daß es im Laufe der Geschichte im Islam immer wieder Annäherungen an die geistliche Welt Griechenlands gegeben hat; sie waren aber nie von Dauer. Vor allen Dingen ist hiermit ausgesagt, daß die Trennung von Glaube und Gesetz, von Religion und Stammesrecht im Islam nicht vollzogen wird und auch nicht vollziehbar ist, ohne daß man an den Kern seiner selbst rührte. Anders ausgedrückt: Der Glaube stellt sich in der Form eines mehr oder weniger archaischen Systems zivilrechtlicher und strafrechtlicher Lebensformen dar. Er ist zwar nicht national definiert, aber in einem Rechtssystem, das ihn ethnisch und kulturell fixiert und zugleich der Rationalität dort Grenzen setzt, wo die christliche Synthese den Raum der Ratio gegeben sieht.[4]

Seit dem 18. Jahrhundert hatte der Islam zusehends an eigenem politischen und moralischen Gewicht verloren und war seit dem 19. Jahrhundert mehr und mehr in die Herrschaft europäischer Rechtssysteme geraten, die sich deshalb für universalisierbar hielten, weil sie sich als Aufklärungsrecht aus der christlichen Grundlage gelöst hatten und nun als reines Vernunftrecht auftraten. Wo aber der Islam als Glaube lebendig ist oder wird, müssen diese Rechtssysteme gerade deshalb als gottlos und glaubenswidrig empfunden werden. Angesichts der Einheit des Ethnischen und Religiösen erscheinen sie als ein zugleich ethnischer und religiöser Angriff, als Entfremdung nicht nur vom Eigenen, sondern vom Eigentlichen; beides zusammen löst die Heftigkeit der Gegenreaktion aus, die wir heute beobachten können.

Für das verstärkte Auftreten dieser Tendenz gibt es sicher viele Gründe, die hier nicht im einzelnen behandelt werden können. Vor allem ist es einerseits das politische und ökonomische Erstarken der arabischen Welt, zum anderen aber auch die Krise, in die das europäische Vernunftrecht geraten ist, nachdem es sich selbst seiner religiösen Grundlagen gänzlich begeben hat und faktisch in eine Herrschaft der Anarchie umzuschlagen droht. In dem Augenblick, wo Europa seine eigenen geistigen Grundlagen in Frage stellt oder aufhebt, sich von seiner Geschichte trennt und sie zur Kloake erklärt, kann die Antwort einer nicht-europäischen Kultur nur die radikale Reaktion und das Zurück hinter die Begegnung mit den christlichen Werten sein.

Im übrigen halte ich diese Reaktion der islamischen Welt nur für den sichtbarsten und politisch wirksamsten Ausschnitt aus einer in vielen Varianten wirksamen Bewegung, die im Inneren des europäischen Bewußtseins selber mit Macht am Werke ist. Das Werk von Lévi-Strauss – um nur ein Beispiel zu nennen – drückt seinerseits im europäischen Geist das Verlangen aus, die christliche Domestizierung eben als Domestizierung wieder hinter sich zu lassen – als eine Sklaverei, der gegenüber der „monde sauvage" als die bessere Welt sichtbar wird.[5] – Auf einer anderen Ebene zwar, strukturell jedoch in mancher Hinsicht damit verwandt, liegt die grausamste und erschreckendste Form des Rückgangs hinter das Christentum: das, was Deutschland in der ersten Hälfte unseres Jahrhunderts erlebt und der übrigen Menschheit vordemonstriert hat. Denn der Nationalsozialismus war seiner Grundtendenz nach Absage an das Christentum als Entfremdung von der „schönen" germanischen „Wildheit" und das Verlangen, hinter die jüdisch-christliche „Entfremdung" in solche Wildheit zurückzukehren, die als die wahre Kultur gefeiert wurde.[6]

2. Flucht nach vorn

Eine zweite Antithese zu dem, was sich geschichtlich und moralisch als Europa darstellt, hat sich – ganz anders als das bisher Beschriebene – aus dem Wesen des europäischen Geistes selbst entwickelt und muß heute wohl als der beherrschende Befund im politischen

Denken der sogenannten westlichen Welt überhaupt gekennzeichnet werden. Für Europa ist die christlich begründete Trennung von Glaube und Gesetz charakteristisch, welche die Rationalität des Rechts und seine relative Autonomie gegenüber dem religiösen Bereich, damit aber überhaupt die Zweiheit von Staat und Kirche einschließt. Das Politische steht zwar unter religiös begründeten ethischen Normen, ist aber nicht theokratisch verfaßt.

Diese Eigenständigkeit der Vernunft hat in der Neuzeit immer schneller zu ihrer totalen Emanzipation und zur unbegrenzten Vernunftautonomie geführt. Vernunft nimmt dabei die Form der positiven Vernunft im Sinne von Auguste Comte an, deren einziger Maßstab das experimentell Belegbare ist. Das heißt aber in radikaler Konsequenz, daß der gesamte Bereich der Werte, der gesamte Bereich dessen, was „über uns ist", aus dem Raum der Vernunft herausfällt und daß zum einzig bindenden Maßstab der Vernunft und damit des Menschen politisch wie individuell das wird, was „unter ihm ist", nämlich die experimentell verfügbaren, mechanischen Kräfte der Natur. Zwar wird Gott nicht schlechthin abgelehnt, aber er gehört in den Bereich des rein Privaten, des Subjektiven. Friedrich Wilhelm Bracht hat in einem höchst problematischen, aber in der Fragestellung suggestiven Aufsatz als die eigentliche Wende von 1789 darzustellen versucht, daß Gott aufhört, das öffentliche Summum bonum zu sein, daß an seine Stelle zunächst die Nation trat, dann ab 1848 das Proletariat bzw. die Weltrevolution. Von der modernen Konsumgesellschaft müsse man sagen: Ihr Gott ist der Bauch.[7] In einer Gesellschaft aber, in der Gott nicht mehr gemeinsames und öffentliches Summum bonum sein kann, sondern ins Private verwiesen ist, ist der Rang Gottes auch für den einzelnen verändert. Eine Gesellschaft, in der die eben gezeichnete Bewegung total geworden wäre, würde ich als post-europäisch bezeichnen. In ihr ist das verlassen, was Europa als geistige Realität konstituiert hat. Die heutigen Gesellschaften des Westens erscheinen mir in diesem Sinn bereits weithin als post-europäische Gesellschaften, die freilich vom Nachwirken des europäischen Erbes leben und insoweit noch europäisch sind. Die Pluralität der Werte, die legitim und europäisch ist, wird zusehends zu einem Pluralismus gesteigert, aus dem jede sittliche Verankerung des Rechts und jede öffentliche Verankerung des Heiligen, der Ehrfurcht vor Gott als einem auch gemeinschaftlichen Wert mehr und mehr ausgeschlossen wird. Danach zu fragen erscheint weithin schon als Verstoß gegen die Toleranz und gegen die allein in der Vernunft begründete Gemeinschaft. Eine Gesellschaft aber, in der dies radikal der Fall ist, kann nach meiner Überzeugung auf die Dauer keine Rechtsgesellschaft bleiben. Sie wird sich der Tyrannei öffnen, wenn sie von der Anarchie hinlänglich erschöpft ist. Rudolf Bultmann hat in einer scharfsichtigen Analyse des Problems des Rechts, die er im Rahmen seiner Auslegung des Prozesses Jesu unternimmt, den sehr bedenkenswerten Satz formuliert: „Ein unchristlicher Staat ist grundsätzlich möglich, aber kein atheistischer Staat."[8] Die westlichen Gesellschaften sind heute dabei, diese Erfahrung zu durchschreiten. Die islamische Reaktion gegen Europa hängt damit, wie schon angedeutet, aufs engste zusammen.

3. Der Marxismus

Die beiden beschriebenen Tendenzen finden sich auf eine merkwürdige Weise verbunden im Marxismus, der dritten und imponierendsten Form der Abwendung von der Geschichtsgestalt Europas. Der Marxismus ist einerseits Rückkehr hinter den christlichen Glauben an das in Christus begonnene Heil, in die noch ganz offene Hoffnungsstruktur Israels hinein. Aber er tut dies nicht im Sinne einer Verankerung in dessen großem religiösen Erbe; er bezieht lediglich aus ihm religiöse Dynamik und die ganze Kraft einer das Rationale transzendierenden Hoffnung, setzt aber dann als sein Instrument die von metaphysischen Bindungen jeder Art total emanzipierte Vernunft der Neuzeit ein. Sein Summum bonum erblickt er in der Weltrevolution, das heißt in der totalen Absage an die bisherige Welt, wobei die neu zu schaffende Welt als Negation der Negation die totale Positivität sein muß. In der Verbindung der beiden Gegenbewegungen zum Europäischen qualifiziert sich der Marxismus als die radikalste Antithese nicht nur zum Christlichen als solchem, sondern auch zu der vom Christentum geprägten Geschichtsgestalt. Das Bisherige gilt als der Unwert schlechthin und eben darum die Revolution als der Wert schlechthin. Daß das Bisherige im durchschauten Prozeß der Geschichte seine notwendige

Stelle erhält, ändert nichts daran, daß einzig seine Überwindung progressives Handeln sein kann, das die Geschichte ihrem Ziel zuführt. Demgemäß ist der Marxismus Produkt Europas, aber zugleich die entschiedenste Absage an Europa im Sinne jener inneren Identität, die es in seiner Geschichte ausgebildet hatte.

II. Positive Komponenten des Begriffs Europa

Im zweiten Abschnitt versuche ich positiv zu skizzieren, was Europa ist. Ich möchte dies anhand der Bedeutungsgeschichte des Wortes „Europa" tun, in der die innere Schichtung des komplexen Gebildes Europa anschaubar wird. Vier solcher Schichten scheinen mir erkennbar zu sein.

1. Das griechische Erbe

Europa ist als Wort, als geographische und geistige Vorstellung eine Bildung der Griechen. Schon die Vokabel als solche ist bezeichnend. Sie geht wohl auf die gemein-semitische Bezeichnung für Abend (ereb) zurück und verweist damit auf den schicksalhaften Dialog des semitischen und des westlichen Geistes, der zum Wesen des Europäischen gehört.[9] Geographisch weitet sich der mit Europa umschriebene Raum allmählich: Zunächst umfaßt es nur den Bereich Thessalien, Makedonien, Attika; schon bei Herodot steht es dann aber in der Einteilung der drei Erdteile Europa, Asien, Lybien für die eine der drei großen geographischen und kulturellen Zonen, die sich im Raum des Mittelmeers berühren.[10]

Europa erscheint demnach zunächst konstituiert durch den Geist Griechenlands. Vergäße es sein griechisches Erbe, so könnte es nicht mehr Europa sein. Der Mythos von Europe weist zwar in den Bereich der chthonischen Religionen und des minoischen Religionskreises, aber die Gestaltwerdung Europas beruht auf der Überwindung der chthonischen Religion durch die apollinische Gestalt.

Was Griechenland als verpflichtendes Erbe besagt, ist im einzelnen schwer zu beschreiben. Ich würde das Zentrale in dem sehen, was Helmut Kuhn die sokratische Differenz genannt hat: die Differenz zwischen dem Guten und den Gütern, also jene Differenz, in der zugleich das Recht des Gewissens und die wechselseitige Beziehung von ratio und religio mitgegeben ist.[11]

Man kann das Erbe Griechenlands auch von einer anderen, für uns etwas greifbareren Seite formulieren: Seine über die Zeiten hin gültige Entdeckung ist – bei allen Unterschieden zu dem, was heute damit gemeint wird – die Demokratie, die freilich, wie Platon herausgearbeitet hat, ihrem Wesen nach an die „Eunomie", an die Gültigkeit des guten Rechtes, gebunden ist und nur in solcher Beziehung Demokratie bleiben kann.[12] Demokratie ist somit nie bloße Herrschaft von Mehrheiten, und der Mechanismus des Herstellens von Mehrheiten muß unter Maßgabe der gemeinsamen Herrschaft des „Nomos" stehen, dessen, was von innen her Recht ist, d. h. unter der Geltung von Werten, die auch für die Mehrheit bindende Vorgabe sind.

2. Das christliche Erbe

Die zweite Schicht des Begriffs „Europa" wird ansichtig in der bekannten Episode von Apg 16, 6–10. Nach dieser äußerst merkwürdigen und dramatischen Erzählung verwehrt es der Geist Jesu dem heiligen Paulus, seine Missionsreise innerhalb Asiens fortzusetzen. Statt dessen erscheint ihm nachts in einer Vision ein Makedonier und ruft ihn: „Komm herüber nach Makedonien und hilf uns!" Der Text fährt dann fort: „Auf dieses Gesicht hin wollten wir sofort nach Makedonien abfahren, denn wir waren überzeugt, daß Gott uns berufen hatte, ihnen das Evangelium zu verkünden." Zwar ist dies so nur in der Apostelgeschichte geschildert, doch meine ich, daß es eine breitere Grundlage im Neuen Testament hat. Was hier gesagt ist, berührt sich meiner Meinung nach von innen her mit einem Wort des Johannesevangeliums, das dort an bedeutsamer Stelle steht. Vor der Passion, nach dem Einzug Jesu in Jerusalem, ereignet sich in dem Augenblick, in dem von der Erfüllung der Herrlichkeit Jesu die Rede ist, die Bitte der Griechen: „Herr, wir möchten Jesus sehen!" (Joh 12,21). Bischof Graber hat darauf hingewiesen, daß im Pfingstbericht des heiligen Lukas (Apg 2,11) bei der Aufzählung der Völker, die den Erdkreis darstellen, zunächst nur Asiaten genannt sind. Erst an allerletzter Stelle ist dann die Rede von den anwesenden Römern.[13] Der Ausgangspunkt des Evangeliums liegt also im Orient. Lukas betont (wie Johannes und das ganze Neue Testament) die Wurzel Israel: Das Heil kommt von den Juden (Joh 4,22). Aber Lukas fügt einen Weg hinzu, der eine neue Tür öffnet. Der Weg, den die Apostelgeschichte zeichnet, ist als ganzer ein Weg von Jerusalem nach Rom, der Weg zu den Heiden, von denen Jerusalem zerstört wird und die es doch auf eine neue Weise in sich aufnehmen.

Das Christentum ist demnach die in Jesus Christus vermittelte Synthese zwischen dem Glauben Israels und dem griechischen Geist. Wilhelm Kamlah hat dies sehr eindrücklich dargestellt.[14] Auf dieser Synthese beruht Europa. Der Versuch der Renaissance, das Griechische unter Wegnahme des Christlichen rein zu destillieren und wieder als das pur Griechische herzustellen, ist ebenso aussichtslos und sinnwidrig wie der neuere Versuch eines enthellenisierten Christentums. Europa im engeren Sinn entsteht m. E. durch diese Synthese und ruht auf ihr.

3. Das lateinische Erbe

Eine dritte Schicht des Begriffs zeigt sich in der Tatsache, daß im 6. Jahrhundert unter „Europa" Gallien verstanden wird, und daß dann das Karolingerreich den Anspruch erhebt, Europa zu sein und den Gehalt dieses Wortes auszuschöpfen.[15] Im weiteren Lauf der Entwicklung wird diese nie ganz akzeptierte Identifikation wieder weithin gelockert. Eine Gleichsetzung zwischen dem Imperium sacrum des Hochmittelalters und Europas ist nicht erfolgt. Der Begriff „Europa" war weiträumiger als der des Heiligen Reiches, das sich als die christlich verwandelte Gestalt des Imperium Romanum wußte. Wohl aber wurde Europa nun mit Okzident, und das heißt mit dem Bereich der lateinischen Kultur und Kirche deckungsgleich, wobei dieser lateinische Raum ja nicht nur die romanischen Völker, sondern auch die germanischen, angelsächsischen und einen Teil der slawischen, vor allem Polen, umfaßte. Die Res publica christiana, als die sich der christliche Okzident wußte, war kein politisch verfaßtes Gebilde, aber ein reales und lebendiges Ganzes in der Einheit der Kultur, in den „Stämme und Nationen übergreifenden Rechtssystemen, in den Konzilien, in der Einrichtung von Universitäten, in der Gründung und Ausbreitung von Orden und in der Zirkulation des geistlich-kirchlichen Lebens durch Rom als seine Herzkammer".[16]

Die mittelalterliche Res publica christiana ist nicht wiederherstellbar, und sie als solche wiederherzustellen ist auch kein Ziel. Die Geschichte geht nicht zurück. Ein künftiges Europa wird auch die vierte Dimension, die der Neuzeit, in sich tragen müssen und vor allem den zu engen Rahmen des Okzident, der lateinischen Welt überschreiten, die griechische Welt und die Welt des christlichen Ostens in sich tragen oder wenigstens auf sie hin geöffnet sein müssen. Aber umgekehrt wird es auch kein Europa geben können, das sich des lateinischen Erbes, des Erbes des christlichen Okzident im beschriebenen Sinn entledigen würde. Wo dies geschähe, wäre wiederum nicht mehr von Europa die Rede, sondern der Abschied davon vollzogen.

4. Das Erbe der Neuzeit

Als vierte Schicht dessen, was Europa ausmacht, ist der unverzichtbare Beitrag zu nennen, den der Geist der Neuzeit geleistet hat. Freilich wird hier die Ambivalenz, die den einzelnen Stufen je innewohnt, vielleicht am stärksten spürbar. Aber das darf keinesfalls zu einer Absage an die Neuzeit führen, die sowohl im 19. Jahrhundert als Mittelalter-Romantik wie zwischen den Weltkriegen im katholischen Bereich als Versuchung anzutreffen war.

Zum Kennzeichnenden der Neuzeit im positiven Sinn rechne ich es, daß die Trennung von Glaube und Gesetz, die in der Res publica christiana des Mittelalters eher verdeckt war, nun konsequent durchgeführt wird, daß damit die Freiheit des Glaubens in der Unterschiedenheit von der bürgerlichen Rechtsordnung allmählich deutliche Gestalt gewinnt und daß so die inneren Ansprüche des Glaubens unterschieden werden von den grundlegenden Ansprüchen des Ethos, auf denen das Recht gründet. Die für die christliche Weltsicht grundlegenden humanen Werte ermöglichen in einem fruchtbaren Dualismus von Staat und Kirche die freie humane Gesellschaft, in der das Recht des Gewissens und mit ihm die menschlichen Grundrechte gesichert sind. In ihr können unterschiedliche Ausprägungen des christlichen Glaubens koexistieren und unterschiedlichen politischen Positionen Raum geben, die aber doch in einem zentralen Wertekanon kommunizieren, dessen verbindliche Kraft zugleich Schutz maximaler Freiheit ist.

Wie wir aus eigener Erfahrung wissen, ist damit die Neuzeit sozusagen idealtypisch geschildert, so wie sie sich sehen wollte, aber konkret nie ganz gewesen ist. Die Ambivalenz der Neuzeit beruht darauf, daß sie zusehends die Wurzeln und den Lebensgrund der Freiheitsidee verkannte und zu einer Emanzipation der Vernunft drängte, die dem Wesen der menschlichen Vernunft als einer nichtgöttlichen Vernunft von innen her widerspricht und darum selbst unvernünftig werden mußte. Als Inbegriff der Neuzeit erscheint schließlich zu Unrecht jene vollkommen autonomisierte Vernunft, die nur noch sich selbst kennt, damit aber blind geworden ist und in der Zerstörung ihres Grundes inhuman und schöpfungsfeindlich wird. Diese Art von Vernunftautonomie ist zwar Produkt des europäischen Geistes, aber zugleich ihrem Wesen nach als post-europäisch, ja anti-europäisch anzusehen, als die innere Zerstörung dessen, was nicht nur für Europa konstitutiv, sondern überhaupt Voraussetzung einer humanen Gesellschaft ist. So müssen von der Neuzeit als wesentlicher und unverzichtbarer Dimension des Europäischen die relative Trennung von Staat und Kirche, die Gewissensfreiheit, die Menschenrechte und die Eigenverantwortung der Vernunft übernommen, zugleich aber gegenüber ihrer Radikalisierung die Gründung der Vernunft in der Ehrfurcht vor Gott und vor den grundlegenden sittlichen Werten, die aus dem christlichen Glauben kommen, festgehalten werden.

III. Thesen zu einem künftigen Europa

Aus dem Bisherigen wird wohl deutlich, daß nicht jede politische oder ökonomische Vereinigung, die in Europa geschieht, als solche schon europäische Zukunft bedeutet. Eine bloße Zentralisation wirtschaftlicher oder legislativer Kompetenzen kann auch zu einem beschleunigten Abbau Europas führen, wenn sie etwa auf eine Technokratie hinausliefe, deren einziger Maßstab in der Konsumsteigerung läge. Umgekehrt haben solche Institutionen in einem größeren Kontext ihren Wert als Überwindung der Anbetung der Nation und als Teile einer Friedensordnung in der gemeinsamen Partizipation an den Gütern dieser Welt. Ihr Grundgesetz darf dann freilich nicht ein erweiterter Gruppenegoismus der sich verteidigenden reichen Völker sein. Der gemeinsame Reichtum muß als gemeinsame Verantwortung für die Welt im ganzen verstanden werden, und in diesem Sinne muß Europa auch in seinen wirtschaftlichen Mechanismen ein offenes System sein. An die Stelle der Idee der Weltbeherrschung und der Angliederung der übrigen Weltteile als Kolonien muß die Idee der offenen Gesellschaft und der gegenseitigen Verantwortung treten. Diese Grundorientierung, die sich aus dem bisher erarbeiteten Begriff des Europäischen ergibt, läßt sich von den vier Dimensionen des Europäischen her, die ich zu zeichnen versuchte, in vier Thesen ausfalten.

1. These: Konstitutiv für Europa ist von seinem Aufgang in Hellas her die innere Zuordnung von Demokratie und Eunomie, von unmanipulierbarem Recht.

Der Parteienherrschaft und Diktatur als Herrschaft der Willkür gegenüber hat Europa auf die Herrschaft der Vernunft und der Freiheit geachtet, die nur als Herrschaft des Rechts Bestand haben kann. Machtbegrenzung, Machtkontrolle und Transparenz der Macht sind Konstitutive der europäischen Gemeinschaft. Deren Voraussetzung ist die Unmanipulierbarkeit des Rechts, sein eigener und unantastbarer Raum. Dessen Voraussetzung wiederum ist das, was die Griechen Eunomie nannten, d. h. das Ruhen des Rechts auf sittlichen Maßstäben. Ich halte es daher für antidemokratisch, „law and order" zu Schimpfworten zu machen. Jede Diktatur beginnt mit der Verketzerung des Rechts. Platon ist auch darin zuzustimmen, daß es weniger auf einen bestimmten Typus von Mechanismen der Mehrheitsbildung ankommt, als auf die je unter den gegebenen Möglichkeiten sicherste Verwirklichung des *Gehalts* der demokratischen Mechanismen, d. i. Kontrolle der Macht durch das Recht, Unantastbarkeit des Rechts durch die Macht und Normierung des Rechts am Ethos. Wer für Europa kämpft, kämpft demgemäß für Demokratie, aber in der unlösbaren Bindung an Eunomie in dem eben geschilderten Begriffsgehalt.

2. These: Wenn Eunomie Voraussetzung der Lebensfähigkeit von Demokratie als Gegensatz zu Tyrannis und Ochlokratie ist, dann ist wiederum grundlegende Voraussetzung der Eunomie die gemeinsame und für das öffentliche Recht verbindliche Ehrfurcht vor den sittlichen Werten und vor Gott.

Ich erinnere noch einmal an den wichtigen Satz Bultmanns: „Ein unchristlicher Staat ist grundsätzlich möglich, aber kein atheistischer Staat" – jedenfalls nicht als solcher, der auf Dauer zugleich Rechtsstaat bleibt. Dazu gehört, daß Gott nicht *schlechterdings* ins Private verwiesen wird, sondern daß er auch öffentlich als Höchstwert anerkannt werde. Das schließt durchaus – und ich möchte das sehr entschieden betonen – die Toleranz und den Raum für den atheistischen Menschen ein und darf nichts mit Glaubenszwang zu tun haben. Nur sollten die Dinge hier in mancher Hinsicht umgekehrt liegen, als sie sich jetzt zu entwickeln beginnen: Der Atheismus beginnt, das grundlegende öffentliche Dogma zu sein, und der Glaube wird als private Meinung toleriert, damit aber letztlich in seiner Essenz *nicht* toleriert. Solch private Toleranz hat auch das alte Rom dem Glauben zugestanden; das Kaiseropfer sollte nur das Zugeständnis sein, daß er keinen öffentlichen Anspruch, jedenfalls keinen grundlegenden darstellte.

Ich bin überzeugt, daß es auf Dauer keine Chance für das Überleben des Rechtsstaats unter einem sich radikalisierenden atheistischen Dogma gibt und daß hier eine grundlegende Besinnung notwendig ist – als Überlebensfrage. Ebenso wage ich zu behaupten, daß Demokratie nur funktionsfähig ist, wenn das Gewissen funktioniert und daß dieses aussagelos wird, wenn es sich nicht an der Geltung der grundlegenden sittlichen Werte des Christlichen orientiert, die auch ohne christliche Konfession, ja auch im Kontext nicht-christlicher Religion realisierbar sind.

3. These: Die Absage an das Dogma des Atheismus als Voraussetzung des öffentlichen Rechts und der Staatsbildung und eine auch öffentlich anerkannte Ehrfurcht vor Gott als dem Grund von Ethos und Recht, bedeutet die Absage sowohl an die Nation als auch an die Weltrevolution als Summum bonum.

Der Nationalismus hat nicht nur de facto historisch Europa an den Rand der Zerstörung gebracht; er widerspricht dem, was Europa seinem Wesen nach geistig und politisch ist – auch wenn er die letzten Jahrzehnte der europäischen Geschichte beherrscht hat. Daher sind übernationale politische, wirtschaftliche und rechtliche Institutionen nötig, die allerdings nicht den Sinn haben können, eine Super-Nation aufzubauen, sondern im Gegenteil den einzelnen Regionen Europas verstärkt ihr eigenes Gesicht und Gewicht zurückgeben sollten. Regionale, nationale und supranationale Institutionen sollten so ineinandergreifen, daß Zentralismus wie Partikularismus gleichermaßen ausgeschlossen werden. Vor allem sollten offener Austausch und Einheit in der Vielfalt durch nicht-staatliche kulturelle und religiöse Institutionen und Kräfte wieder in großem Ausmaß lebendig gemacht werden.

Das Mittelalter kannte in den Universitäten, Orden und Konzilien europäische Institutionen als konkrete nichtstaatliche und gerade so wirksame Realität. Ich erinnere daran, daß etwa Anselm von Canterbury aus Aosta in Italien stammte, in der Bretagne Abt und in England Erzbischof war, daß Albertus Magnus aus Deutschland kam und ebenso gut in Paris wie in Köln dozieren und in Regensburg Bischof sein konnte, daß Thomas von Aquin in Neapel wie in Paris und Köln doziert hat und daß Duns Scotus in England wie in Paris und in Köln gelehrt hat, um nur ein paar Beispiele zu nennen. Dies müßte neu zu Kräften kommen; wenn diese kulturellen Einheiten als lebendige nichtstaatliche Realitäten nicht entscheidend erstarken, werden m. E. die bloß staatlichen und ökonomischen Mechanismen letztlich zu nichts Positivem führen können. Die christlichen Ökumene hat von hier aus gerade auch eine europäische Bedeutung. Wie Nationalismus gegen die Zukunft Europas steht, so widerspricht auch der Marxismus, jedenfalls in seiner reinen Form, dem Wesen des Europäischen. Seine Absage an die Geschichte, die als ganze zur bloßen Vorgeschichte der noch zu schaffenden Welt degradiert wird, seine Methoden und seine Ziele führen zu einer tyrannischen Gesellschaft, in der Recht und Ethos manipulierbar sind und deshalb Freiheit in ihr Gegenteil verkehrt wird.

4. These: Für Europa muß die Anerkennung und Wahrung der Gewissensfreiheit, der Menschenrechte, der Freiheit der Wissenschaft und von daher die freiheitliche menschliche Gesellschaft konstitutiv sein.

Diese Errungenschaften der Neuzeit sind zu wahren und zu entwickeln, ohne in die Bodenlosigkeit einer transzendenzlosen Vernunft abzufallen, die ihre eigene Freiheit von innen her aufhebt. An diesen Maßstäben wird der Christ Europa-Politik messen, von ihnen her wird er seinen politischen Auftrag vollziehen.

Am 27. Juni 1982 beging die Katholische Akademie in Bayern bei ihrer Jahresfeier in München den 25. Jahrestag ihrer Gründung durch die sieben bayerischen Diözesen. Im Mittelpunkt der Veranstaltung stand der hier wiedergegebene Vortrag von Joseph Kardinal Ratzinger, damals seit rund sieben Monaten Präfekt der römischen Glaubenskongregation. Weit über den unmittelbaren Anlass hinaus galten seine Überlegungen zum Auftrag einer katholischen Akademie der Bestimmung des Verhältnisses zwischen Dialog – Freiheit – Wahrheit für das Verständnis des Akademischen. Zugleich wurde von daher – angesichts der Verleihung des Romano-Guardini-Preises an die Karmelitin Sr. Gemma Hinricher OCD – der noch viel größere Bogen geschlagen zur Frage nach dem Verhältnis des Akademischen zum Kontemplativen und der herausragenden Bedeutung der christlichen Kontemplation als wesentliche Weise der Interpretation der Welt.

INTERPRETATION – KONTEMPLATION – AKTION

Überlegungen zum Auftrag einer Katholischen Akademie

Die Verleihung des Romano Guardini Preises bedeutet Jahr um Jahr Selbstbesinnung der Katholischen Akademie in Bayern auf ihre Grundlagen und auf ihren Auftrag. Die große Gestalt Romano Guardinis, des christlichen Deuters von Welt und Zeit, tritt wieder vor sie hin als Maß und als Weisung. Mit dem Stichwort „Interpretation der Welt" wird ihr inhaltlicher Auftrag ins Gedächtnis gerufen, den das Programm von 1956 in die Worte gefaßt hat: „Die Aufgabe der Katholischen Akademie läßt sich umfassend bestimmen als Begegnung des katholischen Glaubens mit der Welt von heute in ihren verschiedenen Erscheinungsformen des theoretischen Wissens und der praktischen Lebensgestaltung"[1]. Inzwischen ist die ansehnliche Reihe der Guardini-Preisträger selbst zu einer Auslegung des Wortes „Interpretation der Welt" und damit des Wollens der Akademie geworden, zu einem sprechenden Hinweis darauf, wie vielgestaltig die Weisen solcher Interpretation sein können und müssen angesichts der Dimensionen von Welt und Mensch, um die es dabei geht. Die philosophische und theologische Reflexion, die künstlerische Gestaltung, die Kontemplation – sie alle können Wege und Weisen von Interpretation der Welt sein.

Damit ist zugleich auch schon die Unerschöpflichkeit des mir an diesem Abend gestellten Themas angedeutet und auch die Aussichtslosigkeit offenkundig, es in einem Vortrag irgendwie zulänglich behandeln zu können, da doch so vielgestaltige Lebenswerke es ihrerseits immer nur ausschnitthaft, in ihrer Weise, mit ihren Grenzen und ihrer Fülle, zu bewältigen vermögen. Das bedeutet für mich die Freiheit zur Auswahl, die im letzten nur zufällig sein kann. Ich lasse mir den Weg dafür vorgeben von dem Besonderen dieser Stunde: von dem Erinnern, das in ihr liegt, wie von dem Gegenwärtigen und Besonderen, das sie auszeichnet. Das Erinnern betrifft die Entstehung der Akademie vor 25 Jahren und ihre seitherige Geschichte mit den Fragen, die sie begleitet haben, wie mit den Impulsen, die sie geben durfte. Da ich hier nicht mit einer chronistischen Aufgabe, sondern mit der Suche nach dem Grund betraut bin, der den Anfang gibt und die Zukunft öffnet, sind die Fragen wichtiger als das Bedenken des Geschehenen. Gegen Idee und Wirklichkeit einer Katholischen Akademie gab es von Anfang an, je nach den Zeiten in wechselnder Stärke, zwei Einwendungen, die in mancher Hinsicht konträr, in mancher aber auch wieder recht verwandt sind. Da konnte zum einen gefragt werden: Sind Akademien dieser Art wirklich dem Auftrag der Kirche gemäß? Geraten sie nicht allzuleicht zur Ausflucht vor dem Glauben in das geistreiche Reden über den Glauben, in jenes „Abstumpfen des Geistes durch das Geistreiche", wovon Goethe gesprochen hat?[2] Wäre das eigentlich Angemessene nicht ein Raum der Verwirklichung: das Exerzitienhaus etwa, worin nicht *über* den Glauben gedacht, sondern *der* Glaube gedacht, geübt und im Üben getan wird? Hier also gerät das Akademische in Gegensatz zum Kontemplativen. Eine uralte Auslegung und Gefährdung des Akademischen wird sichtbar, die bis in die Zeit der sogenannten mittleren Akademie, also bis in vorchristliche Zeit, zurückreicht und in Augustins Buchtitel „Gegen die Akademiker" aufklingt. Das Loskommen vom bloß Akademischen war für ihn eine Stufe auf dem Weg zur konkreten Christwerdung. So stellt sich die Frage nach dem Verhältnis des Akademischen zum Kontemplativen, nach dem Ort der Kontemplation in der Akademie und in ihrer Auslegung der Welt. Geschichte geht in Gegenwart über: Die Fragen des Anfangs berühren sich mit dem besonderen Anlaß dieses Abends, an dem die Vertreterin eines kontemplativen Ordens ausgezeichnet und so auch ganz grundsätzlich Kontemplation als wesentliche Weise der Interpretation der Welt benannt werden soll.

Vielleicht ging es allerdings manchen, die Akademien als überflüssige Stätten der Theorie empfanden, weniger um die Kontemplation als um einen gewissen pastoralen Pragmatismus, der nicht Reflexion, sondern konkret zu Buche schlagende Aktion sehen möchte. Ja, meine ganze Überlegung an diesem Abend wird auf den Nachweis abzielen, daß der pragmatische Einwand gegen die Akademie dann überwunden ist, wenn man als den Kern geistlicher

Verwirklichung die Kontemplation erkennt und zugleich begreift, daß das wahrhaft Akademische auf das Kontemplative zuführt und ohne dieses nicht bestehen kann. Aber damit sind wir schon vorausgeeilt; zunächst wäre zu sagen, daß im Pragmatismus sich der scheinbare Einwand der Frömmigkeit mit der Kritik der Unfrommen trifft, die wieder höchst unterschiedlich instrumentiert sein kann. Da wird zum Beispiel gefragt: Was hat es schon mit der Freiheit einer solchen Akademie auf sich? Ist sie nicht ein leeres und darum eher gefährliches Alibi der kirchlichen Macht, sprich: der Hierarchie, die nun sagen kann: Da seht ihr doch, daß wir einen Freiraum des Gesprächs wollen und anerkennen – während es sich in Wirklichkeit nur um eine wohl eingezäunte und ungefährliche Spielwiese handelt, die zwar einen schönen Schein erzeugt, aber folgenlos ist? Auch hier ist das Eigentliche nicht die Sorge um die Freiheit, sondern die Frage nach der Veränderungspotenz eines solchen Unternehmens. Das heißt: Es wird nicht im klassischen Sinn akademisch, sondern durchaus pragmatisch gefragt – wobei die Vorstellungen von der angestrebten Veränderung weit auseinandergehen können. Solche Kritik an einem Tun, das wesentlich auf Interpretation abzielt, berührt die seit Marx allgegenwärtige Frage, ob man denn nicht überhaupt mit Interpretation zuwenig tue und vielmehr verändern müsse – eine Frage, die so scharf und so programmatisch gewiß erst Karl Marx formuliert hat, die aber sachlich doch bis in den Grund des neuzeitlichen Denkens zurückreicht, wenn Francis Bacon in seinem „Novum Organum", in der neuen Logik der Zukunft, von der Frage der Wahrheit als der alten, veralteten Frage abrückt und sie in die Frage nach dem Können, die Frage nach der Macht, umwandelt. Das Ziel der Philosophie ist nun nicht mehr das Verstehen des Seins, sondern dies: uns zu „maîtres et possesseurs de la nature" zu machen.[3] War vorher das Stichwort „Kontemplation" als Gegenpol zu „Interpretation" aufgetaucht, so stellt sich hier nun „Aktion" als Gegenprogramm entgegen. Um diese drei Stichwörter sollen meine Überlegungen an diesem Abend kreisen. Mit anderen Worten: Es soll gefragt werden, wie die Akademie als Stätte der Interpretation im Gegenlicht von Kontemplation und Aktion zu verstehen sei.

So ist zu fragen: Die Akademie, das Akademische, was ist das eigentlich? Wenn man die Geschichte von Wort und Wirklichkeit

‚Akademie' seit Platon bis zur Gegenwart betrachtet, sieht man, daß es eine sozusagen auf der Statistik des kleinsten gemeinsamen Nenners beruhende Antwort nicht geben kann; sinnvoll ist nur die Frage nach jener gründenden Kraft, die dem Akademischen im Wandel der Kultur und im Vorübergang der Mächte immer wieder Bedeutung verlieh und es zu jener ausgezeichneten Kraft der abendländischen Kultur machte, die auch in einer Weltkultur Bestand haben kann, ja, muß. Die Antwort, die im letzten sehr einfach ist, kann sich – wie mir scheint – aber nur in einem behutsamen Zugehen auf das Eigentliche erschließen, das sonst in seiner Abgründigkeit hinter allzu verbrauchten Wörtern verborgen bleiben könnte.

I. Was konstitutiert eine Akademie?

1. Der Dialog

Gehen wir also vom Äußerlichen her vor, das doch mehr als Äußerlichkeit ist. Akademie, wie Platon sie dachte und wie wir sie heute noch und wieder wünschen, ist zuallererst Stätte des Dialogs. Aber was ist das eigentlich: „Dialog"? Dialog kommt ja nicht einfach schon dadurch zustande, daß geredet wird. Das bloße Gerede ist der Verfall und das Verfehlen des Dialogs. Dialog entsteht erst, wo nicht nur Wort, sondern auch Hören ist und wo im Hören sich Begegnung, in der Begegnung Beziehung und in der Beziehung Verstehen als Vertiefung und Verwandlung von Sein vollzieht. Versuchen wir die einzelnen Elemente des Vorgangs, die damit genannt sind, in ihrer Bedeutung zu begreifen!

Da ist zunächst das Hören. Es ist ein Vorgang des Öffnens, des Offenwerdens für das andere und den anderen. Vergegenwärtigen wir uns, welche Kunst es ist, wenn jemand zuhören kann. Das ist nicht eine Fertigkeit wie das Bedienen einer Maschine; es ist ein Sein-können, in dem die Person als ganze angefordert ist.

Hören bedeutet, den anderen erkennen und anerkennen, ihn in den Raum des eigenen Ich hereintreten lassen, bereit sein, sein Wort und darin sein Sein zu assimilieren ins Eigene und so, umgekehrt, sich ihm zu assimilieren: Nach dem Akt des Hörens bin ich ein anderer, ist mein eigenes Sein bereichert und vertieft, weil es zusammengeschlossen ist mit dem Sein des anderen und darin mit dem Sein der Welt.

Dabei ist vorausgesetzt, daß das Wort des anderen im Dialog nicht bloß irgendetwas aus dem Bereich des Wißbaren und der Fertigkeiten, des äußeren Könnens betrifft. Wenn wir vom Dialog im eigentlichen Sinn reden, dann ist ein Wort gemeint, in dem etwas vom Sein selbst, der Person selber, zur Sprache kommt, so daß nicht nur die Menge des Gewußten und des Gekonnten vermehrt, sondern das Mensch-sein selber berührt, das Sein-können des Menschseins gereinigt und vertieft wird.

So erschließt sich aber eine weitere Dimension des Dialogs, seines Hörens und seines Redens, auf die der frühere Augustinus besonderen Wert gelegt hat, dessen Bekehrungsgeschichte uns ja dokumentarisch greifbar ist in den Dialogen mit den Freunden, in denen sich die kleine Akademie von Cassiciacom tastend auf die Stunde zubewegt hat, in der schließlich ein neues Wort, das Platon nicht gekannt hatte, in ihre Mitte fallen und zur Lebenswende werden konnte. In der Rückschau und Analyse dieser Gespräche kommt Augustinus zu dem Ergebnis, daß die Freundesgemeinschaft einander hören, einander verstehen konnten, weil sie alle gemeinsam auf den inneren Meister, die Wahrheit hörten.[4] Menschen können einander verstehen, weil sie gar nicht völlig getrennte Inseln des Seins sind, sondern in der gleichen Wahrheit kommunizieren. Sie begegnen einander um so mehr, je mehr sie dies eigentlich sie Einende anrühren, die Wahrheit. Dialog ohne dieses innere Hören auf den gemeinsamen Grund würde ein Disput von Tauben bleiben.

Hier stoßen wir auf einen Sachverhalt, der in der Debatte von heute außerordentlich wichtig ist und zugleich die Gefährdung des Dialogs deutlich werden läßt: Die Menschen sind konsensfähig, weil es die gemeinsame Wahrheit gibt; nicht aber darf der Konsens als Ersatz der Wahrheit auftreten wollen. Brechen wir an dieser Stelle, die uns schon mitten ins Zentrum geführt hat, vorerst ab, um ein zweites Kennzeichen des Akademischen zu bedenken.

2. Die Freiheit

Zum Wesen des Akademischen und seiner Bemühung um Interpretation, um Verstehen, gehört von Anfang an die Freiheit. Die Freiheit bedeutet dabei wesentlich ein Doppeltes: Sie ist zunächst die Möglichkeit, alles zu denken, alles zu fragen, alles zu sagen, was im Ringen um die Wahrheit als sagens-, fragens- und denkwürdig erscheint.[5] Bis hierher bewegen wir uns ganz offenkundig im Bereich dessen, was heute von jedermann mindestens theoretisch angenommen und verteidigt wird. Aber man muß doch fragen: Was rechtfertigt diese unter Umständen so gefährliche Freiheit? Was begründet sie? Wofür wird dieses Risiko eingegangen? – Die Antwort, die einzig befriedigende, lautet: Die Wahrheit selbst, um ihrer selbst willen, ist so kostbar, daß sie solches begründet; niemand sonst könnte es. Hier befinden wir uns nun allerdings sogleich in einem dramatischen Konflikt mit allen Veränderungsstrategien und zugleich in der Grundlegungsfrage unserer Gesellschaft überhaupt. Versuchen wir daher, diesen Punkt möglichst genau zu umschreiben, den Josef Pieper – Guardini Preisträger des vergangenen Jahres (1981) – so definiert: „Das Unterscheidende (des Akademischen) ist vor allem dies: Freisein von der Bindung an irgendwelche Nutzungszwecke – welches Freisein die eigentlich ‚akademische Freiheit' ist, die demnach per definitionem ausgelöscht wird, sobald die Wissenschaften die bloße Zweckveranstaltung eines wie auch immer organisierten Machtkonzerns werden."[6] „Man kann zwar die Philosophie in Dienst zu nehmen meinen; aber siehe da: Das in Dienst Genommene ist nicht Philosophie."[7]

Die Frage der Freiheit ist untrennbar mit der Frage der Wahrheit verknüpft. Wo die Wahrheit kein Wert in sich selber ist, der unabhängig von Erfolgen des Einsatzes und des Verweilens würdig ist, da kann Erkennen nur am Nutzen gemessen werden. Wenn es so steht, hat es seine Rechtfertigung nicht mehr in sich selbst, sondern bloß noch in Zwecken, denen es dient. Dann gehört es dem Bereich der Zwecke und der Mittel zu, und das heißt: Es ist in irgendeiner Form der Macht, dem Machterwerb zugeordnet. Nochmals anders gesagt: Wenn der Mensch die Wahrheit selber gar nicht sollte erkennen können, sondern nur die Brauchbarkeit der Dinge für dies und das, dann wird das Gebrauchen und Verbrauchen der Maßstab allen Tuns und Denkens; dann ist die Welt nur noch „Material von Praxis". Hier wird der unerbittliche und unausweichliche Grundentscheid deutlich, der immer tiefer zum Dilemma der Neuzeit geworden ist und heute sich als ihre Schicksalsfrage stellt: Ist Wahrheit dem Menschen überhaupt zugänglich? Lohnt es sich, sie zu suchen? Ist die Suche nach ihr, ihre Erkenntnis als der eigentlichen Herrin des Menschen vielleicht sogar das einzig Rettende? Oder ist der Abschied von der Wahrheitsfrage, wie er in Francis Bacons neuer Logik deutlich wird, die wahre Befreiung des Menschen, mit der er aus der spekulativen Träumerei aufsteht und endlich selbst die Herrschaft über die Dinge in die Hand nimmt, um „maître et possesseur de la nature" zu werden? Gilt Giambattista Vicos Definition, Wahrheit sei allein das Gemachte (und damit das Machbare), ober gilt der christliche Entscheid, daß Wahrheit dem Machen vorausliegt?[8] Die Freiheit, die aus dem neuen Denken Bacons folgt, ist die Freiheit, alles zu machen und das Können als die einzige Gesetzlichkeit des Menschen anzuerkennen – eine Freiheit, die allerdings vordem nicht gegolten hatte und die sich, in der Gebärde des jüngeren Sohnes, der sein Erbe selbst in die Hand nimmt und damit auszieht ins Unbekannte, als die wahre Befreiung etablieren konnte. Aber die Freiheit, alles zu machen, die in der Wahrheit – dem Vater – keine Bindung mehr sieht, steht unter dem Zwang, daß nun nur noch das Brauchen und das Gebrauchtwerden über den Menschen gebietet, und sie ist darum im letzten eine Sklavenfreiheit – auch wenn sich dies erst spät zeigt und auch wenn es lange dauert, bis sie so abgewirtschaftet hat, daß sie bei den Schoten der Schweine angelangt ist und noch die Schweine beneiden muß, weil sie nicht im Fluch der Freiheit stehen. An den vorgerücktesten Stellen der modernen Geistesentwicklung ist dieser Punkt erreicht, aber der ökologische Aufschrei gegen den Menschen als Zerstörer des Seins ist so lange keine Rettung, so lange er mit dem Können zugleich den Geist verdammt, weil man den Geist nur noch als Macht des Könnens weiß, nicht mehr als Gefäß der Wahrheit. „Die Wahrheit wird auch frei machen" (Joh 8,32) – dieses Wort des Herrn können wir in seinem abgründigen Anspruch und in seiner Größe heute ganz neu verstehen. Die Freiheit des Machens und die Freiheit der Wahrheit sind zur eigentlichen Alternative unserer Stunde geworden. Aber die von der Wahrheit ungehemmte Freiheit des Machens ist die Diktatur der Zwecke in einer wahrheitslosen Welt und damit die Versklavung des Menschen unter dem Schein seiner Befreiung. Nur wenn die Wahrheit in sich selber gilt und sie zu sehen mehr ist als alle Erfolge, nur dann sind wir frei. Und nur die Freiheit der Wahrheit ist darum die wahre Freiheit.

3. Das Zentrum:
Wahrheit als Grund und Maß der Freiheit

Damit sind wir am eigentlichen Kernpunkt unserer Überlegungen angelangt. Die Freiheit der Akademie ist die Freiheit zur Wahrheit, und ihre Rechtfertigung ist es, für diese dazusein, ohne umschauen zu müssen nach den erreichten Zwecken. Das zurückschauende Weib des Lot wird zur Salzsäule; der ans Licht steigende Orpheus verlor alles, als er sich umblickte nach dem Erfolg.[9] Wir werden auf diese Zusammenhänge zurückkommen müssen, wenn wir uns dem Thema Kontemplation zuwenden. Die Berührung des Akademischen und des Kontemplativen, des Platonischen und des Christlichen wird hier ganz augenfällig.

Aber zunächst müssen wir den Gedanken selbst möglichst genau zu fassen versuchen, um seinen Anspruch und seine Konsequenzen deutlich zu Gesicht zu bekommen. Mir scheint es bezeichnend, daß Romano Guardini ihn einmal im Zusammenhang der jüdischen Frage mit der ihm eigenen Helligkeit und Unerbittlichkeit formuliert hat. Das ist kein Zufall, denn hier, in den Schreckenstagen des Dritten Reichs, war das Zerstörerische der Allianz von Vernunft, Maschine und Politik zu letzter Deutlichkeit gelangt. Was Vernunft wird, in der der Zweck und das Können zum einzigen Gott erhoben sind, war hier anschaubar geworden, und anschaubar war damit, daß allein das In-Geltung-Stehen der Wahrheit, ihre Unantastbarkeit das Rettende ist. Was Guardini damals über die Universität gesagt hat, muß auch tiefste Bestimmung gerade einer Akademie sein: „Wenn die Unversität einen geistigen Sinn hat, dann jenen, die Stätte zu sein, wo nach der Wahrheit gefragt wird, nach der reinen Wahrheit – nicht um eines Zweckes, sondern um ihrer selbst willen: deswegen, weil sie Wahrheit ist".[10] Den gleichen Gedanken hat im Kontext unserer heutigen Sorgen vor zwei Jahren

Bischof Dietzfelbinger bei der Verleihung des Romano-Guardini-Preises formuliert. Er hat dabei auf die Verschiebung von der Wahrheits- zur Wertfrage verwiesen und daran erinnert, daß die Ideen des beginnenden Nationalsozialismus oder die von Herbert Marcuse zunächst als sinnvolle und befreiende „Werte" gewirkt und sich so legitimiert haben. Der damals zitierte Satz von Carl Friedrich von Weizsäcker verdient es, hier wiederholt zu werden: „Ich behaupte, nicht eine glücksorientierte, nur eine wahrheitsorientierte Gesellschaft kann auf die Dauer gedeihen".[11]

Das bedeutet aber, gerade wenn wir an den Kontext des vorhin erwähnten Guardini-Wortes denken, das folgende: Die größte Verteidigung des Menschen, die beste Verteidigung und Reinigung der Welt geschieht, wo die Herrschaft des Veränderungsdogmas, überhaupt des Machbarkeitsdogmas, Widerstand geleistet und das Recht der Wahrheit um ihrer selbst willen festgehalten wird. Denn das Wahrwerden des Menschen ist zugleich ein Stück Wahrwerden der Welt, und wenn der Mensch wahr wird, wird er gut und wird an seiner Stelle die Welt gut. Thomas von Aquin hat die Wahrheit bekanntlich als Angleichung des Geistes an die Wirklichkeit definiert. Das Unzulängliche dieser Definition ist vor allem in der personalistischen Philosophie der Zwischen- und Nachkriegszeit sehr scharf herausgestellt worden.[12] Gewiß ist mit dieser Formel nicht alles gesagt, aber Entscheidendes wird doch sichtbar: Wahrheit vernehmen ist ein Prozeß, der den Menschen seinsgemäß macht. Es ist Einswerden von Ich und Welt, es ist Zusammenklang, es ist Beschenkt- und Gereinigtwerden. In dem Maß, in dem Menschen sich von der Wahrheit führen und reinigen lassen, finden sie nicht nur zu ihrem wahren Selbst, sondern zum Du. Denn in der Wahrheit berühren sie sich, und die Wahrheitslosigkeit ist es, die sie einander verschließt. Zugehen auf Wahrheit bedeutet demnach Zucht; wenn sie vom Selbstischen, vom Wahn der Autarkie reinigt, den Menschen gehorsam macht und ihm den Mut der Demut gibt, so heißt dies auch, daß sie die Parodie der Freiheit, die in der Machbarkeit liegt, und die Parodie des Dialogs, die im zuchtlosen Geschwätz liegt, zu durchschauen lehrt, die Verwechslung von Bindungslosigkeit und Freiheit überwindet und so gerade dadurch fruchtbar ist, daß sie absichtslos geliebt wird.

Mit diesen Überlegungen sind wir zu einem letzten Schritt gerüstet. Wir müssen noch die Pilatusfrage stellen: Was ist eigentlich Wahrheit? – freilich anders, als Pilatus es getan hat. Hermann Dietzfelbinger hat vor zwei Jahren darauf hingewiesen, daß das Bedrückende der Pilatusfrage darin liegt, daß sie eigentlich gar keine Frage, sondern eine Antwort ist. Zu dem, der mit dem Anspruch der Wahrheit kommt, sagt er: Laß dieses Gerede – was ist schon Wahrheit? Wir wollen uns lieber dem Konkreten zuwenden. – In dieser Form wird die Pilatusfrage auch heute meistens gestellt. Aber nun muß sie in allem Ernst angefaßt werden: Woher kommt es, daß Wahrwerden Gutwerden heißt, daß Wahrheit gut, das Gute überhaupt ist? Woher kommt es, daß sie aus sich selber gilt, ohne sich durch Zwecke ausweisen zu müssen? Das alles gilt nur, wenn die Wahrheit ihre Würde in sich selber hat, wenn sie in sich selbst besteht und mehr Sein hat als alles andere; wenn sie selbst der Grund ist, auf dem ich stehe. Wenn man das Wesen von Wahrheit ganz bedenkt, dann ist man beim Gottesbegriff angelangt. Man kann das Selbersein, die Würde der Wahrheit, an der wieder die Würde des Menschen und der Welt hängt, auf die Dauer nicht festhalten, wenn man nicht darin das Selbersein und die Würde des lebendigen Gottes zu sehen lernt. Deshalb ist die Ehrfurcht vor der Wahrheit im letzten nicht abtrennbar von jener Gesinnung der Verehrung, die wir Anbetung nennen. Wahrheit und Kult stehen in einer untrennbaren Beziehung zueinander – eins kann ohne das andere nicht wirklich gedeihen, so oft sie sich auch in der Geschichte voneinander getrennt haben.

4. Der Kult

Damit sind wir bei einem letzten Gesichtspunkt in unserer Untersuchung des Akademischen und seiner Theoria angelangt. Daß das Wort ,Akademie' zunächst Name eines vorstädtischen Tempelbezirks war, ehe dann Plato dort seine Schule errichtete, mag zunächst als ziemlich äußerlich für die Geschichte der neuen Institution erscheinen. Bei näherem Zusehen zeigt sich hier ein tieferer Zusammenhang, der dem Gründer wohl nicht unerheblich gewesen ist. Denn Platons Akademie war, rechtlich gesehen, ein Kultverband. Die kultische Verehrung der Musen war dementsprechend fester

Bestandteil des Lebens in ihr; es gab ausdrücklich das Amt des Opferbereiters.[13] Dies ist weit mehr als ein äußerlicher Zufall, eine Konzession etwa an die soziologischen Strukturen von damals. Die Freiheit für die Wahrheit und die Freiheit der Wahrheit kann letztlich nicht sein ohne die Anerkennung und die Verehrung des Göttlichen. Die Freiheit von der Nützlichkeitspflicht kann nur begründet werden und nur bleiben, wenn es das vom Nutzen und vom Eigentum des Menschen wirklich Herausgenommene gibt, wenn das höhere Eigentumsrecht und der unberührbare Anspruch der Gottheit besteht. „Die Freiheit der Theoria", sagt Pieper im Anschluß an Platon, „ist wehrlos und ohne Schutz – es sei denn, sie begebe sich auf besondere Weise in den Schutz der Götter".[14] Die Freiheit vom Nutzen, die Freistellung von den Zwecken der Macht, findet ihre tiefste Verbürgung allein in der Vorbehaltenheit des keiner menschlichen Macht Untergeordneten: in der Freiheit, die Gott der Welt gegenüber hat und gibt. Die Freiheit der Wahrheit steht nicht nur zufällig, bei Platon, der sie als erster philosophisch formulierte, sondern wesenhaft im Kontext der Verehrung, im Kontext des Kultes. Wo es diesen nicht mehr gibt, hört auch jene auf. Es gibt ihn selbstverständlich auch da nicht mehr, wo kultische Formen zwar weitergeführt, aber zu bloßem sozialem Symbolhandeln umgedeutet werden. Dies alles aber heißt, daß immer da anarchische Pseudofreiheit am Werk ist, wo die Fundamente der Anbetung, wo die Bindung an die Wahrheit und ihre Forderung negiert werden. Diese falschmünzerischen Freiheiten sind heute übermächtig und sie sind die eigentliche Bedrohung der wahren Freiheit. Die Aufklärung im Begriff der Freiheit gehört heute zu den entscheidenden Aufgaben, wenn es uns um die Rettung des Menschen und der Welt zu tun ist.

II. Was gehört zu christlicher Kontemplation?

Mit dieser Analyse des Akademischen, des Interpretatorischen, im Gegenlicht des Aktionistischen, Pragmatischen sind wir nun schon mitten in unseren dritten Grundbegriff, in den des Kontemplativen hineingeraten. Das besondere des heutigen Abends verleitet mich, vor dem letzten Überlegungsgang, der nun endlich das Kontemplative thematisieren muß, noch einmal einen kleinen Hinweis auf die Geschichte der Akademie einzuschalten. Platons Akademie wurde bekanntlich im Jahre 529 n. Chr. durch Kaiser Justinian aufgelöst, weil sie bis zuletzt an dem unlöslichen Zusammenhang zwischen Kult der Götter und Philosophie festhielt und so in der christlichen Welt zum Fremdkörper geworden war. Aber gut 100 Jahre zuvor hatte Kaiser Theodosius II. eine christliche Akademie ins Leben gerufen, die den kultischen Gehalt ins Christliche übersetzte und sich so als die bessere Erbin Platons wußte. Von dieser Akademie führt der Weg direkt zur Reichsuniversität des Kaisers Konstantin Monomachos, die ihrerseits die Voraussetzung für das Entstehen der ersten Universität des Westens bildete. Ich habe gesagt, daß Kaiser Theodosius die erste christliche Universität gründete; aber das ist nicht ganz genau: Die eigentliche Urheberin war eine Frau, seine Gattin Eudokia, die die Tochter des damaligen Oberhaupts der Platonischen Akademie, Plutarch von Athen, gewesen ist und sich so mit Recht als Trägerin des großen Erbes der griechischen Philosophie fühlen durfte. Ihre Dichtung über den Zauberer Kyprianos von Antiochien bildet die Quelle für die mittelalterliche Faust-Sage. So fließt hier vieles zusammen, auch und wieder das Kontemplative, denn ihre tiefste Prägung hat diese Frau in der Begegnung mit dem kontemplativen Mönchtum ihrer Zeit gefunden.[15]

Aber kommen wir wieder zur Sache. Während in der scholastischen Theologie des Mittelalters die Frau kaum eine Rolle spielte, ist ihr Anteil an der mystischen Theologie bedeutend. Das liegt sicher zunächst daran, daß Scholastik und Mystik einen je anderen soziologischen Kontext haben: zum einen die Schule, zum anderen das Monasterium, das eine Gemeinschaft in den göttlichen und menschlichen Dingen bildet. Teresa von Avila, die in diesem Jahr und an diesem Abend besonders vor unseren Augen steht, ist aus solchen Traditionen herausgewachsen; sie verkörpert in einzigartiger Weise, was christliche Kontemplation heißt, und vielleicht konnte nur eine Frau dies so rein verkörpern. Hier stehen freilich sofort wieder eine Menge Fragen auf dem Weg. Von außer her wird gefragt: War diese Mystik nicht vielfach eine Spielerei, eine Art Ersatzleben für den Anschluß von der Gestaltung der öffentlichen

Dinge? Von innen her gibt es den Einwand, daß Kontemplation das eigentliche Christliche verfehle. Hier werde die Geschichte des Heils, der geschichtlich handelnde und uns ins Handeln rufende Gott als Anfängerstufe zurückgelassen; am Ende gehe es nicht mehr um Christus, der Mensch bleibt in Ewigkeit, sondern um die Überschreitung der Geschichte und des Menschseins zu einer statischen Schau des geschichtslos Ewigen. In Wahrheit kann so nur blanke Unkenntnis sprechen, denn das Inkarnatorische und das Österliche bilden auf allen Stufen die Herzmitte der teresianischen Frömmigkeit. – Dies alles darzustellen ist jetzt nicht mehr die Stunde; es ist zudem jemand unter uns, der dies besser vermag als ich. Ich möchte nur noch in Stichworten zeigen, daß die grundlegenden Strukturelemente des Akademischen, des Interpretatorischen, die wir vorhin erhoben haben, zugleich auch die Strukturelemente der teresianischen Kontemplation sind. So kann die Verwiesenheit des Akademischen auf das Kontemplative und die Offenheit des Kontemplativen für das wahrhaft Akademische und ihrer beider Bedeutung für das Seinkönnen des Menschseins, für das rechte Bestehen der Welt deutlich werden; alles zusammen mag dann als Auslegung des eingangs erwähnten Programms der Akademie, als Deutung ihres Weges gestern und morgen sich zusammenfügen.[16]

1. Der dialogische Charakter

Bei Teresa ist die Sprachform des Dialogs zur Seins- und Lebensform geworden, weil das Leben in seiner Grundbewegung Gebet geworden ist, Dialog mit dem, „von dem wir wissen, daß er uns liebt".[17] Ihre Bekehrung besteht letztlich darin, daß sie vom „Gespräch als Geschwätz mit der Welt und über die Welt befreit wird zum wirklichen und wesentlichen Gespräch mit Gott, über Gott, über sich, über die Menschen und ihre Welt in der Sicht und Perspektive Gottes selbst".[18] Dieses tiefste Im-Gespräch-Stehen, das deshalb gültige menschliche Seinsform werden kann, weil es die Seinsform des trinitarischen Gottes selber ist, öffnet auch neu zum Gespräch mit den Menschen. Das Geschwätz, mit dem wir einander so oft begegnen, ist ja zumeist eine Art von sublimem Versteckspiel; wir reden über das Vielerlei, um uns selbst nicht zur Sprache bringen zu müssen. Der Großteil dessen, was Teresa geschrieben hat, ist schon rein seiner literarischen Form nach nicht für künftige unbekannte Leser literarisch komponiert, sondern Anrede an konkrete Menschen, die aus der Anrede an Gott hervorgeht, in sie führt und oft ganz unvermittelt in sie übergeht, so daß ein Interpret sagen konnte: „Teresas Schriften sind fixiertes lebendiges Reden mit Gott und den Menschen".[19] Wo das Sein einer Person, wie bei Teresa, von seinem innersten Grund her nicht nur geöffnet, sondern der beständige Akt des Offenseins auf den gegenwärtigen Freund hin geworden ist, da ist im eigentlichen Sinn dialogische Existenz gegeben. Auch in der Wortlosigkeit ist dieses Leben Angeredet-sein und Antwort-sein. Die Kontemplation ist der Dialog mit der Wahrheit und gibt dem Dialog den Atem der Wahrheit.

2. Die Freiheit

Darin aber verwirklicht sich Freiheit. Wie kennen heute eine Form von Meditation, in der Religion zur Droge wird. Es geht ihr nicht um Antwort auf Wahrheit, sondern um die Befreiung von der Last und Not der individuellen Existenz. Es geht darum, das Unerträgliche und Bleierne der Alltagsrealität zu verlassen und statt dessen den Glanz des Nichts, die Seinssteigerung des Irrealen zu erfahren. Obwohl vordergründig das Auslöschen des Ich, die Befreiung vom Ich das Ziel ist, ist solche Religiosität höchst selbstisch. Sie ist nicht Eintreten in das Fordernde einer Beziehung, sondern das Sich-Fallen-Lassen in den Genuß der Unendlichkeit hinein. Die Warnungen Karl Barths, daß Religion der eigentliche Gegensatz zum Glauben werden könne, gewinnen heute ihre eigentliche Aktualität. Zur geistigen Signatur der Gegenwart gehört die Flucht vor dem Glauben in die Religion: Die Wahrheit ist zu schwer, mag sie doch offenbleiben; aber ihren schönen Geschmack, den wollen wir haben. Hier sind die Relationen umgekehrt: Orpheus schaut schon um, bevor er noch in die Unterwelt hinabgestiegen ist. Die rechte Kontemplation wie die rechte Theorie suchen nach der Wahrheit, ohne ihren Nutzen zu kalkulieren; hier aber wird die angenehme Form gesucht, ohne die Mühsal der Wahrheit zu wollen.

Auch dies ist eine der Freiheits-Parodien, mit denen wir uns auseinanderzusetzen haben. Denn dieser Scheinweg der Befreiung führt nur in den Schein, und der Schein ist nicht Freiheit. Die Freiheit Teresas – die Freiheit dessen, der sich in den Dialog der Liebe begibt und ihn zum Logos seines Lebens macht – sieht anders aus. Sie zeigt sich bei Teresa in den zwei Grundfragen ihres Jahrhunderts: der Frage nach der Heilsgewißheit und der Frage nach dem Werk. Teresas Antwort mit derjenigen Luthers zu vergleichen, würde ein schwieriges Geschäft hermeneutischer Vermittlung verlangen, an das ich mich hier nicht heranwagen will.[20] So stelle ich Teresas Antworten einfach so hin, wie sie sie gegeben hat. Für sie ist ein objektivierbares Gewiß-sein-Wollen der eigenen Rettung jene Weise des Umschauens nach sich selbst, in der die Beziehung erstirbt, auf der gerade das Heil gründet. Es ist nur dann da, wenn ich nicht nach mir frage, sondern selbstvergessen im Vollzug der Begegnung bleibe. Teresas Stellung zu dieser Frage kann man in zwei Sätzen ihres Werkes zusammengefaßt finden: „Ihn anzuflehen, daß wir ihn nicht beleidigen, ist die größte Sicherheit, die wir besitzen können":[21] Unsere Sicherheit ist im Hinschauen auf Ihn und im Vertrauen auf Ihn, im Freigeben unserer selbst. Von da kann dann das andere gesagt werden: „Nach meinem Dafürhalten ist es bei der Beschaffenheit unserer Natur unmöglich, mutig große Dinge zu unternehmen, wenn man nicht erkennt, daß man bei Gott ‚favorecido' ist" – daß also, so könnte man übersetzen, Gott einen mag, daß man bei ihm in Gunst steht, in Gnaden ist.[22] Dieses gelassene Wissen um das Gemochtsein, um das Angenommensein, das aus dem Hinschauen auf Ihn kommt – das hat nichts mit falscher Sicherheit zu tun, aber alles mit der Freiheit, die den Mut des Handelns und des Leidens gibt.

So wird schon der ganz und gar nicht quietistische Charakter solcher Kontemplation sichtbar. Er gibt sich noch deutlicher zu erkennen, wenn Teresa an anderer Stelle formuliert: „Hierfür ist das Gebet da, meine Töchter, das ist die Bestimmung dieser geistlichen Ehe, nämlich daß immerfort Werke entsprießen, Werke".[23] Daß hier nicht eine ängstlich sich selbst besorgende Werkfrömmigkeit gemeint ist, liegt auf der Hand. Abgewiesen wird aber eine Weise der Meditation, die in der Flucht vor sich selbst nur sich selber meint: eine Meditation, die die Welt ihrem eigenen Elend überläßt und sich darin genügt, selber den Ausweg gefunden zu haben. Das Anschauen dessen, der uns bis zur Torheit geliebt hat, führt nicht zu solcher Art von Heilsegoismus, sondern drängt zum Tun und macht das Tun zum Ausdruck der Freiheit vom Ich, die aus der Begegnung mit der Wahrheit und der erlösenden Kraft ihres Gutseins kommt.

3. Die Wahrheit

Mit alledem ist schon deutlich geworden, daß teresianische Mystik dialogisch ist, daß sie auf Wahrheit bezogen ist und diesen Dialog nie hinter sich lassen kann. Das Neue und vorher Unerreichbare ist, daß nun die Wahrheit als Liebe entdeckt wird – wie für Augustinus beides zu der Erkenntnis verschmolz, daß der Logos kein anderer als der gekreuzigte Christus ist, so daß ihm Wahrheit, Liebe und Ewigkeit in eins verschmelzen.[24] Glaube, der in der Kontemplation Dialog geworden ist, wird nicht mehr als pflichtmäßige Zustimmung zu einer Menge von Sätzen aufgefaßt. Er verliert alles Äußerliche. Aber er verliert nicht seinen Inhalt; er verflüchtigt sich nicht ins Unbestimmte privater Erfahrungen. Das Fordernde und zugleich Helfende solcher Verwiesenheit auf den Gott, der mir gegenüber bleibt und mich auf eine ganz bestimmte Weise anredet, wird sichtbar in einem Satz, in dem die ganze Glaubensgestalt dieses Menschen, Teresas, in dem Last und Gnade eines Lebens sichtbar werden: „Oh unendliche Güte meines Gottes! … Wie wahr ist es: Wer Deine Nähe erträgt, den erträgst Du!"[25] Die Wahrheit ertragen, Gott ertragen – wie schwer kann dies sein! Aber zuletzt trägt sie uns, weil sie nicht ein Neutrum ist, sondern uns begegnet in Dem, der unser aller Last getragen hat.

4. Der Kult

Schließlich erhält diese dialogische Orientierung auf die befreiende Wahrheit, die wir als Kern von Teresas Kontemplation erkannten, ihre konkrete Gestalt in ihrer Lehre vom Erinnern und vom Danken. Erst das Erinnern schafft den Zusammenhang einer geistigen Geschichte im einzelnen Menschen und führt ihm zugleich die ganze Geschichte als seine eigene Geschichte zu. Erst das Erinnern lehrt Verstehen, macht dankbar und führt zur Liebe.[26] Das alles kann hier nicht mehr entfaltet werden. Aber eines ist auch ohnedies deutlich: Mit der Lehre von Erinnerung und Dank sind wir beim Kern des christlichen Kults angelangt, der in seinem tiefsten Wesen nichts anderes als dankendes Erinnern ist und gerade so das tiefsinnige Wort Platons wahr werden läßt, daß der letzte Sinn allen Kultes das Heilwerden der Liebe sei. Die Wurzel der Kontemplation ist der Kult; aber der Kult braucht die Kontemplation, wenn er nicht im Ritualismus erstarren soll. Und nur in diesem Gefüge trägt sich jene Heilung des Menschen zu, die weder Flucht noch Vergewaltigung ist, sondern Aufgehen des Heils, auf das wir alle warten. Die Kontemplation ist die Voraussetzung der wahren Aktion.

Zu guter Letzt bleibt mir nur noch, statt umständliche Anwendungen zu versuchen, der Katholischen Akademie in Bayern an diesem, ihrem Festtag zu wünschen, daß sie auch weiterhin eine Stätte der Musen, eine Stätte des Dialogs, ein Ort der Freiheit aus der Wahrheit und für die Wahrheit sei – dies alles getragen von der gläubigen Verherrlichung dessen, der zugleich die bergende Liebe und die freimachende Wahrheit ist: Jesus Christus, unser Herr.

Für den 19. Januar 2004 hatte die Katholische Akademie in Bayern zu einem Gesprächsabend in kleiner Runde eingeladen, bei dem Prof. Dr. Jürgen Habermas und Joseph Kardinal Ratzinger, die „vorpolitischen moralischen Grundlagen eines freiheitlichen Staates" bedachten. Dieses Treffen fand innerhalb weniger Tage weltweite Beachtung bis weit in den islamischen Raum hinein. Sprachen hier doch zwei herausragende Vertreter ganz unterschiedlicher Weltdeutung miteinander und reflektierten gemeinsam die Grundfrage nach der Basis menschlichen Zusammenlebens heute: einer der berühmtesten und wirkmächtigsten Philosophen der Gegenwart, Vertreter des säkularen, liberalen Denkens, und der Präfekt der Glaubenskongregation, der zugleich zu den wichtigsten Theologen der Kirche zählt.

VORPOLITISCHE MORALISCHE GRUNDLAGEN EINES FREIHEITLICHEN STAATES

In der Beschleunigung des Tempos der geschichtlichen Entwick-
lungen, in der wir stehen, treten, wie mir scheint, vor allem zwei
Faktoren als Kennzeichen einer vordem nur langsam anlaufenden
Entwicklung hervor: Da ist zum einen die Ausbildung einer Weltgesellschaft, in der die einzelnen politischen, wirtschaftlichen und
kulturellen Mächte immer mehr gegenseitig aufeinander verwiesen
sind und in ihren verschiedenen Lebensräumen sich gegenseitig
berühren und durchdringen. Das andere ist die Entwicklung von
Möglichkeiten des Menschen, von Macht des Machens und des Zer-
störens, die weit über alles bisher Gewohnte hinaus die Frage nach
der rechtlichen und sittlichen Kontrolle der Macht aufwerfen. So
ist die Frage von hoher Dringlichkeit, wie die sich begegnenden
Kulturen ethischen Grundlagen finden können, die ihr Miteinander
auf den rechten Weg führen und eine gemeinsame rechtlich verantwortete Gestalt der Bändigung und Ordnung der Macht aufbauen
können.

Daß das von Hans Küng vorgetragene Projekt „Weltethos" einen
solchen Zuspruch findet, zeigt auf jeden Fall an, daß die Frage aufgerichtet ist. Das gilt auch dann, wenn man die scharfsichtige Kritik akzeptiert, die Robert Spaemann an diesem Projekt geübt hat.[1]
Denn zu den beiden genannten Faktoren tritt ein dritter: Im Prozeß
der Begegnung und Durchdringung der Kulturen sind ethische
Gewißheiten weithin zerbrochen, die bisher tragend waren. Die
Frage, was nun eigentlich, zumal in dem gegebenen Kontext, das
Gute sei, und warum man es, auch selbst zum eigenen Schaden, tun
müsse, diese Grundfrage steht weithin ohne Antwort da.

Nun scheint mir offenkundig, daß die Wissenschaft als solche
Ethos nicht hervorbringen kann, daß also ein erneuertes ethisches
Bewußtsein nicht als Produkt wissenschaftlicher Debatten zustande
kommt. Andererseits ist doch auch unbestreitbar, daß die grundlegende Veränderung des Welt- und Menschenbildes, die sich aus

den wachsenden wissenschaftlichen Erkenntnissen ergeben hat, wesentlich am Zerbrechen alter moralischer Gewißheiten beteiligt ist. Insofern gibt es nun doch eine Verantwortung der Wissenschaft um den Menschen als Menschen, und besonders eine Verantwortung der Philosophie, die Entwicklung der einzelnen Wissenschaften kritisch zu begleiten, voreilige Schlußfolgerungen und Scheingewißheiten darüber, was der Mensch sei, woher er komme und wozu er existiere, kritisch zu durchleuchten, oder, anders gesagt, das nichtwissenschaftliche Element aus den wissenschaftlichen Ergebnissen auszuscheiden, mit denen es oft vermengt ist, und so den Blick auf das Ganze, auf die weiteren Dimensionen der Wirklichkeit des Menschseins offen zu halten, von dem sich in der Wissenschaft immer nur Teilaspekte zeigen können.

Macht und Recht

Konkret ist es die Aufgabe der Politik, Macht unter das Maß des Rechtes zu stellen und so ihren sinnvollen Gebrauch zu ordnen. Nicht das Recht des Stärkeren, sondern die Stärke des Rechts muß gelten. Macht in der Ordnung und im Dienst des Rechtes ist der Gegenpol zur Gewalt, unter der wir rechtlose und rechtswidrige Macht verstehen. Deswegen ist es für jede Gesellschaft wichtig, die Verdächtigung des Rechts und seiner Ordnungen zu überwinden, weil nur so Willkür gebannt und Freiheit als gemeinsam geteilte Freiheit gelebt werden kann. Die rechtlose Freiheit ist Anarchie und darum Freiheitszerstörung. Der Verdacht gegen das Recht, die Revolte gegen das Recht wird immer dann aufbrechen, wenn das Recht selbst nicht mehr als Ausdruck einer im Dienst aller stehenden Gerechtigkeit erscheint, sondern als Produkt von Willkür, als Rechtsanmaßung derer, die die Macht dazu haben.

Die Aufgabe, Macht unter das Maß des Rechtes zu stellen, verweist daher auf die weitere Frage: Wie entsteht Recht, und wie muß Recht beschaffen sein, damit es Vehikel der Gerechtigkeit und nicht Privileg derer ist, die die Macht haben, Recht zu setzen? Es ist einerseits die Frage nach dem Werden des Rechts gestellt, aber andererseits auch die Frage nach seinen eigenen inneren Maßen. Das Problem, daß Recht nicht Machtinstrument weniger, sondern Ausdruck des gemeinsamen Interesses aller sein muß, dieses Problem scheint, fürs erste jedenfalls, durch die Instrumente demokratischer Willensbildung gelöst, weil darin alle am Entstehen des Rechtes mitwirken und daher es Recht aller ist und als solches geachtet werden kann und muß. In der Tat ist die Gewähr der gemeinsamen Mitwirkung an der Rechtsgestaltung und an der gerechten Verwaltung der Macht der wesentliche Grund, der für die Demokratie als die angemessenste Form politischer Ordnung spricht. Trotzdem, so scheint mir, bleibt noch eine Frage übrig. Da es Einstimmigkeit unter Menschen schwerlich gibt, bleibt der demokratischen Willensbildung als unerläßliches Instrument nur zum einen die Delegation, zum anderen die Mehrheitsentscheidung übrig, wobei je nach der Wichtigkeit der Frage unterschiedliche Größenordnungen für die Mehrheit verlangt werden können. Aber auch Mehrheiten können blind oder ungerecht sein. Die Geschichte zeigt es überdeutlich. Wenn eine noch so große Mehrheit eine Minderheit, etwa eine religiöse oder rassische, durch oppressive Gesetze unterdrückt, kann man da noch von Gerechtigkeit, von Recht überhaupt, sprechen? So läßt das Mehrheitsprinzip immer noch die Frage nach den ethischen Grundlagen des Rechts übrig, die Frage, ob es nicht das gibt, was nie Recht werden kann, also das, was immer in sich Unrecht bleibt, oder umgekehrt auch das, was seinem Wesen nach unverrückbar Recht ist, das jeder Mehrheitsentscheidung vorausgeht und von ihr respektiert werden muß.

Die Neuzeit hat einen Bestand solcher normativer Elemente in den verschiedenen Menschenrechtserklärungen formuliert und sie dem Spiel der Mehrheiten entzogen. Nun mag man sich im gegenwärtigen Bewußtsein mit der inneren Evidenz dieser Werte begnügen. Aber auch eine solche Selbstbeschränkung des Fragens hat philosophischen Charakter. Es gibt also in sich stehende Werte, die aus dem Wesen des Menschseins folgen und daher für alle Inhaber dieses Wesens unantastbar sind. Auf die Reichweite einer solchen Vorstellung werden wir später noch einmal zurückkommen müssen, zumal diese Evidenz heute keineswegs in allen Kulturen anerkannt ist. Der Islam hat einen eigenen, vom westlichen abweichenden Katalog der Menschenrechte definiert. China ist zwar heute von einer im Westen entstandenen Kulturform, dem Marxismus, bestimmt, stellt aber, soweit ich informiert bin, doch die Frage, ob es sich bei den Menschenrechten nicht um eine typisch westliche Erfindung handele, die hinterfragt werden müsse.

Neue Formen der Macht und neue Fragen nach ihrer Bewältigung

Wenn es um das Verhältnis von Macht und Recht und um die Quellen des Rechts geht, muß auch das Phänomen der Macht selbst näher in den Blick genommen werden. Ich möchte nicht versuchen, das Wesen von Macht als solcher zu definieren, sondern die Herausforderungen skizzieren, die aus den neuen Formen der Macht resultieren, die sich im letzten halben Jahrhundert entwickelt haben. In der ersten Periode der Zeit nach dem Zweiten Weltkrieg war das Erschrecken vor der neuen Zerstörungsmacht dominierend, die dem Menschen mit der Erfindung der Atombombe zugewachsen war. Der Mensch sah sich plötzlich imstande, sich selbst und seine Erde zu zerstören. Es erhob sich die Frage: Welche politischen Mechanismen sind nötig, um diese Zerstörung zu bannen? Wie können solche Mechanismen gefunden und wirksam gemacht werden? Wie können ethische Kräfte mobilisiert werden, die solche politischen Formen gestalten und ihnen Wirksamkeit verleihen? De facto war es dann über eine lange Periode hin die Konkurrenz der einander entgegengesetzten Machtblöcke und die Furcht, mit der Zerstörung des anderen die eigene Zerstörung einzuleiten, die uns vor den Schrecken des Atomkrieges bewahrt haben. Die gegenseitige Begrenzung der Macht und die Furcht um das eigene Überleben erwiesen sich als die rettenden Kräfte.

Inzwischen beängstigt uns nicht mehr so sehr die Furcht vor dem großen Krieg, sondern die Furcht vor dem allgegenwärtigen Terror, der an einer jeden Stelle zuschlagen und wirksam werden kann. Die Menschheit, so sehen wir jetzt, braucht gar nicht den großen Krieg, um die Welt unlebbar zu machen. Die anonymen

Diskussion mit Professor Dr. Jürgen Habermas über
„vorpolitische moralische Grundlagen eines freiheitlichen Staates"
bei einem Gesprächsabend der Katholischen Akademie; 19. Januar 2004
(Foto: Akademiearchiv)

Mächte des Terrors, die an allen Orten präsent sein können, sind stark genug, um alle bis in den Alltag hinein zu verfolgen, wobei das Gespenst bleibt, daß verbrecherische Elemente sich Zugang zu den großen Potentialen der Zerstörung schaffen und so außerhalb der Ordnung der Politik die Welt dem Chaos ausliefern könnten. So hat sich die Frage nach dem Recht und nach dem Ethos verschoben: Aus welchen Quellen speist sich der Terror? Wie kann es gelingen, diese neue Erkrankung der Menschheit von innen her zu bannen? Dabei ist erschreckend, daß sich wenigstens teilweise der Terror moralisch legitimiert. Die Botschaften von Bin Laden präsentieren den Terror als die Antwort der machtlosen und unterdrückten Völker auf den Hochmut der Mächtigen, als die gerechte Strafe für ihre Anmaßung und für ihre gotteslästerliche Selbstherrlichkeit und Grausamkeit. Für die Menschen in bestimmten sozialen und politischen Situationen sind solche Motivationen offensichtlich überzeugend. Zum Teil wird terroristisches Verhalten als Verteidigung religiöser Tradition gegen die Gottlosigkeit der westlichen Gesellschaft dargestellt.

An dieser Stelle steht eine Frage auf, auf die wir ebenfalls zurückkommen müssen: Wenn Terrorismus auch durch religiösen Fanatismus gespeist wird – und er wird es –, ist dann Religion eine heilende und rettende, oder nicht eher eine archaische und gefährliche Macht, die falsche Universalismen aufbaut und dadurch zu Intoleranz und Terror verleitet? Muß da nicht Religion unter das Kuratel der Vernunft gestellt und sorgsam eingegrenzt werden? Dabei erhebt sich dann freilich die Frage: Wer kann das? Wie macht man das? Aber die generelle Frage bleibt: Ist die allmähliche Aufhebung der Religion, ihre Überwindung, als nötiger Fortschritt der Menschheit anzusehen, damit sie auf den Weg der Freiheit und der universalen Toleranz kommt, oder nicht?

Inzwischen ist eine andere Form von Macht in den Vordergrund gerückt, die zunächst rein wohltätig und allen Beifalls würdig zu sein scheint, in Wirklichkeit aber zu einer neuen Art von Bedrohung des Menschen werden kann. Der Mensch ist nun imstande, Menschen zu machen, sie sozusagen im Reagenzglas zu produzieren. Der Mensch wird zum Produkt, und damit verändert sich das Verhältnis des Menschen zu sich selbst von Grund auf. Er ist nicht mehr ein Geschenk der Natur oder des Schöpfergottes; er ist sein eigenes Produkt. Der Mensch ist in die Brunnenstube der Macht hinuntergestiegen, an die Quellorte seiner eigenen Existenz. Die Versuchung, nun erst den rechten Menschen zu konstruieren, die Versuchung, mit Menschen zu experimentieren, die Versuchung, Menschen als Müll anzusehen und zu beseitigen, ist kein Hirngespinst fortschrittsfeindlicher Moralisten.

Wenn sich uns vorhin die Frage aufdrängte, ob die Religion eigentlich eine positive moralische Kraft sei, so muß nun der Zweifel an der Verläßlichkeit der Vernunft aufsteigen. Schließlich ist ja auch die Atombombe ein Produkt der Vernunft; schließlich sind Menschenzüchtung und -selektion von der Vernunft ersonnen worden. Müßte also jetzt nicht umgekehrt die Vernunft unter Aufsicht gestellt werden? Aber durch wen oder was? Oder sollten vielleicht Religion und Vernunft sich gegenseitig begrenzen und je in ihre Schranken weisen und auf ihren positiven Weg bringen? An dieser Stelle steht erneut die Frage auf, wie in einer Weltgesellschaft mit ihren Mechanismen der Macht und mit ihren ungebändigten Kräften, wie mit ihren verschiedenen Sichten dessen, was Recht und was Moral ist, eine wirksame ethische Evidenz gefunden werden kann, die Motivations- und Durchsetzungskraft genug hat, um auf die angedeuteten Herausforderungen zu antworten und sie bestehen zu helfen.

Voraussetzungen des Rechts:
Recht – Natur – Vernunft

Zunächst legt sich ein Blick in geschichtliche Situationen nahe, die der unseren vergleichbar sind, soweit es Vergleichbares gibt. Immerhin lohnt sich ein ganz kurzer Blick darauf, daß Griechenland seine Aufklärung kannte, daß das götterbegründete Recht seine Evidenz verlor und nach tieferen Gründen des Rechts gefragt werden mußte. So kam der Gedanke auf: Gegenüber dem gesetzten Recht, das Unrecht sein kann, muß es doch ein Recht geben, das aus der Natur, dem Sein des Menschen selbst folgt. Dieses Recht muß gefunden werden und bildet dann das Korrektiv zum positiven Recht.

Uns näherliegend ist der Blick auf den doppelten Bruch, der zu Beginn der Neuzeit für das europäische Bewußtsein eingetreten ist und zu den Grundlagen neuer Reflexion über Inhalt und Quelle des Rechts nötigte. Da ist zuerst der Ausbruch aus den Grenzen der europäischen, der christlichen Welt, der sich mit der Entdeckung Amerikas vollzieht. Nun begegnet man Völkern, die nicht dem christlichen Glaubens- und Rechtsgefüge zugehören, das bisher die Quelle des Rechts für alle war und ihm seine Gestalt gab. Es gibt keine Rechtsgemeinsamkeit mit diesen Völkern. Aber sind sie dann rechtlos, wie manche damals behaupteten und wie es weithin praktiziert wurde, oder gibt es ein Recht, das alle Rechtssysteme überschreitet, Menschen als Menschen in ihrem Zueinander bindet und weist? Francisco de Vitoria hat in dieser Situation die Idee des „ius gentium", des „Rechts der Völker", die schon im Raum stand, entwickelt, wobei in dem Wort „gentes" die Bedeutung Heiden, Nichtchristen, mitschwingt. Gemeint ist also das Recht, das der christlichen Rechtsgestalt vorausliegt und ein rechtes Miteinander aller Völker zu ordnen hat.

Der zweite Bruch in der christlichen Welt vollzog sich innerhalb der Christenheit selbst durch die Glaubensspaltung, durch die die Gemeinschaft der Christen in einander – zum Teil feindselig – gegenüberstehende Gemeinschaften aufgefächert worden ist. Wiederum ist ein dem Dogma vorausgehendes gemeinsames Recht, wenigstens ein Rechtsminimum, zu entwickeln, dessen Grundlagen nun nicht mehr im Glauben, sondern in der Natur, in der Vernunft des Menschen liegen müssen. Hugo Grotius, Samuel von Pufendorf und andere haben die Idee des Naturrechts als eines Vernunftrechts entwickelt, das über Glaubensgrenzen hinweg die Vernunft als das Organ gemeinsamer Rechtsbildung in Kraft setzt.

Das Naturrecht ist – besonders in der katholischen Kirche – die Argumentationsfigur geblieben, mit der sie in den Gesprächen mit der säkularen Gesellschaft und mit anderen Glaubensgemeinschaften an die gemeinsame Vernunft appelliert und die Grundlagen für eine Verständigung über die ethische Prinzipien des Rechts in einer säkularen pluralistischen Gesellschaft sucht. Aber dieses Instrument ist leider stumpf geworden, und ich möchte mich daher in diesem Gespräch nicht darauf stützen. Die Idee des Naturrechts setzte einen Begriff von Natur voraus, in dem Natur und Vernunft ineinander greifen, die Natur selbst vernünftig ist. Diese Sicht von Natur ist mit dem Sieg der Evolutionstheorie zu Bruche gegangen. Die Natur als solche sei nicht vernünftig, auch wenn es in ihr vernünftiges Verhalten gibt: Das ist die Diagnose, die uns von dort gestellt wird und die heute weithin unwidersprechlich scheint.[2] Von den verschiedenen Dimensionen des Naturbegriffs, die dem ehemaligen Naturrecht zugrundelagen, ist so nur diejenige übrig geblieben, die Ulpian (frühes 3. Jahrhundert nach Christus) in den bekannten Satz faßte: „Ius naturae est, quod natura omnia animalia docet".[3] Aber das gerade reicht für unsere Fragen nicht aus, in denen es eben nicht um das geht, was alle „animalia" betrifft, sondern um spezifisch menschliche Aufgaben, die die Vernunft des Menschen geschaffen hat und die ohne Vernunft nicht beantwortet werden können.

Als letztes Element des Naturrechts, das im Tiefsten ein Vernunftrecht sein wollte, jedenfalls in der Neuzeit, sind die Menschenrechte stehengeblieben. Sie sind nicht verständlich ohne die Voraussetzung, daß der Mensch als Mensch, einfach durch seine Zugehörigkeit zur Spezies Mensch, Subjekt von Rechten ist, daß sein Sein selbst Werte und Normen in sich trägt, die zu finden, aber nicht zu erfinden sind. Vielleicht müßte heute die Lehre von den Menschenrechten um eine Lehre von den Menschenpflichten und von den Grenzen des Menschen ergänzt werden, und das könnte nun doch die Frage erneuern helfen, ob es nicht eine Vernunft der Natur und so ein Vernunftrecht für den Menschen und sein Stehen in der Welt geben könne. Ein solches Gespräch müßte heute interkulturell ausgelegt und angelegt werden. Für Christen hätte es mit der Schöpfung und dem Schöpfer zu tun. In der indischen Welt entspräche dem der Begriff des „Dharma", der inneren Gesetzlichkeit des Seins, in der chinesischen Überlieferung die Idee der Ordnungen des Himmels.

Interkulturalität und ihre Folgen

Bevor ich versuche, zu Schlußfolgerungen zu kommen, möchte ich die eben gelegte Spur noch ein wenig ausweiten. Interkulturalität erscheint mir heute eine unerläßliche Dimension für die Diskussion um die Grundfragen des Menschseins zu bilden, die weder rein binnenchristlich noch rein innerhalb der abendländischen Vernunfttradition geführt werden kann. Beide sehen sich zwar ihrem Selbstverständnis nach für universal an und mögen es de iure auch sein. De facto müssen sie anerkennen, daß sie nur in Teilen der Menschheit angenommen und auch nur in Teilen der Menschheit verständlich sind. Die Zahl der konkurrierenden Kulturen ist freilich viel begrenzter, als es auf den ersten Blick scheinen mag.

Vor allem ist wichtig, daß es innerhalb der kulturellen Räume keine Einheitlichkeit mehr gibt, sondern daß alle kulturellen Räume durch tiefgreifende Spannungen innerhalb ihrer eigenen kulturellen Tradition geprägt sind. Im Westen ist das ganz offenkundig. Auch wenn die säkulare Kultur einer strengen Rationalität, von der uns Herr Habermas ein eindrucksvolles Bild gegeben hat, weithin dominant ist und sich als das Verbindende versteht, ist das christliche Verständnis der Wirklichkeit nach wie vor eine wirksame Kraft. Beide Pole stehen in unterschiedlicher Nähe oder Spannung, in gegenseitiger Lernbereitschaft oder in mehr oder weniger entschiedener Abweisung zueinander.

Auch der islamische Kulturraum ist von ähnlichen Spannungen geprägt; vom fanatischen Absolutismus eines Bin Laden bis zu den Haltungen, die einer toleranten Rationalität offenstehen, reicht ein weiter Bogen. Der dritte große Kulturraum, die indische Kultur, oder besser, die Kulturräume des Hinduismus und des Buddhismus, sind wiederum von ähnlichen Spannungen geprägt, auch wenn sie, jedenfalls für unseren Blick, weniger dramatisch hervortreten. Auch diese Kulturen sehen sich sowohl dem Anspruch der westlichen Rationalität wie den Anfragen des christlichen Glaubens ausgesetzt, die beide darin präsent sind; sie assimilieren das eine wie das andere in unterschiedlichen Weisen und suchen dabei doch ihre eigene Identität zu wahren. Die Stammeskulturen Afrikas und die von bestimmten christlichen Theologien wieder wachgerufenen

Stammeskulturen Lateinamerikas ergänzen das Bild. Sie erscheinen weithin als Infragestellung der westlichen Rationalität, aber auch als Infragestellung des universalen Anspruchs der christlichen Offenbarung. Was folgt aus alledem? Zunächst einmal, so scheint mir, die faktische Nichtuniversalität der beiden großen Kulturen des Westens, der Kultur des christlichen Glaubens wie derjenigen der säkularen Rationalität, so sehr sie beide in der ganzen Welt und in allen Kulturen auf je ihre Weise mitprägend sind. Insofern scheint mir die Frage des Teheraner Kollegen, die Herr Habermas erwähnt hat, doch von einigem Gewicht zu sein, die Frage nämlich, ob nicht aus kulturvergleichender und religionssoziologischer Sicht die europäische Säkularisierung ein Sonderweg sei, der einer Korrektur bedürfe. Ich würde diese Frage nicht unbedingt, jedenfalls nicht notwendig, auf die Stimmungslage von Carl Schmitt, Martin Heidegger und Levi Strauss, sozusagen einer rationalitätsmüden europäischen Situation, reduzieren. Tatsache ist jedenfalls, daß unsere säkulare Rationalität, so sehr sie unserer westlich geformten Vernunft einleuchtet, nicht jeder Ratio einsichtig ist, daß sie als Rationalität, in ihrem Versuch, sich evident zu machen, auf Grenzen stößt. Ihre Evidenz ist faktisch an bestimmte kulturelle Kontexte gebunden, und sie muß anerkennen, daß sie als solche nicht in der ganzen Menschheit nachvollziehbar und daher in ihr auch nicht im Ganzen operativ sein kann. Mit anderen Worten, die rationale oder die ethische oder die religiöse Weltformel, auf die alle sich einigen, und die dann das Ganze tragen könnte, gibt es nicht. Jedenfalls ist sie gegenwärtig unerreichbar. Deswegen bleibt auch das sogenannte Weltethos eine Abstraktion.

Ergebnisse

Was also ist zu tun? Hinsichtlich der praktischen Konsequenzen finde ich mich in weitgehender Übereinstimmung mit dem, was Herr Habermas über eine postsäkulare Gesellschaft, über die Lernbereitschaft und die Selbstgrenzung nach beiden Seiten hin ausgeführt hat. Meine eigene Sicht möchte ich in zwei Thesen zusammenfassen und damit schließen.

1. Wir hatten gesehen, daß es Pathologien in der Religion gibt, die höchst gefährlich sind und die es nötig machen, das göttliche Licht der Vernunft sozusagen als ein Kontrollorgan anzusehen, von dem her sich Religion immer wieder neu reinigen und ordnen lassen muß, was übrigens auch die Vorstellung der Kirchenväter war.[4] Aber in unseren Überlegungen hat sich auch gezeigt, daß es (was der Menschheit heute im allgemeinen nicht ebenso bewußt ist) auch Pathologien der Vernunft gibt, eine Hybris der Vernunft, die nicht minder gefährlich, sondern von ihrer potentiellen Effizienz her noch bedrohlicher ist: Atombombe, Mensch als Produkt. Deswegen muß umgekehrt auch die Vernunft an ihre Grenzen gemahnt werden und Hörbereitschaft gegenüber den großen religiösen Überlieferungen der Menschheit lernen. Wenn sie sich völlig emanzipiert und diese Lernbereitschaft, diese Korrelationalität ablegt, wird sie zerstörerisch.

Kurt Hübner hat kürzlich eine ähnliche Forderung formuliert und gesagt, es gehe bei einer solchen These unmittelbar nicht um „Rückkehr zum Glauben", sondern darum, „daß man sich von der epochalen Verblendung befreit, er (d. h. der Glaube) habe dem heutigen Menschen deswegen nichts mehr zu sagen, weil er seiner humanistischen Idee von Vernunft, Aufklärung und Freiheit widerspreche".[5] Ich würde demgemäß von einer notwendigen Korrelationalität von Vernunft und Glaube, Vernunft und Religion sprechen, die zu gegenseitiger Reinigung und Heilung berufen sind und die sich gegenseitig brauchen und das gegenseitig anerkennen müssen.

2. Diese Grundregel muß dann praktisch, im interkulturellen Kontext unserer Gegenwart, konkretisiert werden. Ohne Zweifel sind die beiden Hauptpartner in dieser Korrelationalität der christliche Glaube und die westliche säkulare Rationalität. Das kann und muß man ohne falschen Eurozentrismus sagen. Beide bestimmen die Weltsituation in einem Maß wie keine andere der kulturellen Kräfte. Aber das bedeutet doch nicht, daß man die anderen Kulturen als eine Art „quantité négligeable" beiseite schieben dürfte. Dies

wäre nun doch eine westliche Hybris, die wir teuer bezahlen würden und zum Teil schon bezahlen. Es ist für die beiden großen Komponenten der westlichen Kultur wichtig, sich auf ein Hören, eine wahre Korrelationalität auch mit diesen Kulturen einzulassen. Es ist wichtig, sie in den Versuch einer polyphonen Korrelation hineinzunehmen, in der sie sich selbst der wesentlichen Komplementarität von Vernunft und Glaube öffnen, so daß ein universaler Prozeß der Reinigungen wachsen kann, in dem letztlich die von allen Menschen irgendwie gekannten oder geahnten wesentlichen Werte und Normen neue Leuchtkraft gewinnen können, so daß wieder zu wirksamer Kraft in der Menschheit kommen kann, was die Welt zusammenhält.

Verleihung des Romano-Guardini-Preises 1982 an Priorin
Gemma Hinricher OCD, bei der Jahresfeier und dem 25jährigen
Gründungsjubiläum der Katholischen Akademie in Bayern;
27. Juni 1982 (Foto: Akadmiearchiv / Gerd Pfeiffer)

WÜRDIGUNGEN

Bei ihrer Jahresfeier am 14. März 1978 in München verlieh die Katholische Akademie in Bayern den Romano-Guardini-Preis an den damaligen bayerischen Ministerpräsidenten Dr. h.c. Alfons Goppel. Laudator dieser seit 1970 für „hervorragende Verdienste um die Interpretation von Zeit und Welt auf allen Gebieten des geistigen Lebens" verliehenen Auszeichnung war Joseph Kardinal Ratzinger, als Vorsitzender der bayerischen Bischofskonferenz zugleich Protektor der Akademie. In seiner Würdigung charakterisierte er die zutiefst christlich, katholisch geprägte Persönlichkeit Alfons Goppels einfühlsam und anschaulich. Darüber hinaus nahm er eine übergreifende Einordnung von politischem Wirken aus christlicher Verantwortung in den größeren Zusammenhang von Weltgestaltung im Sinne des Religionsphilosophen Romano Guardini vor.

Laudatio auf Ministerpräsident Dr. h. c. Alfons Goppel

Zur Verleihung des Romano-Guardini-Preises 1978

Wer die Reihe der Träger des Romano-Guardini-Preises nebeneinander stellt, wird zunächst vor allem von der Spannweite dieses Preises überrascht sein. Am Anfang des Weges stehen zwei Theologen, die Theologie als Frage nach dem Ganzen der Wirklichkeit verstanden und in der Verantwortung vor dem Ganzen der uns aufgetragenen Welt betrieben haben: Karl Rahner und Hans Urs von Balthasar. Am bisherigen Ende stehen zwei Politiker: Teddy Kollek, der Bürgermeister von Jerusalem und Alfons Goppel, seit fast 16 Jahren Ministerpräsident des Freistaats Bayern. Ist hier der Begriff „Interpretation der Welt", der als Maßstab des Preises steht, nicht vielleicht doch bedenklich überdehnt worden – so mag sich mancher fragen, der Guardinis Werk vor allem ästhetisch und literarisch versteht.

Vielleicht kann uns hier gerade das Stichwort „ästhetisch" weiterhelfen: Guardini war zwar nicht Ästhetiker oder gar Ästhetizist in dem Sinn, wie es ihm manchmal vorgeworfen wurde. Aber er war allerdings ein Mann, bei dem die Intuition des Künstlers dem Denken Horizonte erschloß, die dem Fachwissenschaftler verborgen bleiben, wenn er Wissenschaft nur als Handwerk des Belegbaren treibt. Weil es so ist, steht mit Recht in der Reihe der Preisträger ein bayerischer Künstler von europäischem Rang: Carl Orff. Im Juni 1965 hat Alfons Goppel bei der Überreichung des Bundesverdienstkreuzes an Orff dessen Werk in einer Weise charakterisiert, die in prägnanter Kürze sichtbar werden läßt, wieso der Musiker Orff Interpret der Welt ist: „In die Herzmitte menschlichen Denkens führt er so zurück: in die tätige, spielende und singende Gestaltung des Lebensablaufs, die im Schein der Theaterwelt die Wahrheit der Existenz, im Klang und Rhythmus der Sprache und des Liedes Empfindung und Gedanken verkettende Geistigkeit und im Zu-

sammenhang von Freud und Leid aller Lebendigkeit die unbeein-
flußbaren, gottgegebenen Seinsgesetze aufzeigt."[1] Goppel hat damals auf Orff angewendet, was Orff vordem über Hindemith gesagt
hatte: „Hindemith stand ganz in seiner Zeit. Er wußte um die Zeit,
er stellte sich ihr wie kaum ein anderer. Er blieb keine Antwort
schuldig, er enthob sich keinem Anruf. Er wurde von ihr mitge-
formt und getragen, bis er zuletzt, der Zeit gleichsam entwachsen,
in größter Souveränität ihr seinen Stempel aufdrückte."[2] Mir
scheint, dies sei ein Wort, das man nun nocheinmal weitergeben
kann und das auch der Lebensleistung von Alfons Goppel zugeordnet werden darf, sein Verhältnis zur Zeit und seine Bedeutung
für die Zeit kenntlich macht.

Politik als Kunst

Der Künstler als Interpret der Welt – wer dies ausspricht und es im
Zusammenhang des heutigen Tages, im Vergleich zweier unterschiedlicher und doch durchaus auch verwandter Guardini-Preisträger tut, wird sich daran erinnern, daß Platon die Politik als Kunst
verstanden und damit zugleich auch der Politik ein Maß gesetzt
hat. Das Bedeutendste darüber steht im Gorgias, der durch seine
unerbittliche Auseinandersetzung mit dem sophistischen Verderb
des Wortes, des Menschen und des Staates in einer geradezu un-
heimlichen Nähe zu den Problemen steht, die uns heute bedrängen.
Der platonische Sokrates spricht dort von zwei Künsten, die es
gebe: „Diejenige, welche sich auf die Seele bezieht, nenne ich Politik", die auf den Leib bezogene nennt er Gymnastik und Heilkunde.
Beide Male aber gibt es auch die Scheinkunst, die sich den Mantel
der wirklichen anlegt und damit alles verdirbt: Der Pseudokunst ist
es eigen, daß sie nach dem Angenehmen strebt unter Ausschluß des
Besten, daß sie mit dem Angenehmen Jagd macht auf den Unver-
stand und ihn täuscht. Auf der Suche nach der Grenzscheide zwischen der verführerischen Scheinkunst, die den Menschen mit dem
Angenehmen um das Gute betrügt, findet Platon die Klärung dessen, was er Kunst nennt und wieso wahre Politik „Kunst" ist für

ihn: Die Pseudokunst, das oft bis zur dämonischen Raffinesse getriebene Vermögen, Macht zu gewinnen und die Menschen mit der Bequemlichkeit der Unwahrheit an sich zu binden, ist dennoch keine ‚Kunst', sondern nur ‚Fertigkeit': ἐμπειρύα. Sie ist dies deswegen, weil sie „ohne Bewußtsein des Grundes" ist: „Ich aber nenne etwas, was ohne Bewußtsein des Grundes ist, nicht eine Kunst."[3] Kunst ist demnach, von Platon her betrachtet, Wirklichkeitsgestaltung, die aus dem Wissen um den Grund und in der Verantwortung vor dem Grund geschieht. Aristoteles hat das auf die Formel gebracht, Kunst sei das Vermögen, von der richtigen Sinngebung her gestaltend zu wirken.[4] Aristoteles, der es unternimmt, die Begriffe zu ordnen, fügt hinzu, daß Politik nicht das Machen, sondern das verantwortete Handeln zum Inhalt habe; insofern nennt er sie lieber Wissenschaft oder „Dynamis", ohne ihr den Namen „Kunst" einfach zu verweigern.[5]

Alfons Goppel hat in einer Rede, die er 1965 bei der Landesversammlung der Jungen Union hielt, Freiheit, Selbstverantwortung und Würde des Menschen als Leitideen seiner Politik bezeichnet, die deshalb „nicht in uferlosen Diskussionen oder pathetischen Deklamationen immer wieder neu formuliert werden müssen, weil sie tief eingebettet sind im christlichen Weltbild, ohne das der abendländische Begriff von Freiheit und Menschentum seinen Siegeszug über die ganze Welt nicht hätte antreten können."[6] In seiner Ansprache bei der Einführung des Gründungsrektors der Universität Regensburg verwies er auf die Grundlegung jeder Bildung und so auch jeder politischen Gemeinschaft durch die Erziehung im Elternhaus, die ihrerseits abhängig sei „von jenen Lebensmächten, die uns in unsere Herzen und Hirne von Natur aus eingegeben sind, nämlich jene Ehrfurcht vor Gott und Geist, vor Leben und Existenz und jene Demut dem Großen und Gemeinsamen gegenüber."[7] Das ist bestes Erbe aus den Quellen abendländischer Überlieferung: aus dem Geiste Griechenlands und seiner schöpferischen Humanität, aus dem Geist des christlichen Glaubens und seiner Ehrfurcht vor der Würde des von Gott geschaffenen und gerufenen Menschen. Politik aus solchem Geist ist mehr als bloße ἐμπειρύα – Fertigkeit des Machens ohne Wissen um den sie begründenden Sinn. Sie ist Interpretation der Welt von ihrem Grunde her, sie läßt uns das so fremdgewordene Wort Platons wieder verstehen, daß Politik etwas mit Seele zu tun hat und darum die zentrale Kunst, die entscheidende Form der Weltauslegung ist.

Bajuwarität

In den eben zitierten Sätzen von Alfons Goppel wird nicht nur ein politisches Programm hörbar, sondern etwas von seiner eigenen Persönlichkeit sichtbar. Bei dem Versuch, sie zu umschreiben, fühle ich mich noch einmal zu einer Anleihe aus Goppels Rede über Carl Orff gedrängt. „Keine Würdigung" – so heißt es da – „wird an einer Grundtatsache vorbeigehen können: an seiner Bajuwarität", die Goppel dann mit dem Ineinander von chthonischer Humanität und übersinnlicher Bezogenheit des näheren charakterisiert.[8] Bajuwarität – das heißt auch bei Alfons Goppel eben dies: Freude an der Erde, an der Heimat, der Welt und am Leben, eine Heiterkeit, die auch in den Verwirrungen düsterer Zeiten nicht aufhört zu erkennen, daß diese Welt von Gott gut geschaffen ist und sich darüber zu freuen. Damit verbindet sich eine unpathetische Religiosität, die die Welt nicht asketisch verdüstert, sondern vom Glauben her erleuchtet und hell macht. Bajuwarität – das bedeutet für Alfons Goppel zugleich deutsche, europäische und weltbürgerliche Gesinnung. Von seinem Geburtsort, der alten Reichsstadt Regensburg, wie von seinem Erbe, der oberpfälzischen Mutter und dem schwäbischen Vater her war ihm solche Offenheit vorgegeben, die sich in seinem Lebenslauf bestätigte: Ein gut Teil seiner Lebenszeit verbrachte er im fränkischen Aschaffenburg und lernte so mit dem größeren Bayern das Land der Franken kennen und lieben; seine Gattin holte er aus dem westfälischen Bentheim an der holländischen Grenze; kennengelernt haben sie sich freilich an einem Brunnen der Münchener Universität, auf eine geradezu biblische Weise also, denn auch von Mose und von Isaak wird erzählt, daß sie ihre Frauen am Brunnen, dieser Urstätte menschlichen Begegnens, fanden. Wo Alfons Goppel geehrt und gerühmt wird, muß auch seine Frau Gertrud dankbar geehrt und gerühmt werden: Die Menschlichkeit, die sie ausstrahlt, die frauliche und mütterliche Wärme, die von ihr

Im Gespräch mit dem bayerischen Ministerpräsidenten Alfons Goppel beim Festlichen Essen in der Katholischen Akademie nach der Bischofsweihe; 28. Mai 1977 (Foto: Akademiearchiv / Gerd Pfeiffer)

ausgeht, gehören unverzichtbar zur Ära Goppel. Bayerntum im Sinn von Alfons und Gertrud Goppel hat nichts mit Verbohrtheit in die eigenen Grenzen zu tun; es kommt gerade durch Weltoffenheit, durch deutsche und europäische Gesinnung erst vollends zu sich selbst.

Verantwortung für das Land

Der räumlichen Spanne, in der sich das Leben von Alfons Goppel bewegt hat, entspricht der zeitliche Radius, der von der Ära des Prinzregenten Luitpold über die Weimarer Republik, das III. Reich und die Jahre der Weltkriege ins Atom-Zeitalter führt. Goppels Vater war Sekretär der Christlichen Gewerkschaft gewesen. Alfons, das 4. von 9 Kindern wußte und weiß nicht nur aus Büchern, sondern aus eigener Erfahrung, was Armut, was Entbehrung bedeutet. Aber wenn er in seiner Regensburger Universitätsrede von Erziehung und Elternhaus spricht, weiß er desgleichen, wovon er redet: von einem Erbe, das ihm Wurzel geblieben ist, die das Leben beständig nährt. Der erste Einstieg in die Politik, ein in den letzten freien Wahlen 1933 zu Regensburg errungenes Stadtratsmandat, wurde abgeschnitten durch die Gewaltherrrschaft des Nationalsozialismus, der die frei gewählten Männer nach Hause schickte. Nach dem Inferno des Krieges war für Goppel der Impuls zur politischen Arbeit erst recht zwingend geworden: Wer solches erlebt hat, erklärte er, *muß* politische Verantwortung annehmen, damit sich Gleiches nicht wiederholen kann. Die Verantwortung für das Land und für die Menschen, die Überzeugung des christlichen Gewissens, war der Ausgangspunkt für die politische Karriere des Mannes, der seit fast 16 Jahren Bayerischer Ministerpräsident ist. Ich brauche in dieser Laudatio auf den Guardini-Preisträger weder im einzelnen die Stationen von Goppels politischem Weg zu schildern noch die Schwerpunkte seiner Regierungsarbeit darzustellen. Daß Bayern unter seiner Regierung ein neues Gesicht angenommen hat und gerade so sich treu geblieben ist, kann man in wenigen Stichworten zeigen. In Goppels Amtszeit wurden 5 neue Landesuniversitäten gegründet: Regensburg, Augsburg, Bayreuth, Passau, sowie die Gesamthochschule Bamberg; auch Aufbau und Ausbau der kirchlichen Gesamthochschule Eichstätt sind von ihm tatkräftig gefördert worden. In die Regierungsjahre Goppels fällt der Wiederaufbau des Nationaltheaters und der Residenz. Unter Goppel ist Bayern zu einem modernen Industriestaat geworden, der heute eine bedeutende Stellung im wirtschaftlichen Gefüge der Bundesrepublik Deutschland einnimmt. Goppel war aber auch der erste Regierungschef, der ein Ministerium für Landesentwicklung und Umweltfragen einrichtete und damit in einer Zeit, in der die Wachstumsideologie noch fast unbegrenzt herrschte, neue Weichenstellungen für die Zukunft schuf. Ebenso fällt in die Ära Goppel die Errichtung des Nationalparks Bayerischer Wald, das Naturschutzgesetz und das Denkmalschutzgesetz – durchwegs Gesetzesvorhaben, in denen Bayern führend sich neuen Erfordernissen unserer Zeit stellte. Der europäischen und weltbürgerlichen Gesinnung Goppels entspricht es, daß er zusehends auch grenzübergreifende Initiativen durchführte und Bayerns internationalen Rang zur Geltung brachte: Er hat wesentlich mitgewirkt an der Gründung der Arbeitsgemeinschaft Alpenländer und, was er 1965 in einer Rede auf der Landesversammlung der Christlich-Sozialen Union in München darlegte, auch in politisches Handeln umgesetzt: „Bayern" – so hatte er damals gesagt – „ist so etwas wie die Drehscheibe zum europäischen Südosten hin."[9] Ein halbes Jahr zuvor hatte er in seiner Regensburger Universitätsrede die Donau als den Weg nach dem Südosten hin angesprochen und den Strom damit zugleich als Wegweiser und als Auftrag gedeutet.[10] Als letztes Glied in dieser Kette außenpolitischer Wirksamkeit ist uns allen die bayerische Ausstellung in Moskau und Goppels Besuch beim Ministerpräsidenten der Sowjetunion im Gedächtnis, Vorgänge, die zeigen, daß die entschiedene und klare Auseinandersetzung mit dem Marxismus einer Politik des Friedens und fruchtbarer Begegnungen keineswegs entgegenstehen muß.

Wahrheit und Gewissen

Kehren wir noch einmal zu Platons Gorgias zurück, der das Bild der rechten Politik als Kunst im Dienst der Seelen aufrichtete im Augenblick einer tiefen Gefährdung des Staates und so auch der Seelen. Solche Gefährdung beruhte nach Platons Diagnose auf der Fertigkeit, das Wort ohne Verantwortung für die Wahrheit zu gebrauchen und den Menschen mit der Blendung durch das Angenehme vom Guten wegzuführen. Der platonische Sokrates sagt in diesem Zusammenhang, daß die „Redner", d. h. die Könner des Worts ohne die Verantwortung der Wahrheit „töten, wen sie wollen, wie die Tyrannen; Vermögen wegnehmen und aus dem Staate vertreiben, wen ihnen gutdünkt."[11] Wir haben in Deutschland den Tyrannen erlebt, der tötet, vertreibt und wegnimmt. Platon hatte zu seiner Zeit, als scheinbar kein Tyrann in Sicht war, Anlaß, davor zu warnen, daß der gewissenlose Gebrauch des Wortes eine Tyrannis eigener Art ist, die auf ihre Weise ebenfalls tötet, wegnimmt und vertreibt. Es gibt gewiß auch heute Anlässe genug, ähnliche Warnungen auszusprechen und die Kräfte zu rufen, die solcher zusehends aufsteigender Tyrannis zu wehren vermögen. Das Erleben der blutigen Tyrannei Hitlers und die Wachheit für die neuen Gefährdungen waren es, die Romano Guardini in den späten Jahren fast gegen sein Temperament zum dramatischen Warner vor dem Verderb der Politik durch ihre Lösung vom Gewissen werden ließen und ihn dahinbrachten, für die rechte, nicht bloß theoretische, sondern reale, handelnde Interpretation der Welt nach dem aus Glauben politisch handelnden Menschen zu rufen. „Der ungläubige Mensch ist nicht imstande, die Welt richtig zu verwalten" – so sagt er in einer dieser Reden. „Kräfte, die stark genug wären, die eigene Macht in Ordnung zu halten, kommen weder aus der Wissenschaft noch aus der Technik selbst. Sie kommen aber auch nicht aus einer autonomen Ethik des Einzelnen und ebenso wenig aus einer souveränen Weisheit des Staates ... Die wirklich rettenden Möglichkeiten liegen im Gewissen des Menschen, der lebendig mit Gott verbunden ist ... Vielleicht hängt eines Tages die Rettung der Welt im elementarsten Sinne ... davon ab, ob der Christ sie in seine Verantwortung nimmt."[12] Diese Sätze des großen christlichen Gelehrten berühren sich unübersehbar mit Worten, die der Politiker Goppel – auch als sein persönliches Bekenntnis – bei der Regensburger Universitätsgründung formuliert hat: „Immer und überall wird es nicht am Wissen, sondern am von diesem allerdings gebildeten und geführten Gewissen liegen, wie die Entscheidungen fallen."[13] Auch die politischen Gegner Goppels bestreiten nicht, daß der Maßstab seiner Politik im letzten immer die Verantwortung eines christlich geformten Gewissens geblieben ist; dies ist auch der Grund, weshalb er politische Gegner, aber keine Feinde hat. Für solche Art politischen Wirkens und seine Interpretation der Welt zu danken, entspricht zutiefst dem Erbe Romano Guardinis. In diesem Sinn gratuliere ich von Herzen dem Guardini-Preisträger dieses Jahres: unserem Landesvater Alfons Goppel.

Anlässlich des 100. Geburtstags von Romano Guardini (17. 2.
1885 – 1. 10. 1968) veranstaltete die Katholische Akademie in
Bayern, die sich dem Werk dieses Religionsphilosophen, Theologen,
Literaturinterpreten und Pädagogen in besonderem Maße ver-
pflichtet weiß, am 2. Februar 1985 in München eine Festakademie.
Unter großem Besucherinteresse gingen die Referate ausgewählten
Aspekten seines Werkes und insbesondere der Frage nach, weshalb
der spezifische Ansatz Guardinis jenseits reiner „Wissenschaftlich-
keit" bis heute Antworten bei der Suche nach Lebensorientierung
aus christlichem Glauben zu geben vermag. In diesem Zusammen-
hang stand auch der hier dokumentierte abschließende Vortrag von
Joseph Kardinal Ratzinger, der die Theologie Romano Guardinis
eingehend würdigte und dabei den Rahmen einer lediglich pietät-
voll rückblickenden Gedenkrede weit überstieg.

VON DER LITURGIE ZUR CHRISTOLOGIE

Romano Guardinis theologischer Grundansatz
und seine Aussagekraft

Geburtstagsreden sind gefährlich. Sie können leicht zu einem Abgesang werden, hinter dessen Lobesworten sich oft kaum verhüllt der Abschied vom unwiderruflich Vergangenen vollzieht. Was tun wir also, wenn wir Romano Guardinis 100. Geburtstag feiern? Ist das nur die Nostalgie derer, denen die Begegnung mit Guardini zum prägenden geistigen Erlebnis wurde und die gerne das ihnen Kostbare auch der jungen Generation von heute mitteilen möchten, dabei aber vergessen, daß eine neue Zeit neue Wegweiser braucht? Oder ist Romano Guardini auch eine gegenwärtige Stimme, die wir nur wieder hörbar machen müssen? Aber vielleicht ist die Alternative gar nicht so ausschließlich, wie sie sich dem ersten Zusehen darbietet. Denn wenn jemand nicht nur Bücher geschrieben hat, sondern einmal eine ganze Generation lebendig zu prägen vermochte, dann ist dies an sich schon etwas, was ins Bleibende hineinreicht. Und umgekehrt kann jemand nicht bloß durch Geschriebenes weiterwirken, sondern immer nur durch lebendige Vermittler, die in einem vergangenen Wort das Gegenwärtige entdecken, es neu zu sehen und neu zu leben vermögen. Jedes Menschenwort steht in seiner Zeit und trägt die Begrenzungen einer Zeit in sich. Die Frage ist, ob hinter solchen Worten Erfahrung und Erleiden des Menschseins, der Wirklichkeit selber stehen, die an den Kern unseres Wesens rühren und darum wieder neue Erfahrung und neues Verstehen wecken können. Was an einem Autor zählt, ist nicht das sogenannte Überzeitliche. Der vermeintlich überzeitliche Extrakt, den manche Interpreten z. B. aus Philosophen oder Theologen der Vergangenheit herausdestillieren und ihren Lesern als das Bleibende anbieten, ist für mich immer das Allerlangweiligste gewesen, weil da nur das Banale und Nichtssagende übrigblieb. Je kräftiger ein Mensch sich seiner Zeit stellt, in ihr den Anspruch des Menschseins besteht, desto gültiger bleibt seine Botschaft, auch wenn sie nur in der Weise der Begegnung mit dem erfahren werden kann, was zunächst für mich das andere oder der andere ist. Nur wenn wir uns vom wirklich anderen anrühren lassen, kommen wir zu uns selbst. Die Zeit, in der Guardini einfach einer von uns war und mit der Stimme unmittelbarer Gegenwart zu uns sprach, versinkt unweigerlich. Die Frage ist, ob die Andersheit, in die hinein er zunächst weggeht, Kraft der Begegnung in sich trägt, die uns neu vor uns und zu uns selber bringen kann.

I. Der liturgische Aufbruch und sein geschichtsphilosophischer Ort

Sehen wir zu und scheuen wir uns nicht, die Andersheit, wo sie sich findet, beherzt anzufassen. Denn sie ist ohne Zweifel da. In den frühen liturgischen Schriften Guardinis berührt uns nicht nur das sprachliche Pathos, die Romantik zu neuen Ufern aufbrechender Jugend, fremd. Das eigentlich Fremde, ja Befremdliche, liegt in dem Geschichtsbewußtsein, aus dem sich dieses Pathos nährt. „Die ‚Neuzeit' ist vorbei – wir hoffen, sie ist's!", lautet einer der kennzeichnenden Sätze aus der „Liturgischen Bildung"[1], worin jener Grundton von Hoffnung und Zuversicht einer neuen Epoche nach langen Verirrungen aufklingt, auf den das ganze Buch gestimmt ist. Was jetzt beginnt, erscheint wie das Zerbrechen eines langen Wahns; nun liegt endlich wieder das Land der Zukunft offen und frei da, in das eine neue Jugend vorstößt, um eine bessere Welt zu bauen. Man kann verstehen, daß gerade diese Zuversicht einer morgendlichen Stunde, das Gefühl des Ausbruchs aus alten Verkehrungen junge Menschen begeistern konnte und der Stimme dessen Gehör gab, der so sprach. „Die ‚Neuzeit' ist vorbei – wir hoffen, sie ist's!" – für Guardini war „das Ende der Neuzeit" nicht irgendeine theoretische geschichtsphilosophische Idee, sondern Existenzerfahrung, Aufbruch aus dem Dämmer seines eigenen morgendlichen Beginns, im Miteinander mit jungen Menschen, die ihn verstanden und deren Verstehen ihm das Innewerden seines eigenen Rufs und seiner besonderen Sendung schenkte. Neuzeit war für Guardini das Auseinanderfallen des Menschen, der Welt überhaupt, in eine bloße Geistigkeit, die damit „verlogen" wird, und in bloße Stofflichkeit, die nur noch Instrument menschlicher Zielsetzungen ist. Die Neuzeit erstrebte seiner Meinung nach reines Geisttum, „und es geschah eine der furchtbarsten Verwechslungen, die je den Abfall von wesenhafter Haltung gerächt haben: Man wollte das Rein-Geistige und geriet ins Abstrakte".[2] Jetzt aber, so meint er, sehen wir mit Grauen, wie ganz und gar ungeistig diese Welt war, „wie furchtbar tot: nämlich die Welt der Begriffe, der Formeln, der Apparate, der Mechanismen und Organisationen".[3] Das Weggehen von solch verlogener Geistigkeit bedeutet zugleich: „Weg von der vertierten Stofflichkeit des gleichen Jahrhunderts, dem es eine so widernatürliche Freude machte, vom Tier abzustammen!"[4] Die Abwendung von der Neuzeit verbindet sich beim jungen Guardini mit einer neuen, fast schwärmerischen Begeisterung für das Mittelalter, wie es ihn aus P. L. Landbergs Buch „Das Mittelalter und wir" (Bonn 1923) anblickte, das für ihn offensichtlich zu einer Art von Schlüssellektüre geworden war.[5]

Guardinis liturgische Idee steht zunächst ganz in diesem Kontext: Wiederentdeckung der Liturgie ist Wiederentdeckung der Einheit von Geist und Leib in der Ganzheit des einen Menschen, denn liturgisches Verhalten ist leib-geistiges Verhalten, Wegkommen von einer ins bloß Geistige und Seelische hinein verengten Frömmigkeit zu einem Beten, das im leiblichen und im gemeindlichen Tun Einheit aller Wirklichkeit ist. Liturgisches Verhalten ist demgemäß näherhin symbolisches Verhalten, das die Welt und das eigene Sein als Symbol zu fassen vermag, weil das Symbol der eigentliche Inbegriff der Einheit des Geistigen und Materiellen, das Geistigsein der Materie und das Materiesein des Geistigen ist. Symbol geht verloren, wo beides auseinanderfällt, womit auch Liturgiefähigkeit endet, weil die Welt in Geist und Körper, in Subjekt und Objekt dualistisch zerspalten wird. Wenn aber der eigentliche Selbstvollzug des Christlichen das Liturgische ist, wenn seine Weise des Verstehens der Wirklichkeit sich zentral im Symbol darstellt, dann steht im Ringen um Symbol und Liturgie das Wesentlich-Werden des Menschen – ein Lieblingswort von Guardini – auf dem Spiel.[6] Daraus folgt, daß die Frage der Überwindung der Neuzeit die Herzmitte seines Denkens, nein, seiner ganzen persönlichen Existenz als Mensch und als Christ anrührte.

Das Ganze kehrt – ohne Veränderung der Grundorientierung, aber doch in eine neue Vision hinein weitergeführt – noch einmal zurück in einer seiner letzten Äußerungen zur liturgischen Frage, in dem Brief, den Guardini 1964 an einen Teilnehmer des dritten liturgischen Kongresses in Mainz gerichtet hat. Dort steht die berühmte Frage, die inmitten der Euphorie der Liturgiereform des Zweiten Vatikanischen Konzils ganz hart den Kern des eigentlichen Bemühens und seine letzte menschliche Tiefe aufdeckte: „Ist vielleicht der liturgische Akt und mit ihm überhaupt das, was ,Liturgie' heißt, so sehr historisch gebunden – antik oder mittelalterlich –, daß man sie der Ehrlichkeit wegen ganz aufgeben müßte?"[7] Man hat damals aus der Frage Guardinis eine Umfrage gemacht,[8] aber genau das hatte er nicht gemeint. Es war für ihn nicht eine Frage nach neuen Taktiken, vielleicht weil eine eben erst ausgearbeitete und endgültig angenommene Taktik bereits im Ansatz wieder stumpf zu werden schien. Was er meinte, war eine an den Grund reichende Frage über den Menschen und seine Möglichkeit des Glaubens, in der etwas von dem Dunkel der Frage Jesu aufklingt: „Aber wird denn der Menschensohn, wenn er kommt, überhaupt den Glauben auf der Erde vorfinden?" (Lk 18,8). Guardini war das optimistische Pathos der frühen Stunde zerronnen; daß der Mensch Geist in Leib, Leib in Geist ist und daß daher Liturgie und Symbol ihn zum Wesentlichen seiner selbst bringen – das war ihm nicht zweifelhaft geworden. Er fragte sich vielmehr, wie radikal die Entfremdung des Menschen in der Geschichte eines Tages werden könne.

Auch die These vom Ende der Neuzeit hat Guardini nicht zurückgenommen, wohl aber hat ihm die Nachneuzeit sehr früh ein völlig anderes Gesicht gezeigt, als er es in der ersten Stunde des Aufbruchs glaubte wahrnehmen zu können. Wenn die frühen Reden Guardinis noch ganz von der Zuversicht eines neuen Beginns, einer Wende der Zeiten, gezeichnet sind, so bringt ihm schon das gleiche Jahr 1923, in dem die „Liturgische Bildung" noch einmal den hohen Optimismus des Anfangs aufscheinen läßt, ein Erlebnis ganz anderer Art: Die Briefe vom Comer See spiegeln den Schock, den Guardini beim Einbruch der technischen Zivilisation in die Landschaft des Südens und ihre große urbane Kultur empfand.

Von da an wird das Bild schwermütiger, werden die Diagnosen strenger, wenn auch jene Hoffnung festgehalten wird, die fast spürbar unter Schmerzen in den klassisch gewordenen Sätzen aus dem „Ende der Neuzeit" formuliert ist: „Die religiöse Fülle hilft glauben; sie kann aber auch den Inhalt des Glaubens verschleiern und verweltlichen. Nimmt sie ab, dann wird der Glaube karger, dafür aber reiner und kräftiger, ... in Entscheidung, Treue und Überwindung."[9] Freilich ist Guardini diese Hoffnung immer schwerer geworden; die Bedrohung des religiösen Aktes in der sekundären Welt des Selbstgemachten hat ihn immer tiefer berührt.

Etwas von der Schwere der späten Stunde liegt trotz aller Freude über die mit aus seiner Arbeit hervorgewachsene liturgische Reform des Konzils über dem Brief von 1964. Eine Aufforderung zu neuen und kühneren liturgischen Experimenten, die zur Zerstörung des ursprünglich Gemeinten: der Objektivität, der Positivität, des geschichtlichen Reichtums und der Kirchlichkeit der Liturgie führen würden, war das Ziel seines Fragens ganz sicher nicht. Ihm geht es im Gegenteil um eine Rückführung auf das Eigentliche, das „Wesentliche": Guardini fordert die in Mainz versammelten Liturgiker auf, die Fremdheit derer ernstzunehmen, die Liturgie nicht mehr für vollziehbar halten, und zu überlegen, „wie man – wenn Liturgie wesentlich ist – ihnen nahekommen könne".[10] Daß er selbst keinen Augenblick an ihrer Unverzichtbarkeit zweifelte und daß daher mit aller Entschiedenheit *diese* Frage zu stellen sei, hatte der Brief gerade durch das Zurücknehmen des sprachlichen Ausdrucks unterstreichen wollen. Man kann nachträglich nur bedauern, daß man die groß gestellte Frage ins Banale einer Umfrage absinken ließ, anstatt sie zum inneren Leitfaden des Reformbemühens zu machen.

Damit haben wir nun allerdings vorgegriffen, weil sichtbar wurde, was von dem Pathos der 20er Jahre Guardini selbst abstreifen konnte und wo dieses höchst zeitbedingte Pathos doch ganz unmittelbar an den Nerv christlicher und menschlicher Existenz überhaupt rührt. Aber vielleicht ist es, bevor wir weitergehen, doch nützlich, noch einmal kurz zu verdeutlichen, wie weit jenes Pathos zunächst tatsächlich vom heutigen Geschichtsbewußtsein entfernt ist. Zufällig mußte ich, gerade als ich anfing, mich neu auf die Lektüre Guardinis einzulassen, auch einen größeren Beitrag in dem eben erschienenen „Nuovo dizionario di liturgia" (Rom 1984) durcharbeiten, wo ich die genau gegenteiligen Wertungen fand: Die Liturgie sei gewiß auch durch den Säkularisierungsdruck von außen bedroht, aber vor allem durch die in der Kirche bestehende Form christlicher Erfahrung, die sich im Mittelalter fixiert habe. Trotz der Anstrengungen des Zweiten Vatikanums falle es ihr schwer, sich davon zu lösen und sich einer Veränderung zu öffnen.[11] Der Autor greift dann sogar noch weiter zurück und meint, daß schon im 4. Jahrhundert eine Sabbatisierung des Sonntags eingesetzt habe, die seiner Meinung nach durch eine naturalistische Kultidee, durch Legalismus und Individualismus geprägt ist. Diese heute noch spürbaren Einstellungen setzen sich nach ihm jedem Erneuerungsbemühen entgegen, dessen Richtung man aus solchen Andeutungen einigermaßen erraten kann.[12] Hier ist das Mittelalter wieder finster und die Neuzeit wieder zur eigentlichen Helle geworden, die allerdings in die Kirche nur schwer einzudringen vermag.

II. Der theologische Grundentscheid

Lassen wir die Frage auf sich beruhen, wer hier in seinen geschichtlichen Urteilen recht hat oder wie sich die Anteile an Irrtum und Erkenntnis verhalten. Sie zu erörtern, würde uns zu weit von unserem Thema abführen. Versuchen wir, um der Sache selbst auf den Grund zu kommen, zunächst noch tiefer in die Struktur der theologischen und geistigen Grundentscheidungen Guardinis einzudringen. Was hat es mit diesem Überschreiten der Neuzeit näherhin auf sich, wohin zielt es und wie begründet es sich? Ich versuche, dies zunächst an zwei Szenen aus den autobiographischen Aufzeichnungen zu verdeutlichen, mit denen uns eine geistesgeschichtliche Quelle von hohem Rang zugänglich geworden ist. Guardini hatte im Herbst 1906 sein in Freiburg begonnenes Theologiestudium in Tübingen weitergeführt; er geriet dabei mitten in das Drama der modernistischen Krise hinein. Am 3. Juli 1907 veröffentlichte das Heilige Offizium das Dekret „Lamentabili", das die Irrtümer der Modernisten verurteilte. Am 8. September desselben Jahres erschien die Enzyklika „Pascendi dominici gregis", die die Verurteilungen systematisch begründete und eine Art von modernistischem Systemzusammenhang darzustellen versuchte, der hinter den vereinzelten Thesen gesehen wurde, um die der Streit jener Tage unmittelbar ging. Beide Texte wirkten wie eine Kampfansage gegen alles, was modern und zukunftsweisend schien in der Theologie. Niemand, der in dieser Stunde als Lehrender oder Lernender in Deutschland mit Theologie zu tun hatte, konnte von dieser Herausforderung unberührt bleiben. Nun war zwar die Tübinger Fakultät damals keineswegs so glanzvoll und vorwärtsdrängend, wie man es sich heute vielleicht vorstellen würde. Aber seit 1905 saß mit Wilhelm Koch ein noch ganz junger, aber bemerkenswerter Mann auf dem Lehrstuhl für Dogmatik, den Guardini mit wenigen Strichen sprechend charakterisiert. Max Seckler hat die Vorgänge um Wilhelm Koch in einer sorgsam abwägenden Schrift im einzelnen dargestellt.[13] Es ist nun um so bewegender, das Damalige mit den Augen jemandes anschauen zu können, der selbst dabei gewesen ist und darin die Grundentscheidungen seines eigenen Weges finden mußte. Guardini faßt sein Urteil über Koch so zusammen: „Seine beste Kraft waren Ehrlichkeit und Gewissenhaftigkeit. Er war kein großer Theologe, dazu fehlte ihm der Blick ins Wesentliche und die Kraft der Synthese; aber die Wahrheit war ihm in einer Weise ernst, daß man fühlte, sie wurde bei ihm zum Charakter."[14] Aus den Aufzeichnungen sieht man, wie viel dieser Mann für Guardini bedeutet hat: Ihm verdankte er die Befreiung von der Skrupulosität, die ihn von Kindheit an begleitet hatte und immer mehr ins Unerträgliche zu wachsen drohte. Es ist erregend, in der knappen Rückschau Guardinis zu sehen, wie hier mitten auf dem Höhepunkt der Krise eine junge Generation ihren Weg sucht und sich dabei weder von äußerer Autoritätsgläubigkeit drängen noch umgekehrt von menschlichen Loyalitätszwängen hindern läßt, sondern aus einer neuen inneren Berührung mit dem Christlichen selbst ihre Entscheide findet. Guardini hat Koch (der erst 1955 gestorben ist) lebenslange Dankbarkeit bewahrt und sie 1935 mit der Widmung seines Pascal-Buches an den damaligen Lehrer auch öffentlich abgestattet, als Koch längst seine Stelle an der Universität verloren hatte. Aber von seinem Denken hat er sich doch schon als Student getrennt. Nicht als ob Koch eigentlich Häretisches gelehrt hätte oder Modernist in der strengen Bedeutung des Wortes gewesen wäre. Aber der Grundansatz seines Denkens war für Guardini ungenügend. Denn wenn man so sehr nur von den historischen Dokumenten und nur mit historisch-positiver Methode arbeitete, wie Koch es tat, dann wurde Festhalten am Dogma, wie Koch es zweifellos auch wollte, zur mühsamen Quälerei. Es war dann eigentlich nur noch eine Einschränkung des Denkens, eine treulich ertragene Fessel, aber keine Quelle, nichts, was befruchtet und öffnet. So hat Guardini zwar Kochs Denken „wie reine Luft und klaren Raum" zu schätzen gewußt, aber ebenso deutlich empfunden, daß es „für sich allein … einfach zu wenig" war.[15] Er nimmt den Impuls der Redlichkeit, der Offenheit und der Genauigkeit als bleibende Gabe mit, die ihn vor jedem Fanatismus und vor äußerer Autoritätsgebundenheit schützen wird, aber er sucht nach einer neuen Grundlage.

Genauer gesagt: Er hatte sie im Erlebnis seiner Bekehrung schon gefunden. Die kurze Szene, wie er zusammen mit seinem Freund Karl Neundörfer – und doch jeder für sich – nach dem Verlust des Glaubens neu zu ihm durchstößt, hat gerade in der Scheu und Schlichtheit, mit der Guardini den Vorgang darstellt, etwas aufregend Großes an sich. Das Erlebnis im Dachzimmer und auf dem Balkon des elterlichen Hauses von Guardini zeigt mit der Gartenszene, in der Augustinus und Alypius den Durchbruch ihres Lebens fanden, eine geradezu verblüffende Ähnlichkeit. Beide Male tut sich Innerstes eines Menschen auf, aber im Hineinschauen in dieses Persönlichste und Verborgenste, im Hören auf den Herzschlag eines Menschen, vernimmt man mit einem Mal den Stundenschlag großer Geschichte, weil es Stunde der Wahrheit ist, weil einMensch von der Wahrheit getroffen wurde. Guardini war von dem Satz angerührt worden: „Wer seine Seele festhält, wird sie verlieren; wer sie aber hergibt, wird sie gewinnen" (Mt 10,39). Es war ihm ganz intuitiv in die Seele gefahren, daß dieses rettende Geben sich nur auf Gott selbst beziehen konnte. Aber ebenso war ihm klar geworden, daß da nicht Gott im allgemeinen, ungreifbar und dann zuletzt nur Spiegelung meines eigenen Wollens gemeint sein kann, sondern Gott konkret, so wie er in der Geschichte vor uns steht. „Es muß also eine objektive Instanz sein, die meine Antwort aus jedem Schlupfwinkel der Selbstbehauptung herausziehen kann. Das ist aber nur eine einzige: die katholische Kirche in ihrer Autorität und Präzision. Die Frage des Behaltens oder Hergebens der Seele entscheidet sich letztlich nicht vor Gott, sondern vor der Kirche."[16] In diesem Augenblick wußte Guardini, daß er alles – sein ganzes Leben – in den Händen hielt, daß er jetzt darüber verfügte, verfügen mußte, und er hat seine Seele der Kirche gegeben.[17] Ihm war in diesem Augenblick das geschehen, was er später als die Hoffnung einer neu heraufziehenden Zeit bezeichnete: Die Kirche war in seiner Seele erwacht. Dieser Augenblick war für ihn und seinen Freund Neundörfer zugleich der Abschied von Kant und vom Neukantianismus, dessen Eindruckskraft ihnen den Glauben hatte zerbröckeln lassen. Es war der Abschied von dem, was sie als Neuzeit empfanden, *ihr* „Ende der Neuzeit" und der Aufbruch zu neuen Ufern.

Was damals Erlebnis und Erfahrung gewesen war, begann nun, in der Krise um Wilhelm Koch, methodische Gestalt für den Weg des theologischen Denkens anzunehmen. Von jenem Ursprung her war Guardini klar, daß eine eigenständige und aufbauende theologische Erkenntnis nicht zustande kommen konnte, wo Kirche und Dogma nur „als Grenze und Einschränkung" erschienen.[18] Er kommt übrigens auf das gleiche Problem noch einmal im Zusammenhang mit seiner anfangs so hoffnungsvollen und dann in Enttäuschung endenden Begegnung mit dem Bonner Moraltheologen Fritz Tillmann zu sprechen. Noch einmal kritisiert er jede Art von kritischer Haltung, die für ihn im Grunde nur „ein durch Gehorsam gegen das Dogma eingeschränkter Liberalismus" war[19] – und damit Halbherzigkeit, aus der nichts Großes entstehen kann, denn so ist man weder wirklich liberal, noch kann das Dogma ein sinnvoller Faktor des Lebens und des Denkens werden. Demgegenüber setzt Guardini sein Bekenntnis: „Wir waren dezidiert nicht-liberal."[20] Das will sagen: Er und sein Freund suchten nach einem Weg, in dem die Offenbarung ihr eigenes Maß setzte, als das „gebende Faktum" der theologischen Erkenntnis dastand, „die Kirche als ihre Trägerin und das Dogma als die Ordnung des theologischen Denkens".[21] Als Guardini dann zu Beginn der 20er Jahre die theologische Szenerie betrat, fand er sich unerwartet im Klima einer allgemeinen Abkehr von der liberalen Theologie, die sich bei den führenden Köpfen von damals vollzog: Barth und Bultmann stehen an vorderster Stelle;

der Briefwechsel zwischen Erik Peterson und Adolf von Harnack über die Kirche markiert ebenso wie Barths Streit mit Harnack um den historischen Jesus den neuen Anfang, der sich von vielen Seiten her zu öffnen schien.[22]

Aber davon soll hier nicht die Rede sein, zumal sich Guardini selbst wenig um diese Weggenossenschaft gekümmert zu haben scheint. Uns beschäftigt die Frage nach den Grundlagen seines theologischen Denkens und nach deren Tragfähigkeit über die Faszination seines Wortes in seiner geschichtlichen Stunde hinaus. Die eigentliche Grundlage seiner Theologie – das wollte ich mit diesen biographischen Einblendungen zeigen – war das Erlebnis der Bekehrung, das ihm zugleich Überwindung des durch Kant repräsentierten Geistes der Neuzeit wurde. Am Anfang steht nicht Reflexion, sondern Erfahrung. Alles, was später an Inhalten in Erscheinung tritt, ist aus dieser ursprünglichen Erfahrung entwickelt. Ich möchte versuchen, die Hauptkategorien kurz zu benennen, die von hier aus zum Grundgerüst für Guardinis Denken wurden.

III. Grundkategorien von Guardinis Denken – die Einheit von Liturgie, Christologie und philosophischem Verstehen

1. Denken und Sein

An erster Stelle ist da die Zuwendung zur Wahrheit selbst, die Suche nach dem Sein hinter dem Tun zu nennen. „Wieder scheint das Denken sich verehrend nach dem Sein richten zu wollen", hat Guardini in seiner Bonner Probevorlesung die Zukehr zu neuem metaphysischem Denken umschrieben und sich dabei besonders auf das Werk Nikolai Hartmanns berufen.[23] Der Durchbruch aus der Perspektive Kants, der sich zunächst bei Edmund Husserl vollzogen hatte, hatte sich inzwischen in der Tat zu einem Wiederbeginn metaphysischen Denkens ausgeweitet, in dessen Kontext die Konversion Max Schelers zu verstehen ist. Wenn man etwa den Briefwechsel zwischen Edith Stein und Hedwig Conrad-Martius liest, kann man sehen, wie sich in der phänomenologischen Schule und damit bei den damals lebendigsten philosophischen Kräften das Gefühl einer großen Wende ausdrückte, der Optimismus, daß nun Philosophie als Frage nach den Sachen selbst einen neuen Anfang nehme – einen Anfang, der ganz von selber in die Richtung der großen Synthesen des Mittelalters und des von ihnen geformten katholischen Denkens wies.[24] Es war eine große Stunde des Katholizismus, der einen Augenblick lang neue geschichtliche Leuchtkraft erreichte.[25]

Von hier aus hat Guardini den Disput mit der Freideutschen Jugend und der Formel vom Hohen Meißner geführt, die die Selbstbestimmung, die Eigenverantwortung und die innere Wahrhaftigkeit zum Programm der neuen Jugend erhoben hatte. Guardini nimmt diese Werte auf, um sie zugleich zu reinigen und zu vertiefen: Freiheit – ja, aber frei ist nur, wer „ganz das ist, was er seinem Wesen nach sein soll". Daher kann Guardini formulieren: „Freiheit ist Wahrheit."[26] Wahrheit des Menschen ist Wesentlichkeit, Seinsgemäßheit, und nun stößt Guardini direkt in den Kern des christlichen Menschenbildes vor: „Was aber ist Anbetung? Der Gehorsam des Seins! … So ist Anbetung der erste, für alle weiteren grundlegende Gehorsam: der Gehorsam unseres Seins gegen das Sein Gottes. Ist ein Sein in Wahrheit; ist selbst nichts als Wahrheit."[27] Man sieht, wie wenig in solchem Denken Liturgie ästhetische Spielerei oder eine Art von gemeinschaftlicher Selbstbestätigung oder von pragmatischer Indoktrination ist. Sie ist Ruf des Wesens, Weg in die Wahrheit, weil Entsprechung zum Sein. Daß Guardini darin eine Verwandtschaft seiner Zeit zum Mittelalter sah, ist im Grunde sekundär. Entscheidend ist, daß er die Offenheit zum Sein als Möglichkeit und Forderung unserer Existenz betonte. Entscheidend ist, daß Wahrheit Grundkategorie seines Denkens war und von hier aus Anbetung mit Denken zusammengehörte. Wie entscheidend diese Orientierung für Guardini in der Anlage seines ganzen Wirkens gewesen ist, kann man jetzt mit einer noch größeren Eindringlichkeit in seinem Lebensbericht nachlesen, als es die frühen Schriften gezeigt hatten. Er erläutert von da aus seinen Konflikt mit Carl Sonnenschein. Dem Wort des großen Seelsorgers „Wir sind in einer belagerten Stadt; darin gibt es keine Probleme, sondern nur Parolen" stellt er seine Überzeugung entgegen: „Echte Praxis aber, das heißt, richtiges Handeln, geht aus der Wahrheit hervor, und um die muß gerungen werden."[28] Er kommt in den Erinnerungen darauf mehrfach zurück; ich erwähne nur noch den Satz, mit dem er den Bericht über seine Vorträge in der Berliner Canisius-Kirche abschließt: „Hier habe ich mit am stärksten erfahren, was ich oben von der Macht der Wahrheit sagte. Wie groß, wie von Grund auf wahr und lebensmächtig die christlich-katholische Botschaft ist, ist mir selten so zu Bewußtsein gekommen, wie an jenen Abenden. Zuweilen war es, als stehe die Wahrheit wie ein Wesen im Raum."[29] Ich denke, man wird diese Erfahrungen und Reflexionen Guardinis in dem heutigen Streit um die Praxis als Maß der Theologie ganz neu bedenken müssen. Der Nachdruck, den er auf den Vorrang des Logos vor dem Ethos schon in seiner ersten Veröffentlichung, in dem kostbaren kleinen Band „Vom Geist der Liturgie" legte, war für ihn ganz und gar kein Streit um Theorien, sondern so praktisch, wie nun gerade die absichtslose Wahrheit praktisch ist.[30]

Übrigens versteht man von hierher auch, was ihn vom Maria Laacher Verständnis der liturgischen Bewegung wie auch von Klosterneuburg trennte. Daß man sich in Maria Laach ausschließlich an der Alten Kirche orientierte und das Mittelalter als liturgische Verfallszeit ansah, während Guardini sich ganz bewußt auf das Mittelalter und sein metaphysisches Denken bezog, mag zunächst als Äußerlichkeit erscheinen. Es geht aber doch sehr tief. Denn es zeigt, daß die geistigen Grundlagen nicht dieselben waren. Während für Guardini Anbetung aus dem Anspruch des Seins hergeleitet ist, der dann auf das Lebendig-Konkrete, auf das gemeinschaftliche Subjekt Kirche verweist, hat Odo Casel philosophisches Denken und philosophische Logik als mysterienfremd abgewiesen und nur nach der Gestalt (dem Eidos) des Mysterion suchen wollen, das seine philosophisch nicht zu dechiffrierende Logik in sich selber trage. Daraus ist eine gewisse Enge hervorgekommen, die keinen Sinn für außerliturgische Frömmigkeit hatte und die eine Tendenz zum Archäologischen, zur möglichst reinen Wiederherstellung des Früheren in sich trug. Guardinis Verweis auf das Mittelalter ist ganz anderer Art. Er ist nicht Suche nach einer vergangenen Zeit, sondern Verlangen nach neuem Durchstoß zum Sein selbst, Suche nach dem Wesentlichen, das in der Wahrheit und nicht in einer vergangenen Form liegt.[31]

2. *Der Gegensatz und das Lebendig-Konkrete: Von der Liturgie zur Christologie und zur Volksfrömmigkeit*

Zusammen mit der Kategorie des Gehorsams gegenüber dem Sein haben wir nun schon ein Bündel weiterer Kategorien entdeckt: die Wesentlichkeit, die Guardini einer bloß subjektiven Wahrhaftigkeit entgegenstellte; den Gehorsam, der aus der Wahrheitsbeziehung des Menschen folgt und seine Weise des Freiwerdens, des Einsseins mit seinem Wesen ausdrückt; die Anbetung als Kern des Wahrnehmens und Annehmens von Wahrheit; endlich die Vorordnung des Logos vor dem Ethos, des Seins vor dem Tun. Nun müssen wir noch zwei weitere Grundkategorien untersuchen, die wiederum eng zusammengehören: das Lebendig-Konkrete und der Gegensatz. Schon 1917 hatte Guardini eine Art Grundriß seiner philosophischen Intuition vorgelegt unter dem Titel „Gegensatz und Gegensätze. Entwürfe eines Systems der Typenlehre"; 1925 erhielt das Werk seine endgültige Form unter dem Titel „Der Gegensatz. Versuche zu einer Philosophie des Lebendig-Konkreten."[32] Anstelle theoretischer Überlegungen möchte ich versuchen, das, worum es mir hier geht, an einem Text Guardinis zu verdeutlichen, der uns zugleich unmittelbar von der Liturgie in die Christologie und in beider Zusammenhang hineinführt. Es handelt sich um das 1923 veröffentlichte „Gespräch vom Reichtum Christi", dessen Entstehung auf einer nächtlichen Wanderung von Bonn nach Holtorf Guardini in seinen Lebenserinnerungen dargestellt hat.[33] Mir scheint, daß in diesem kleinen und überaus lebendigen Beitrag das Geflecht von Guardinis Denken so deutlich wird wie selten sonstwo. Drei Personen unterhalten sich: der Caritassekretär, der Gelehrte und der Kaplan, in denen die inneren Gegensätze von Guardinis eigenem Denken aufeinanderstoßen, während im Hintergrund der halb rationalistische Freund Windecker auftaucht, bei dem Guardini an von ihm verehrte Menschen wie Wilhelm Koch oder Fritz Tillmann gedacht haben mag, die ihm als Korrektiv und als Frage in seinem Denken gegenwärtig blieben, ohne daß sie sozusagen selbst Teil seines eigenen inneren Ringens geworden wären. Aber was zwischen den dreien ausgetauscht wird, die da beisammen sind und die jeder Guardini selber sind, ist ohnedies spannungsreich und widersprüchlich genug. Es sind drei Weisen der Christologie, die hier im Streit miteinander stehen, und nicht nur Weisen des Denkens, sondern Grundhaltungen, Formen der Frömmigkeit und der christlichen Existenz. Der Caritassekretär ist eben aus einer Herz-Jesu-Andacht heimgekommen und ist voller Zorn über so viel Kitsch und Unnatürlichkeit, wie er sie hier gefunden hat. Er ist der Mann einer kernigen und gesunden Frömmigkeit, die sich ganz vom Jesus der synoptischen Evangelien, von der herben Gestalt Jesu nährt, wie besonders Markus sie zeichnet. An diesem Jesus ist das Göttliche „so zurückhaltend, so keusch, möcht' ich sagen. Es verbirgt sich … Das Göttliche in ihm ist wie die Religion in einer keuschen Seele. Die errötet, wenn sie von ihrem Gott spricht …"[34] Dieser Jesus weist es schon als sentimental und ungehörig zurück, wenn der reiche Jüngling ihn anredet „guter Meister". Jesus will nicht, daß der Mann mit seinem religiösen Verlangen bei ihm halten, ihn zum Endpunkt seiner religiösen Bewegung machen möchte. Und nun, in der Herz-Jesu-Andacht, hört man ringsherum immerzu „Herz Jesu, süßestes Herz Jesu" … „und die Lieder und das Bild vorne, und das alles, da bin ich hinausgelaufen. Sagt doch, ist das Jesus? Ist das sein Geist?"[35]

In diesem Unbehagen an der Herz-Jesu-Verehrung sind sich der Gelehrte und der Caritassekretär ganz einig. Nur ihre Gründe sind anders, und darum sind auch ihre positiven Entscheidungen anders. Den Gelehrten stört an der Herz-Jesu-Verehrung ihre Kulturlosigkeit, hinter der er eine innerste Kulturfeindlichkeit vermutet.[36] „Denn in der Herz-Jesu-Andacht herrscht nicht der Logos, sondern Wille, Liebe, das Alogon, und damit auch die ganze Gewalt des Subjektiven." Deswegen schwärmt der Gelehrte von der Liturgie, in der „alles gebändigt, durchleuchtet" ist. „Der Logos lebt darin. Die Glut ist ganz Licht geworden und das Strömen ganz Form." In all dem findet er eine wundervolle Bejahung der Wirklichkeit. „Überall steht das Opfer, gewiß, aber es scheint nur da zu sein, um die Bejahung reiner und freier zu machen: Die Übernatur selbst wird ganz ‚natürlich' … Gegensatz zu allem, was unnatürlich heißt."[37] An der Herz-Jesu-Andacht stört ihn folglich nicht eigentlich das Fehlen der geschichtlichen Lebendigkeit Jesu, sondern ihre Unnatur. „Auch in der Liturgie ist nicht so sehr Jesus von Nazareth …, sondern ‚das Wort, das Fleisch geworden ist', der Gottmensch. Aber das ist eine Überbildung aus voller Bejahung heraus. Das Jesusbild der Liturgie

... steht zum geschichtlichen ... wie der reine Kreis der Mathematik zum gezogenen, mit Kreide geschriebenen."[38] Da kann nun wieder der Caritassekretär nicht mit. Gegen das Irrationale der Herz-Jesu-Andacht hat er eigentlich nichts. Er fühlt sich abgestoßen durch das Schematische, das Verschwinden der Einzelheiten, des unersetzlichen Dufts, den Jesu Gestalt in den Evangelien hat, des Tons, der Farbe, der sprechenden Linie, des Leibhaftig-Frischen. „Aus dem Jesus von Nazareth, vor dem man mit hungrigem Herzen horcht auf den Klang seiner Stimme, wird ‚das Herz'! Ein ‚Das', ein Neutrum, eine Sache!" „Darum mag ich auch die Liturgie nicht ... In ihr kenne ich den Herrn nicht wieder. Das ist gar nicht Jesus von Nazareth."[39] Im Gegensatz zur Keuschheit der Evangelien verklärt die Liturgie alles. „Das mag gut sein für den Himmel, aber hier auf Erden ..." Der Caritassekretär ist sorgsam genug, um hinzuzufügen, daß in diesem Sinn auch das Johannes-Evangelium und die Apokalypse schon „Liturgie" sind.[40]

An dieser Stelle setzt das Plädoyer des Kaplans ein, der in seiner Begegnung mit einfachen Menschen erfahren hat, welche Kräfte Herz-Jesu-Verehrung freisetzen kann. Er bestreitet nicht die Kulturlosigkeit dieses Frömmigkeitstyps. Aber er erinnert daran, daß Christus die Welt nicht durch Vernunft und Kultur gerettet hat, sondern durch einen Verbrechertod am Galgen. „Was wirkt und baut ..., das sind die Leiden der Verfolgten, die Opfer der Übersehenen, die Werke der Verachteten ... Und wo nichts mehr helfen kann, kein Rat und keine Kultur und kein kluges Buch, da hilft noch das Leiden, in Verborgenheit Gott dargebracht."[41] An dieser Stelle kommt bei Guardini, der sich oft gegen den Vorwurf des Ästhetizismus und des Akademismus verteidigen mußte, ein leidenschaftlicher und geradezu revolutionärer Ton auf. Der Kaplan erinnert an die Russische Revolution, in der Urkräfte hervorgebrochen sind, die man nicht nur als Dummheit und Verbrechen abtun könne. Hier suche leidenschaftliches Gefühl den Weg zum Menschen und opfere dafür alles. „Dafür vernichtet es auch alles, alle schöne, wohlausgewogene Kultur ... Doch es wird zugrunde gehen, weil es nur Natur ist und gefallene Natur." Aber die christliche Antwort könnte nur ein Ur-Wille sein, der aus gleichen Tiefen kommt. „Das könnte nur eine Gesinnung sein, die reine Liebe ist ... Der Mißerfolg ist ihre stärkste Kraft ... und äußere Anerkennung und Erfolg sind ihr Zeichen, daß sie den rechten Weg verfehlt hat … Letzte Zeiten sind angebrochen! … Meint ihr, dann hilft noch Geschichte und Kultur? Nur eins steht da noch: Der Haß des Antichrist und wider ihn die Seele, die sich bedingungslos Gott zur Verfügung gestellt hat. Die nur eines ist und nur eines will: Liebe."[42] Der Caritassekretär: „Ja, du hast Christus gesehen."[43] In der „gesegneten Stunde" dieses Gesprächs öffnet sich das Lebendig-Konkrete, zu dem der Zusammenhang von Logos und Alogon gehört. Zuletzt ist es der Caritassekretär, der nach einem ersten Anlauf des Gelehrten die Erkenntnis der Stunde formuliert: „Unendlich kostbar ist jeder Zug der Evangelienwirklichkeit, aber wir sehen sie nur richtig im Licht der wesenhaften Wahrheit, wie sie aus der Ewigkeit her durch die Kirche in unsere Gegenwart spricht."[44]

In diesem scheinbar ganz einfachen Satz sind die christologische Synthese Guardinis, seine Theologie der Liturgie und seine philosophische Konzeption auf eine prägnante Formel gebracht; es war die Gnade Guardinis, das Große einfach sagen zu können. Der Mensch ist auf Wahrheit hin geöffnet, aber die Wahrheit ist nicht im Irgendwo, sondern im Lebendig-Konkreten, in der Gestalt Jesu Christi. Dieses Lebendig-Konkrete erweist sich gerade dadurch als Wahrheit, daß es Einheit des scheinbar Gegensätzlichen ist, daß Logos und Alogon sich darin verbinden. Nur im Ganzen ist die Wahrheit. Und nur wo die Gegensätze umspannt werden, ist das Ganze. Daraus folgt noch einmal für Guardinis Sicht der Liturgie, daß er im Gegensatz zu den in Maria Laach vertretenen Auffassungen Entwicklung und damit auch die Neuzeit, ihren Subjektivismus, als Teil des Lebendig-Konkreten und seiner Gegensätze bejahte. Es folgte daraus sein Ja zur Volksfrömmigkeit gegen allen liturgischen Exklusivismus. Für die Christologie bedeutet dies, daß kein Christusbild genügen kann, das auf Auswahl, auf Reduktionen, auf Scheidung und Ausscheidung von Quellen beruht. Ein Denken, das dazu zwingt, ist im letzten nicht kritisch genug. Es macht sich selbst zum Maßstab. Nicht unser Denken ist der Anfang, der die Maßstäbe setzt, sondern Er, der alle Maßstäbe zerbricht und in keine von uns zu formende Einheit gefaßt werden kann. Er ist selbst der Anfang und erweist sich gerade dadurch als der Anfang, daß es nicht gelingt, ihn zu einer zusammenhängenden Gestalt zu fügen und psychologisch zu erklären. Wer Christus sehen will, muß

„umkehren", muß aus der Autonomie des eigenmächtigen Denkens heraustreten in die hörende Bereitschaft, die entgegennimmt, was ist. Hier verschmilzt die Forderung phänomenologischer Philosophie nach dem Gehorsam des Denkens gegenüber dem Sein, gegenüber dem, was sich zeigt und was ist, mit der Grundidee des Glaubens, der Umkehr des Lebens ist, das sich einen neuen Maßstab *geben* läßt und von ihm her das Ganze neu versteht.[45] Erkenntnislehre wird zur Erziehung im Glauben. Diese Synthese des Denkens, das nie seinen philosophischen Ernst und die Weite der Suche nach dem Ganzen aufgibt, sondern gerade in der Radikalität solchen Fragens über alles bloße Theoretisieren hinauskommt, wird auf bewegende Weise sichtbar in den Sätzen, die am Anfang des kleinen Buchs über das Bild von Jesus dem Christus im Neuen Testament stehen und die innere Richtung aller christologischen Aussagen Guardinis ausdrücken: Vielleicht werden wir auf der Suche nach dem Bild Jesu „nicht einmal zu einer ‚Gestalt' gelangen, sondern nur zu einer Reihe von Linie kommen, die über unseren Blickkreis hinaussteigen. Vielleicht erfahren wir, daß die Himmelfahrt nicht nur ein einmaliges Geschehnis im Leben Jesu bedeutet, sondern überhaupt die Weise ist, wie Er uns gegeben ist: als in den Himmel, ins Vorbehaltene Gottes entschwindet. Aber auch dann sind die Linien kostbar: Sie sind Wegweisungen zum Über-Schritt des Glaubens; und daß sie uns aus den Augen genommen werden, begründet jenes Versagen, das uns anbeten lehrt."[46]

IV. Epilog:
Guardini und die deutsche Universität

Guardini hat es mit seiner Weise des Denkens schwer gehabt auf dem Weg ins akademische Lehramt. Wissenschaft, für die die Universität da ist, war um die Jahrhundertwende entweder Naturwissenschaft oder Historie. So hatte sich die Theologie, um universitätswürdig zu bleiben, auf Historie zurückgezogen. „Theologisch wissenschaftlich arbeiten hieß, feststellen, was die und die Zeit, oder der und der Mann über eine Frage gedacht hatten ... Was mich aber spontan interessierte, war nicht die Frage, was einer über die christliche Wahrheit gesagt hat, sondern was wahr ist."[47] Noch auf seinem Berliner Lehrstuhl hat Guardini darunter gelittten, daß er außerhalb des Methodenkanons der Universität zu stehen schien, von der er in der Tat offenkundig abgelehnt wurde.[48] Er tröstete sich damit, daß er mit seinem Ringen um Verstehen, Urteilen und Gestalten Vorläufer einer Universität sein könne, die es noch nicht gibt.[49] Es spricht für die deutsche Universität, daß er mit seinem ganz eigenen Weg dort Raum finden und sie immer mehr als Heimstatt seiner besonderen Berufung erfahren konnte. So hat Romano Guardini nach dem Krieg in einer großen akademischen Rede über die jüdische Frage mit Leidenschaft die Universität verteidigt als den Ort, wo nach der Wahrheit geforscht wird; als den Ort, wo menschliche Dinge an den Maßstäben der großen Vergangenheit gemessen werden; als den Ort der wachsten Verantwortung für die Allgemeinheit. Er hat die deutsche Universität verteidigt, auch weil er ihren Zusammenbruch im Dritten Reich erlebt hatte, der aus dem Rückzug in die scheinbare Voraussetzungslosigkeit und aus der Verdrängung der Wahrheitsfrage durch die geltende akademische Methode mit innerer Konsequenz folgte. Aus dieser Erfahrung und aus dem Wissen darum, was Unversität sein kann und sein muß, hat er damals mit einer beschwörenden Leidenschaft, die ihm sonst ganz fremd zu sein schien, gegen die Politisierung der Universität und ihre Überfremdung durch die Regie der Parteien, das Gerede der Versammlungen, den Lärm der Straße Stellung genommen und seinen Hörern zugerufen: „Meine Damen und Herren: Erlauben Sie das nicht! Es geht um etwas, das unser aller Gemeinsames, die kommende Geschichte betrifft."[50] Noch einmal: Es gehört zum Ruhm der deutschen Universität, daß Romano Guardini in ihr seinen Raum finden konnte und sie als seine Heimat angesehen hat. Sie hat sich damit nach den Beschämungen des Nationalsozialismus als offene Stätte jeder großen und ernsthaften Suche nach Wahrheit rehabilitiert. Aber die Gestalt Guardinis, sein Denkweg, bleibt eine Frage an die Universität, deren Studierenden man heute wieder und verstärkt zurufen muß: Erlauben Sie nicht, daß die politische Leidenschaft das freie Wort der Suche nach der Wahrheit erstickt. „Erlauben Sie das nicht!" Guardini bleibt ein Maßstab unserer Universität, und uns allen muß daran gelegen sein, daß sie diesem Maßstab auch heute und morgen standhält.

Anmerkungen

Der Primat des Papstes und die Einheit des Gottesvolkes

[1] Der geistesgeschichtliche Zusammenhang, in dem das Erste Vatikanum zu sehen ist, ist erhellend herausgestellt bei *H. J. Pottmeyer*, Unfehlbarkeit und Souveränität. Die päpstliche Unfehlbarkeit im System der ultramontanen Ekklesiologie des 19. Jahrhunderts (Tübinger theol. Studien Bd. 5), Mainz 1975.

[2] Den spirituellen Hintergrund der Kollegialität in der Wir-Struktur des Christlichen hatte ich 1965 im Concilium (1, 1965, 16–29) herauszustellen versucht in meinem Beitrag: Die pastoralen Implikationen der Lehre von der Kollegialität der Bischöfe, wieder abgedruckt in: *J. Ratzinger*, Das neue Volk Gottes, Düsseldorf 1969, 201–224. Grundsätzlich zum Problem das wichtige Werk von *H. Mühlen*, Una mystica persona. Die Kirche als Mysterium der Identität des Heiligen Geistes in Christus und der Kirche. Eine Person in vielen Personen, Paderborn 1964, 3. Aufl. 1968.

[3] Das hat eindrucksvoll *H. de Lubac* in seinem zuerst 1938 erschienenen Werk Catholicisme herausgestellt, deutsch: Glauben aus der Liebe, Einsiedeln 1970, vgl. dazu die Regensburger Dissertation von *H. Schnackers*, Kirche als Sakrament und Mutter (1976). In Deutschland wurde derselbe Ansatz bes. in den Arbeiten von *H. Poschmann* zur Theologie des Bußsakraments entwickelt, vgl. vor allem Poenitentia secunda, Bonn 1940; fortgeführt wurden sie eindrucksvoll von *K. Rahner*, z. B. Schriften zur Theologie II (1955) 143–183.

[4] Initiation als kirchliche Sozialisation ist sehr stark betont in dem Faszikel ‚Eingliederung in die Kirche' des ‚Pastorale. Handreichung für den pastoralen Dienst', verfaßt von G. Biemer – J. Müller – R. Zerfaß, Mainz 1972.

[5] Vgl. zur Bedeutung der Zwölf etwa *R. Schnackenburg*, Die Kirche im Neuen Testament, Freiburg 1961, 21–33; zur konziliaren Aufnahme des Themas *G. Philips*, L'Eglise et son mystère au IIe concile du Vatican I, Paris 1967, 277–290, auch 230–245.

[6] Vgl. *H. de Lubac*, Credo-Gestalt und Lebendigkeit unseres Glaubensbekenntnisses, Einsiedeln 1975, bes. 29–57; *J. Ratzinger*, Einführung in das Christentum, München 1968, 125–150; *H. Mühlen*, Una mystica persona, s. oben Anm. 2.

[7] Veröffentlicht in: *E. Peterson*, Theologische Traktate, München 1951, 45–147, Erstveröffentlichung 1935. Die historische Problematik der These Petersons wird erkennbar in: *A. Grillmeier*, Mit ihm und in ihm. Christologische Forschungen und Perspektiven, Freiburg 1975, 386–419.

[8] Derlei war gelegentlich in mündlichen Äußerungen zu hören, die sich vergröbernd auf Ausführungen von *H. Mühlen* beziehen mochten, bes. in dessen Werk Entsakralisierung, Paderborn 1971, 228 ff.; 240 ff.; 376–396; 401–440. Obgleich Mühlens eigene Darlegungen beeindruckend und weiterführend sind, scheinen sie mir von der Gefahr eines neuen Entsprechungsdenkens nicht frei, das die ekklesiologische Anwendbarkeit der trinitarischen Aussage überdehnt.

⁹ Vgl. *J. Ratzinger*, Der Gott Jesu Christi, München 1976, 11–21.

¹⁰ Vgl. etwa die Bedeutung der Stammbäume im Aufbau der biblischen Geschichte.

¹¹ Dies ist eindringlich herausgearbeitet bei *H. U. von Balthasar*, Umkehr im Neuen Testament: Internat. kath. Zeitschrift 3 (1974) 481–491.

¹² Wenn man damit dem Verfasserproblem strittiger Texte ausweichen wollte, so liegt hier eine Verwechslung der Ebenen und ein Mißverständnis der liturgischen Aussage vor, die zwar notwendig auf dem festen geschichtlichen Grund des Glaubens steht, aber nicht als Entscheidungsfeld historischer Dispute angesehen werden darf.

¹³ Die strukturelle Bedeutung, die diese Listen als Haltepunkte des Traditionsbegriffs für den Aufbau der Kirchengeschichte des Eusebius haben, zeigt eine vor dem Abschluß stehende Dissertation von V. Twomey zur Ekklesiologie bei Eusebius und Athanasius.

¹⁴ Die wesentliche Bedeutung des Martyriums in der Struktur des christlichen Glaubensaktes zeigt schön *K. Bommes*, Weizen Gottes. Untersuchungen zur Theologie des Martyriums bei Ignatius von Antiochien, Köln–Bonn 1976; vgl. auch *E. Peterson*, Zeuge der Wahrheit, in: Theol. Traktate 165–224. Daß in *H. Küng*, Christ Sein, München–Zürich 1974, 565 ff., das Martyrium keinen Platz finden kann (vgl. auch die zusammenfassende Darstellung der Grundthese S. 594), rührt von da aus gesehen ans Zentrum.

¹⁵ Zur Auslegung dieses grundlegenden Textes *J. Gnilka*, Der Philipperbrief, Freiburg 1968, 111–147.

¹⁶ Dies nicht bemerkt zu haben ist die Schwäche der an sich verdienstvollen Arbeit von *J. Ludwig*, Die Primatworte Mt 16, 18.19 in der altkirchlichen Exegese (Neutestamentliche Abhandlungen, hg. v. M. Meinertz XIX 4), Münster 1954. Der Zugang zum Verständnis Leos des Großen ist damit verbaut, aber auch alle übrigen Väter müßten von einer weniger verengten Fragestellung her noch einmal durchgearbeitet werden. Die Habilitationsschrift von St. Horn wird dies für einen Teil des Befunds, bes. im Umkreis Leos des Großen, unternehmen.

¹⁷ Dieser von Luther in der Leipziger Disputation vorgetragene, von Melanchthon aufgenommene und neuerdings durch H. Küng wiedererweckte Gedanke bleibt irreal: Eine Verantwortung, die nicht verantworten kann, ist keine Verantwortung.

¹⁸ Vgl. dazu die Regensburger Dissertation von *M. Trimpe*, Grundmotive der Theologie des päpstlichen Primats im Denken Reginald Poles (1500–1558), 1977. Die folgenden Ausführungen über Pole schöpfen aus diesem Werk. Vgl. auch *W. Schenk*, Reginald Pole. Cardinal of England, London 1950; *D. Fenlon*, Heresy and obedience in Tridentine Italy. Cardinal Pole and the counter reformation, Cambridge 1971.

¹⁹ Vgl. *Trimpe* Kap. 11 § 2 S. 269.

²⁰ *R. Pole*, Pro ecclesiasticae unitatis defensione libri quatuor, Rom o. J. [1553/54], 15 r 27.

²¹ In diesen beiden Punkten liegt die Sachthese, um deren Entfaltung es mir in diesem Referat ging – keineswegs also um eine Art ‚Realutopie', wie es manchen Hörern schien.

²² Vgl. dazu das Material, das *A. Grillmeier* in seinem Beitrag Auriga mundi in: Mit ihm und in ihm (s. oben Anm. 7) 386–419 ausgebreitet hat, bes. 407.

²³ Vgl. *P. Kawerau.* Das Christentum des Ostens, Stuttgart 1972, 1077: „Die Verehrung späterer Zeiten für Basilius von Cäsarea war so groß, daß man ihn einen zweiten Petrus nannte. So hat es Theodor von Studion … ausgesprochen: ‚Du erstrahltest im Licht deines glänzenden Lebens …; du selbst aber nahmst die Schlüssel auf wie ein neuer Petrus und bist der Wächter der ganzen Kirche.' Es war Theodors Überzeugung, daß das von Basilius begründete Mönchtum das Fundament der Kirche sei, und die Geschichte hat die Richtigkeit dieser Überzeugung weitgehend bestätigt."

²⁴ Vgl. dazu die Ausführungen von *F. Mußner* in diesem Band sowie sein Buch: Petrus und Paulus – Pole der Einheit, Freiburg 1976. Zum exegetischen Befund auch die Beiträge von *H. Zimmermann, R. Schnackenburg, G. Schneider* und *J. Ernst* in: A. Brandenburg – H. J. Urban (Hrsg.) Petrus und Papst, Münster 1977, 4–62.

²⁵ Daher ist eine solche Darstellung des päpstlichen Auftrags so viel und so wenig Utopie wie jede sachgerechte Schilderung der inneren Ansprüche des Christseins überhaupt.

²⁶ *R. Pole,* De Summo Pontifice Christi in Terris Vicario, Löwen 1569. Zu Entstehung und Bedeutung dieses Werkes eingehend *Trimpe,* a. a. O.

²⁷ De Summo Pontifice 27 r-v.

²⁸ Ebd. 28 v und 32 r-v.

²⁹ Ebd. 52 r-v.

³⁰ Ebd. 55 r: … nemo possit sequi Christum in iis quae ad gloriam spectant: nisi prius illum sequutus sit in eo, quod in hominum oculis nullam gloriae speciem obtinet. Vgl. auch 43 r: … hanc praeclaram Christi personam … a nemine referri posse: qui non Christum ante in prioribus illis infirmitatis titulis … fuerit imitatus.

³¹ Ebd. 132 v–133 r.

³² Ebd. 133 v: … munus ipsum Pontificatus Crucem esse et eam quidem omnium maximam. Quod enim magis ad Crucem et sollicitudinem animi (pertinere) dici potest, quam universarum orbis terrae Ecclesiarum cura atque procuratio? Vgl. ibid. 50 v 1.

³³ Mit humilitas ist in solchen Zusammenhängen nicht einfach Demut als moralische Tugend gemeint, sondern als die objektive Anerkenntnis dessen, daß Gerechtigkeit nicht Produkt eigener Leistung, sondern Frucht gerechtmachender Gnade ist.

³⁴ De Summo Pontifice 79 r-v; 82 r; 90 r.

³⁵ Zum Stand der ökumenischen Debatte vgl. neben den Beirägen von J. J. von Allmen und Damaskinos Papandreou in diesem Band und neben dem in Anm. 24 genannten Werk von F. Mußner bes. *R. E. Brown – K. P. Donfried – J. Reumann* (Hrsg.), Der Petrus der Bibel. Eine ökumenische Untersuchung, Stuttgart 1976, sowie eine Reihe von Beiträgen in dem ebenfalls schon in Anm. 24 angeführten Werk von *A. Brandenburg – H. J. Urban,* Petrus und Papst.

Das Problem der Absolutheit des christlichen Heilsweges

[1] Dem durch die Form eines Vortrages bedingten skizzenhaften Charakter dieser Ausführungen gemäß wurde auf die Beigabe ausführlicher wissenschaftlicher Belege verzichtet.

[2] Vgl. H. FRIES, Absolutheitsanspruch des Christentums: Lexikon f. Theol. u. Kirche I 71–74 mit weiterer Literatur.

[3] Die folgenden Ausführungen wissen sich vor allem den Arbeiten von J. A. CUTTAT dankbar verpflichtet, bes. Begegnung der Religionen (Einsiedeln 1956). Vgl. auch meinen Versuch „Der christliche Glaube und die Weltreligionen", in: Gott in Welt II (Festschrift K. Rahner 1964) 287–305. Dort weitere Nachweise.

[4] Begegnung der Religionen 83 f.

[5] Vgl. J. RATZINGER, Christliche Brüderlichkeit (München 1960) 15 f. J. DEISSLER, Gott, in: J. B. BAUER, Bibeltheologisches Wörterbuch (Graz 1959) 352–368.

[6] G. V. RAD, Theologie des Alten Testaments I (München 1958) 165–168.

[7] J. RATZINGER, Der Gott des Glaubens und der Gott der Philosophen (München–Zürich 1960).

[8] Die heute in Mode kommende Theologie der Religionen geht meist an diesem Sachverhalt vorbei und verfehlt so die Grundstruktur christlichen Glaubens.

[9] Zitiert bei H. R. SCHLETTE, Colloquium salutis – Christen und Nichtchristen heute (Köln 1965) 63.

[10] Vgl. J. RATZINGER, Menschheit und Staatenbau in der Sicht der frühen Kirche, in: Studium generale 14 (1961) 664–682.

[11] So H. V. GLASENAPP in verschiedenen Publikationen, z. B. Die fünf großen Religionen (Düsseldorf 1952), ders., Toleranz und Fanatismus in Indien: Schopenhauer-Jahrbuch 1960. Als Korrektiv dazu ist beachtenswert P. HACKER, Religiöse Toleranz und Intoleranz im Hinduismus: Saeculum 8 (1957) 167–179.

[12] J. RATZINGER, Christliche Brüderlichkeit 17.

[13] Die Verheißung für die Völker (Stuttgart 1959²).

[14] Ich habe diesen Zusammenhang näher zu verdeutlichen versucht in meinem kleinen Buch: Die letzte Sitzungsperiode des Konzils (Köln 1966) 21.

Schwierigkeiten mit dem Apostolicum

[1] Der Text dieses Referates wurde einer Auslegung des Apostolischen Glaubensbekenntnisses entnommen, die unter dem Titel „Einführung in das Christentum" im Herbst 1968 im Kösel-Verlag München erscheint. Die Abschnitte über Himmelfahrt und Auferstehung des Fleisches wurden dem Rahmen eines Vortrags entsprechend gekürzt. Dem Kösel-Verlag sei für die freundliche Abdruck-Erlaubnis gedankt.

Anmerkungen

Das Heil des Menschen – innerweltlich und christlich

[1] Für die hier nicht zu erörternde Frage, wie „Auferstehung der Toten" vom Text her und im Licht heutiger Erkenntnis angemessen verstanden werden kann, darf ich verweisen auf meine Einführung in das Christentum (München 1970[10]) 289–300.

[2] Vgl. J. Ratzinger, Dogma und Verkündigung (München 1973) 301–314.

[3] Vgl. R. Schaeffler, Die Religionskritik sucht ihren Partner (Freiburg 1974), bes. 47–57, wo unter dem Titel „Jenseitskritik und Ressentimentverdacht" diese Probleme sehr erhellend dargestellt werden.

[4] Denzinger-Schönmetzer 1000–1002; vgl. meinen Artikel Benedictus Deus in: LThK II 171 ff.

[5] P. L. Berger, Auf den Spuren der Engel (Reinbek 1970) 96.

[6] Vgl. meinen Artikel Joachim v. Fiore, in: LThK V 975 f. und die dort genannte Literatur.

[7] Vgl. die Darstellung der Nachwirkung Joachims von E. Benz, Ecclesia spiritualis (Stuttgart 1934); K. Löwith, Weltgeschichte und Heilsgeschehen (Stuttgart 1953[3]), bes. 136–147.

[8] Vgl. H. J. Kraus, Psalmen I (Neukirchen 1960) 118–127 (= Kommentar zu Ps 16).

[9] H. Kuhn, Zukunftsmusik, in: Notwendige Bücher. H. Wild zum 65. Geburtstag (München 1974) 55.

[10] B. Hubensteiner, Ingolstadt Landshut München, Der Weg einer Universität (Regensburg 1973) 13.

[11] R. Spaemann, Die Frage nach der Bedeutung des Wortes „Gott", in: Internat. kath. Zeitschrift „Communio" 1 (1972) 54–72, Zitat S. 71.

[12] H. Kuhn, Der Staat (München 1967) 26 f.

[13] H. Kuhn, Zukunftsmusik (s. Anm. 9) 55.

Wesen und Grenzen der Kirche

[1] Vgl. B. Duda, Joannis Stojković de Ragusio ... doctrina de cognoscibilitate ecclesiae, Rom 1958, 104. Vgl. ebda. 91, wonach Joh. v. Ragusa an anderer Stelle die Kleriker als Seele und die Laien als Leib der Kirche bezeichnet.

[2] Vgl. zu dieser Entwicklung den freilich von anderen Fragestellungen ausgehenden Überblick von E. Gilson, Les métamorphoses de lacité de Dieu, Louvain-Paris 1952, deutsch Paderborn 1959.

[3] So mehrfach in der Apologie der Augsburgischen Konfession, in: Die Bekenntnisschriften der evangelisch-lutherischen Kirche, Göttingen 1959[4], zum Beispiel VII 5 S. 234, VII 10 S. 235, VII 14 S. 236 und besonders VII 23 f. S. 239 f. Über das heutige lutherische Verständnis der Kirche vgl. zum Beispiel E. Kinder, Der evangelische Glaube und die Kirche, Berlin 1958.

[4] A. a. O. 236.

[5] Pars I c 1,02 [zum neunten Glaubensartikel]: Communi vero deinde sacrarum scripturarum consuetudine haec vox ad rem publicam christianam ... usurpata est; qui scilicet ad lucem veritatis et Dei notitiam per fidem vocati sunt, ut reiectis ignorantiae et errorum tenebris, Deum verum et vivum pie et sancte

colant illique ex toto corde inserviant atque ... ut ait sanctus Augustinus, est populus fidelis per universum orbem dispersus.

6 Disputationes de controversiis christianae fidei adversus huius temporis haereticos, 1586–1593. Die Definition findet sich in der 4. Streitschrift [*Über die Concilien und die Kirche*, 3. Buch, 2. Abschnitt; hier zitiert im Anschluß an die deutsche Ausgabe von V. Ph. GUMPOSCH, Augsburg 1844, S. 228].

7 Dabei darf freilich nicht übersehen werden, daß zwischen der Blickweise des Catechismus Romanus und derjenigen Bellarmins nochmal ein beträchtlicher Unterschied besteht: Der Catechismus Romanus beruft sich nicht zu Unrecht auf Augustinus und denkt noch weitgehend von augustinischem Erbe her, während Bellarmins Theologie ganz aus der Kontroverse gegen die Reformatoren konzipiert ist.

8 Der Text ist abgedruckt bei NEUNER-ROOS, *Der Glaube der Kirche in den Urkunden der Lehrverkündigung*, Regensburg 1948[2], S. 217–224; über die Debatte des Schemas vgl. zum Beispiel H. RONDET, *Vatican I*, Paris 1962.

9 Dies der Titel eines Buches von O. DIBELIUS, Berlin 1928.

10 Guter Überblick über die ekklesiologische Arbeit dieser Jahre bei C. FECKES, *Aus dem Ringen um das Kirchenbild*, in: Theologie der Zeit, Wien 1936, 2. Folge 154–162. Vgl. ferner St. [Stephan] Jaki, Les tendences nouvelles de l'ecclésiologie, Rom 1957; besonders lehrreich Y. CONGAR, *Dogme christologique et ecclésiologie*, in: *Chalkedon III*, hg. H. BACHT – A. GRILLMEIER, Würzburg 1954, 239–268. Umfassende Bibliographie bei M. SCHMAUS, Kath. Dogmatik III 1, 1958[5], 842–888.

11 *Christus in uns*, Ein kritisches Wort zur neueren Corpus-Christi-Mysticum-Literatur, in: Wissenschaft und Weisheit 8, 1941, 24 f.; 64–70; 93–105; 130–136.

12 *Leib Christi*, Freiburg 1940.

13 *Apologetik oder Dogmatik der Kirche*, in: Theologie und Glaube 31, 1939, 379–391.

14 *Corpus Christi Mysticum. Eine Bilanz*, in: Zeitschrift für Aszese und Mystik 15, 1940, 197–215.

15 *Ekklesiologie im Werden.*

16 Besonders *Catholicisme*, Paris 1938; deutsch Einsiedeln 1943; *Corpus mysticum*, Paris 1949[2]. Vgl. zu dem damit eröffneten „eucharistischen Kirchenbegriff" besonders auch J. HAMER, *L'église est une communion*, Paris 1962, sowie die entsprechenden Seiten bei P. EVDOKIMOV, *L'orthodoxie*, Neuchâtel-Paris 1960, die zugleich die ökumenische Bedeutung solcher Erkenntnisse sichtbar werden lassen.

17 Vgl. dazu besonders O. LINTON, *Ekklesia*, in: RAC IV 905–921, besonders 905–909.

18 Zum Beispiel 1 Kor 11,18; 14,19.28.34.35.

19 Zum Beispiel 1 Kor 1,2; 16,1 u. o.

20 Zum Beispiel 1 Kor 15,9; Gal 1,13; Phil 3,6 u. ö. Zum Ganzen die immer noch lesenswerte Analyse von A. WIKENHAUSER, *Die Kirche als der mystische Leib Christi nach dem Apostel Paulus*, Münster 1940, 4–21, sowie vor allem die zusammenfassende Darstellung von R. SCHNACKENBURG, *Die Kirche im Neuen Testament*, Freiburg 1961. Das folgende berührt sich eng mit dem, was ich in LThK VI 172–183 [Art. Kirche] ausgeführt habe.

21 Für die Details siehe LUBAC, *Corpus mysticum* [vgl. Anm. 16], besonders 89–122. Kurzer Überblick über die einzelnen Etappen der Entwicklung in meinem Arti-

kel *Leib Christi* II LThK VI 910 ff. Wenigstens einer der bezeichnendsten Texte für das Ineinanderschwingen von eucharistischem und ekklesiologischem Leib-Begriff sei hier genannt: *Corpus Christi manducare nihil aliud est quam corpus Christi effici*, WILHELM VON SAINT-THIERRY, *Liber de natura et dignitate amoris* 13,38 PL 184, 403.

22 Für sie wird im 12. Jahrhundert allerdings erst die Voraussetzung geschaffen, ihr Eintreten fällt ins 13. und 14. Jahrhundert.

23 Vgl. besonders A. MITTERER, *Geheimnisvoller Leib Christi nach Sankt Thomas von Aquin und nach Papst Pius XII.*, Wien 1950; J. BEUMER, *Die Identität des Mystischen Leibes Christi und der katholischen Kirche*, in: ThGl 44, 1954, 321–338.

24 Vgl. besonders Y. CONGAR, *Ecclesia ab Abel*, in: Abhandlungen über Theologie und Kirche, *Festschrift für Karl Adam*, Düsseldorf 1952, 79–108 und die Auseinandersetzung damit bei F. MALMBERG, *Ein Leib – Ein Geist*, Freiburg 1960, 89–102.

25 Vgl. zu dieser Frage K. MÖRSDORF – K. RAHNER, *Kirchengliedschaft*, LThK VI 221–225 mit Bibliographie; siehe auch meine Bemerkungen ebd. 179 f. und RGG V 664.

26 Siehe die nochmalige zusammenfassende Darstellung dieser Position durch H. SCHAUF, *Zur Frage der Kirchengliedschaft*, in: Theol. Revue 58, 1962, 217–224.

27 Vgl. zur ganzen Frage die ausgezeichnete Darstellung bei Y. CONGAR, *Außer der Kirche kein Heil*, Essen 1961.

28 Siehe zum heutigen Stand der missionstheologischen Fragestellung besonders M. J. LE GUILLOU, *Mission et unité. Les exigences de la communion*, Paris 1960; Y. DE MONTCHEUIL, *Kirche und Wagnis des Glaubens*, Freiburg 1957, besonders 186–202; Th. OHM, *Machet zu Jüngern alle Völker*, Freiburg 1962; G. F. VICEDOM, *Missio Dei*, München 1958.

29 Ausführlich werden diese Gedanken von der Vätertheologie her entfaltet bei J. RATZINGER, *Die Vision der Väter von der Einheit der Völker*, in: Der katholische Gedanke 19, 1963, 1–9.

Warum ich noch in der Kirche bin

1 Vom Rahmen eines Vortrags wie auch von der Besonderheit des mir auferlegten Themas her versteht sich wohl von selbst, daß nicht eine umfassende Darstellung der objektiven Gründe für das Sein in der Kirche versucht werden konnte. Ich mußte mich damit begnügen, einige Hinweise für einen letztlich nur persönlich zu verantwortenden Entscheid mosaikartig zusammenzustellen, die immerhin vielleicht auf ihre Weise etwas von seinem objektiven Recht erkennbar werden lassen können.

2 Denzinger-Schönmetzer, Enchiridion Symbolorum, Freiburg ³²1963. Nr. 3013 f.

3 Daß ein solches Verlangen berechtigte Elemente enthält und auf weite Bereiche hin mit der sakramental bestimmten Form der Kirchenleitung durchaus vereinbar ist, wird mit den nötigen Unterscheidungen dargestellt in: J. Ratzinger – H. Maier, Demokratie in der Kirche, Limburg 1970.

4 M. Eliade, Die Religionen und das Heilige, Salzburg 1954, 215; vgl. überhaupt dort das ganze Kapitel „Mond und Mondmystik", 180–216.

5 Vgl. H. Rahner, Griechische Mythen in christlicher Deutung, Darmstadt 1957,

200–224; ders., Symbole der Kirche, Salzburg 1964, 89–173. Interessant der Hinweis, daß in der antiken Wissenschaft ausführlich die Frage diskutiert wurde, ob der Mond eigenes oder fremdes Licht habe. Die Väter entschieden sich für die vorherrschend gewordene letztere These und werteten sie symboltheologisch aus (vgl. bes. S. 100).

[6] Ambrosius, Exameron IV 8,23 CSEL 32,1 S. 137, Z 27 f; H. Rahner, Griechische Mythen, 201.

[7] H. de Lubac, Geheimnis aus dem wir leben, Einsiedeln 1967, 20 f; vgl. 18 ff.

[8] Vgl. zum Thema bes. J. Pieper, Muße und Kult, München 1948.

Europa – verpflichtendes Erbe für die Christen

[1] H. Gollwitzer, Europa, Abendland, in: J. Ritter (Hg.), Historisches Wörterbuch der Philosophie II. (Basel–Stuttgart 1972) 826.

[2] Ebd.

[3] H. Treidler, Europe, in: Der kleine Pauly, Lexikon der Antike II 448.

[4] Vgl. z. B. die Darstellung bei Ringgren-Ström, Die Religionen der Völker (Stuttgart 1959) 98–142.

[5] Eine Auseinandersetzung damit wird die bei Fayard/Paris erscheinende Arbeit „Jalons pour une théologie Africaine" meines Schülers B. Adoukonou bieten.

[6] Vgl. dazu z. B. R. Baumgartner, Weltanschauungskampf im Dritten Reich (Mainz 1977).

[7] F. W. Bracht, Die Abkehr von Gott in der Politik, in: Zeitbühne 8 (1979) 4–14; 41–48. Weder die politischen noch die kirchlichen Vorstellungen von Bracht halte ich für akzeptabel, aber die Frage nach der Stellung Gottes im öffentlichen Bewußtsein verdient Aufmerksamkeit, auch wenn man dem Autor sonst nicht folgen kann.

[8] R. Bultmann, Das Evangelium des Johannes (Göttingen 1957[15]) 511.

[9] Treidler, a. a. O. II 448.

[10] Ebd.

[11] H. Kuhn, Der Staat (München 1967) 25 f.

[12] Vgl. Chr. Meier, Demokratie, in: Geschichtliche Grundbegriffe. Historisches Lexikon zur politisch-sozialen Sprache in Deutschland (Stuttgart 1973) 829 ff.

[13] R. Graber, Ein Bischof spricht über Europa (Regensburg 1978) 10 f. und 22 f. Dort auch der Hinweis auf die Beziehung zu Joh 12,21.

[14] W. Kamlah, Christentum und Geschichtlichkeit (Stuttgart 1951).

[15] Gollwitzer, a. a. O. 826.

[16] Ders., 825.

Interpretation – Kontemplation – Aktion

[1] B. Zittel, Gründungsgeschichte der Katholischen Akademie in Bayern (München 1982), Dokument 25, S. 118.

[2] Maximen und Reflexionen. Kröners Taschenbuchausgabe, hg. v. G. Müller, Nr. 944; hier zitiert nach J. Pieper, Was heißt akademisch? (München 1964), 47. Diese 1952 zuerst erschienene kleine Schrift scheint mir nach wie vor grund-

legend für die Frage nach dem „Akademischen"; mein Referat verdankt ihr die entscheidende Wegweisung.

3 Vgl. Pieper, a. a. O. 20. Die Bedeutung von Bacon im geistigen Umbruch der Neuzeit ist auch nachdrücklich herausgestellt bei M. Kriele, Befreiung und politische Aufklärung (Herder 1980) 78–82; vgl. ferner R. Spaemann – R. Löw, Die Frage Wozu? (München–Zürich 1981) 13; 100 f.

4 Vgl. zur Philosophie des frühen Augustinus etwa E. König, Augustinus philosophus. Christlicher Glaube und philosophisches Denken in den Frühschriften Augustins (München 1970).

5 Vgl. zu diesem Abschnitt J. Ratzinger, Freiheit und Bindung in der Kirche, in: E. Correcco – N. Herzog – A. Scola, Les droits fondamentaux du Chrétien dans l'Eglise et dans la Société (Fribourg 1981) 37–52.

6 a. a. O. 28.

7 a. a. O. 29.

8 Vgl. J. Ratzinger, Einführung in das Christentum (München 1968) 33–43.

9 Dieses Bild bei Pieper 69 im Anschluß an K. Weiß.

10 R. Guardini, Verantwortung. Gedanken zur jüdischen Frage (München 1952) 10.

11 H. Dietzfelbinger, Dimensionen der Wahrheit, in: Kaholische Akademie in Bayern, Chronik 1980/81, S. 148–156; Zitat S. 150.

12 Vgl. L. B. Puntel, Wahrheit, in: H. Krings – H. M. Baumgartner – Chr. Wild, Handbuch philosophischer Grundbegriffe III (München 1974) 1649–1668.

13 Pieper, a. a. O. 37 f.; vgl. H. Meinhardt, Akademie, in: J. Ritter (Hg.), Historisches Wörterbuch der Philosophie I (Basel–Stuttgart 1971) 121–124.

14 Ebd. 36.

15 Vgl. Pieper, a. a. O. 13 f.; H. Homeyer, Eudokia – Athenais, in: LThK III 1170.

16 Für die folgende Darstellung der teresianischen Mystik stütze ich mich weitgehend auf den erhellenden Beitrag von U. M. Schiffers, Der Unsinn einer Flucht vor Gott. Ermutigung des Sünders zum inneren Gebet, in: Christliche Innerlichkeit 17 (1982) 111–132.

17 Das Leben der heiligen Theresia VII 5; deutsche Ausgabe besorgt von P. Alkofer: Sämtliche Schriften der heiligen Theresia von Jesu I: Leben von ihr selbst beschrieben (München 1979) 88: „Meiner Ansicht nach ist nämlich das innerliche Gebet nichts anderes als ein Freundschaftsverkehr, bei dem wir uns oftmals im geheimen mit dem unterreden, von dem wir wissen, daß er uns liebt." Vgl. Schiffers, a. a. O. 116.

18 Schiffers, a. a. O. 115.

19 Ebd. 115.

20 Vgl. dazu J. Moltmann, Die Wendung zur Christusmystik bei Teresa von Avila. Oder: Teresa von Avila und Martin Luther, in: StdZ 107 (1982) 449–463. Das Thema bedarf zweifellos weiterer Erörterung.

21 Die Seelenburg; Schriften hg. von P. Alkofer V (München 1973) 223: 7. Wohnung, 4. Kap., Nr. 3; Schiffers 123.

22 Leben X 6, Alkofer I 102; Schiffers 122.

23 Seelenburg 7. Wohnung, 4. Kap., Nr. 6, Alkofer V 224; Schiffers 122.

24 Conf VII 10, 16.

25 Leben VIII 6, Alkofer I 89; Schiffers 124.

26 Sehr schöne Ausführungen darüber bei Schiffers, a. a. O. 127–131.

Vorpolitische moralische Grundlagen eines freiheitlichen Staates

[1] R. Spaemann, Weltethos als „Projekt", in: Merkur, Heft 570/571 S. 893–904.

[2] Am eindrucksvollsten durchgeführt ist diese – trotz mancher Korrekturen im einzelnen – immer noch dominante Philosophie der Evolution bei J. Monod, Zufall und Notwendigkeit. Philosophische Fragen der modernen Biologie (München 1973). Für die Unterscheidung der tatsächlichen naturwissenschaftlichen Ergebnisse von der sie begleitenden Philosophie ist hilfreich: R. Junker – S. Scherer (Hg.), Evolution. Ein kritisches Lehrbuch (Weyel 1998[4]). Hinweise zur Auseinandersetzung mit der die Evolutionslehre begleitenden Philosophie: J. Ratzinger, Glaube – Wahrheit – Toleranz (Freiburg i. Br. 2003) 131–147.

[3] Zu den drei Dimensionen des mittelalterlichen Naturrechts (Dynamik des Seins im allgemeinen, Gerichtetheit der Menschen und Tieren gemeinsamen Natur [Ulpian], spezifische Gerichtetheit der vernünftigen Natur des Menschen) vgl. die Hinweise in dem Artikel von Ph. Delhaye, Naturrecht, in: LThK[2] VIII 821–825. Bemerkenswert der Begriff von Naturrecht, der am Anfang des Decretum Gratiani steht: Humanum genus duobus regitur, naturali videlicit iure, et moribus. Ius naturale est, quod in lege et Evangelio continetur, quo quisque iubetur, alii facere, quod sibi vult fieri, et prohibetur, alii inferre, quod sibi nolit fieri.

[4] Das habe ich in meinem Anmerkung 2 erwähnten Buch Glaube – Wahrheit – Toleranz näher darzustellen versucht; vgl. auch M. Fiedrowicz, Apologie im frühen Christentum (Schöningh 2001[2]).

[5] K. Hübner, Das Christentum im Wettstreit der Religionen (Mohr Siebeck 2003) 148.

Laudatio auf Ministerpräsident Dr. h. c. Alfons Goppel

[1] A. Goppel, Reden. Ausgewählte Manuskripte aus den Jahren 1958–1965 (Würzburg o. J.) 130.

[2] Ebd. 129.

[3] Gorgias 465a. Zum Vorherigen 464b–465a. Ich schließe mich in der deutschen Wiedergabe im wesentlichen an die Übersetzung von J. Deuschte an, wie sie in der dreibändigen Platon-Ausgabe des Hegnerverlags (Köln-Olten 1967[5]) vorgelegt ist (I 301–409). Den aktuellen Bezug des Gorgias stellt eindringlich heraus J. Pieper, Kümmert euch nicht um Sokrates. Drei Fernsehspiele (München 1966) 11–80.

[4] Nikomachische Ethik VI 4, 1140a 9 f. F. Dirlmeier (Aristoteles, Nikomachische Ethik, Darmstadt 1956) übersetzt μετὰλόγου ἀληθοῦς, das ich hier mit „richtiger Sinngebung" wiedergegeben habe, von „richtigem Reflektieren geleitet" (S. 126). Jedenfalls ist ein Verhalten gemeint, das von sinnverstehendem Denken getragen ist.

[5] Politik als δύναμις: Magna Moralia I 1, 1182b 1 f. Verbindung von τέχνη u. δύναμις: Analprior. 30,46 a 22; Metaphysik I 1, 981 a 3; Nikom. Ethik I 1, 1094 a 7 (Verbindung von τέχνη u. ἐπιστήμη) u. ö.

[6] Reden 26.

[7] Ebd. 110.

[8] Ebd. 128.

[9] Ebd. 9.

[10] Ebd. 111.

[11] Gorgias 466c–d.

[12] R. Guardini, Sorge um den Menschen (Würzburg 1962) 83 f., 85. Vgl. Gebet und Wahrheit. Meditationen über das Vaterunser (Würzburg 1960) 184 f. Siehe auch den bekannten Essay aus dem Jahr 1946: Der Heilbringer in Mythos, Offenbarung und Politik, in: R. Guardini, Unterscheidung des Christlichen. Gesammelte Studien 1923–1963 (Mainz 1963²) 411–456. Dazu H. U. von Balthasar, Romano Guardini, Reform aus dem Ursprung (München 1970), bes. 19 ff.

[13] Reden 110.

Von der Liturgie zur Christologie

[1] R. Guardini, Liturgische Bildung. Versuche, Rothenfels 1923, 26.

[2] Ebd. 23.

[3] Ebd. 24.

[4] Ebd. 26 f.

[5] Vgl. den Hinweis in Guardinis Antrittsvorlesung „Anselm von Canterbury und das Wesen der Theologie", in: Auf dem Wege. Versuche, Mainz 1923, wo Guardini – wie mehrfach in Schriften derselben Zeit – Landsbergs Buch anführt und die Bemerkung anfügt: „Es ist in den letzten Jahren nicht viel erschienen, das ich dieser Schrift an die Seite setzen möchte" (S. 45, Anm. 1). Über Guardinis Verhältnis zu Landsberg siehe H.-B. Gerl, Romano Guardini, 1885–1968. Leben und Werk, Mainz 1985, 130 f. und 142. Dabei hat sich Guardini durchaus gemüht, nicht einer Romantik des Mittelalterlichen zu verfallen, vgl. z. B. Liturgische Bildung, S. 52, Anm. 2: „Wenn hier das Mittelalter hervorgehoben und gezeigt wird, worin es der Neuzeit überlegen war, so ist das keine Romantik. Weder meine ich, die Neuzeit sei schlecht ...; noch verlange ich von unserer Zeit, sie solle das Mittelalter nachahmen ... Jede Zeit hat ihre Sendung ... Jede Zeit soll und kann katholisch sein ... Ich glaube, Ranke hat das gesagt: Nicht Nachahmung, sondern Selbstbesinnung und Selbstfindung."

[6] Vgl. Liturgische Bildung 22 ff.; Vom Geist der Liturgie. Neuausgabe Freiburg 1983, 73–85.

[7] Liturgie und liturgische Bildung, Würzburg 1966, 16. Sachlich die ganz gleiche Frage – nur genereller formuliert – findet sich schon in: Religion und Offenbarung, Würzburg 1958, 105: „Das Bild der Welt verliert fortschreitend die religiöse Dimension; es wird profaner ... Dadurch verliert das religiöse Verhalten an Selbstverständlichkeit. Es wird immer mehr zur Aufgabe ..., deren Anforderungen beständig wachsen. Daraus entsteht die Frage, ob der Vorgang sich so weit fortsetzen könne, daß das religiöse Verhalten überhaupt verschwindet oder doch sich auf Restformen zurückzieht. Denkt man sich etwa die Bestrebungen in atheistisch-totalitären Ländern durch längere Zeit und immer zielbewußtere Methoden fortgeführt, so kann die Frage sehr bedrängend werden."

[8] Vgl. die Hinweise der Herausgeber (J. Messerschmid und H. Waltmann) in: Liturgie und liturgische Bildung 17 f., Anm. 1.

[9] Das Ende der Neuzeit, Basel 1950, 129. Eine erste Andeutung einer kritischen Sicht kann man vielleicht schon in der „Liturgischen Bildung" (Frühjahr 1923) finden. Zwar herrscht grundlegend das Pathos der Zuversicht; vgl. außer den eingangs genannten Stellen besonders S. 42: „Eine Wende aber hat bereits angehoben." S. 70: „Aber wir fühlen, auch hier hat die Wende eingesetzt." Guardini bleibt damit auf der Linie der 1916–1921 entstandenen Arbeiten, die er gleichfalls 1923 gesammelt in dem kleinen Band »Auf dem Wege. Versuche" vorlegte. In „Liturgische Bildung" findet sich immerhin auch diese Bemerkung: „Unsere Zeit schreitet aus einem individualistischen Gestern in ein vielleicht kommunistisches Morgen. Beides wirklicher Gemeinschaft fern" (78). Aber dies bleibt doch eine theoretische Erwägung. Der eigentlich tief in die Seele dringende Kulturschock ereignet sich 1923 am Comer See: „Droben im Norden sind wir's gewohnt. Wir wissen nicht anders, als daß unsere Umwelt verwüstet ist ... Hier aber war es anders! Hier lebte noch menschennahe Form. Und nun sah ich die Zerstörung einbrechen. Da habe ich empfunden, was mir droben, in langer Gewöhnung, gar nicht mehr bewußt war: Die Welt der natürlichen Menschlichkeit ... geht unter! Was das für eine Trauer ist, kann ich Dir nicht sagen" (Briefe vom Comer See, 1927, S. 13). Der letzte Brief versucht diese Analyse, die H. U. von Balthasar „herzzerreißend" nennt (Romano Guardini, München 1970, S. 12), ins Postive zu wenden: „Unser Platz ist im Werdenden. Wir sollen uns hineinstellen, jeder an seinem Ort. Nicht uns gegen das Neue stemmen und eine schöne Welt zu bewahren suchen, die untergehen muß ... Wir haben das Werden umzuformen. Das aber können wir nur, wenn wir ehrlich unser Ja dazu sprechen ... Unsere Zeit ist uns gegeben als Boden, auf dem wir stehen, und als Aufgabe, die wir bewältigen sollen. Und im Tiefsten wollen wir sie auch gar nicht anders ..." (S. 93). Diese Spannung zwischen der Trauer des Verlierens und der Zuversicht des Verwandelns ist dann Guardinis Position geblieben, die er im „Ende der Neuzeit" klassisch ausformuliert hat. Die (mit Recht umstrittene) Formel vom Ende der Neuzeit wurzelt aber klarerweise in den Erwägungen der „Liturgischen Bildung", wo sie indes einen anderen, ganz positiven Sinn und auch eine innere Logik hatte, die mit der Wende zur kulturkritischen Sicht verlorenging. Eine geraffte Darstellung der Zeitanalyse Guardinis bietet H. U. von Balthasar, a.a.O. 11–21; vgl. auch H.-B. Gerl, a.a.O. 338–342, und besonders die eindringliche Arbeit von J. H. Schmucker-von Koch, Autonomie und Transzendenz, Mainz 1985, sowie die Hinweise bei E. Biser, Romano Guardini: Wegweiser in eine neue Epoche, in: W. Seidel (Hrsg.), Christliche Weltanschauung. Wiederbegegnung mit Romano Guardini, Würzburg 1985, 210–240.

[10] Liturgie und liturgische Bildung 17.

[11] L. Brandolini, Domenica, a.a.O. 378–395, Zitat 380a.

[12] Ebd. 385 f.

[13] M. Seckler, Theologie vor Gericht. Der Fall Wilhelm Koch – Ein Bericht, Tübingen 1972.

[14] R. Guardini, Berichte über mein Leben, Düsseldorf 1984, 83.

[15] Ebd. 85.

[16] Ebd. 72; vgl. dazu H.-B. Gerl, a.a.O. 42–44, das das Weiterwirken von Mt 10,39 in Guardinis Werk verfolgt.

[17] Ebd. 72: „Da war mir zu Mute, als ob ich alles – wirklich ‚alles', mein Dasein – in meinen Händen trüge, wie in einer Waage, die im Gleichgewicht stand: ‚Ich

kann sie nach rechts sinken lassen, oder nach links. Ich kann meine Seele her-
geben, oder sie behalten …' Und da habe ich denn die Waage nach rechts sinken lassen."
[18] Ebd. 85.
[19] Ebd. 33.
[20] Ebd. 86.
[21] Ebd. 86. Ausführlich hat Guardini dieses Programm in seiner Bonner Antrittsvorlesung „Anselm von Canterbury und das Wesen der Theologie" dargestellt,
die heute von neuer Aktualität ist und als Anfrage an die heutige Theologie
gründlichst bedacht werden müßte. Ich zitiere daraus nur einige kennzeich-
nende Sätze: „Die Kirche allein erkennt Gott, soweit Endliches den Unendlichen erkennen kann … Was auf den ersten Blick wie Vergewaltigung alles
wissenschaftlichen Denkens erschien, ist für eine tiefere Betrachtung die einzig mögliche Grundlage theologischer Wissenschaft: Eigentliches Subjekt der
Theologie ist die Denkgemeinschaft der Kirche" (Auf dem Wege, 1923, S. 58).
„… Theologe ist einer in dem Maß, als seine Erkenntnishaltung ausgeweitet,
eingeordnet ist in die geschichtliche und gegenwärtige Ganzheit der Kirche"
(ebd. 59). Die Tagebücher zeigen, daß sich Guardini in dieser Position bis zuletzt vollkommen treu geblieben ist. Ich verweise nur auf die Notiz vom 28. 9.
54 über das Mariendogma von 1950, wo es u. a. heißt: „… Einmal macht es
(= das Dogma) ganz klar, daß Träger und Norm des Glaubensinhalts nicht die
Schrift ist, sondern die Kirche. Und die Schrift in der Hand der Kirche. Ich habe
nie anders gedacht. Die Kirche ist Prophet. Sie lehrt und verbürgt. Ihr muß man
vertrauen. Alles andere ist halb und macht die Position unecht." Es ist daher
eine völlige Umkehrung der Position Guardinis, wenn Messerschmid (und ähnlich K. Rahner) meint, er sei nun einmal aufgrund des Schocks der modernistischen Krise „innerhalb der damals gesetzten Grenzen geblieben". Das Gegenteil ist der Fall: Guardini war überzeugt, daß nur das Mitdenken mit dem
Subjekt Kirche frei mache und überhaupt Theologie ermögliche. Vgl. *H.-B. Gerl*,
a.a.O. 57 f.
[22] *E. Peterson*, Theologische Traktate, München 1951; dort S. 293–321 der auch
heute noch höchst aktuelle Briefwechsel mit Harnack. Zum Disput zwischen
Harnack und Barth und zur antiliberalen Entscheidung des frühen Bultmann
vgl. *J. M. Robinson*, Kerygma und historischer Jesus, Zürich–Stuttgart 1960, 59 ff.
[23] Auf dem Wege, S. 45. Über Guardinis Beziehung zu Scheler *H.-B. Gerl*, a.a.O.
108–114 u. ö.
[24] Der kleine Band, in dem dieser Briefwechsel in den fünfziger Jahren bei Kösel
veröffentlicht wurde, ist mir leider derzeit nicht auffindbar.
[25] Bezeichnend ist freilich die Anmerkung, die Guardini 1923 seinem 1920 geschriebenen Aufsatz „Vom Sinn des Gehorchens" hinzufügte: Er hatte nun das
Wort „der katholische Mensch" durch die Formulierung „der Mensch der er-
wachenden Zeit" ersetzt und notierte dazu: „Hier hat 1920 noch das Wort ge-
standen: ,Der katholische Mensch'. Als der Aufsatz geschrieben wurde, konnte
man das Wort ohne Widerwillen aussprechen. Es hat eine – so kurze! – Zeit gegeben, da sich in ihm jubelnde Entdeckung aussprach, ein Zusichselberkom-
men des Tiefsten in uns. Jetzt hats die redende und schreibende Ehrfurchtlosig-
keit ergriffen und gemein gemacht. Wenn sich nun kritische Kühle daran stößt,
hat sie recht. Jetzt! Wer weiß ein Mittel, um die Heiligkeit des Wortes zu schüt-

zen? Wir werden unsere liebsten Worte verschweigen müssen!" Diese Feststellung hinderte Guardini allerdings nicht, wenige Zeilen vorher den Satz stehen zu lassen: „Katholische Freiheit – fühlt ihr, was das ist? Ich weiß nicht, ob mirs gelungen ist, zu sagen, was mir leuchtend vor der Seele steht ..." (Auf dem Wege 30).

[26] Auf dem Wege 20.

[27] Ebd. 21.

[28] Berichte über mein Leben 111.

[29] Ebd. 114 f., vgl. 110.

[30] Vom Geist der Liturgie (Erstausgabe 1917, Neuauflage Freiburg 1983) 127–143; vgl. J. Pieper, Noch wußte es niemand. Autobiographische Aufzeichnungen 1904–1945, München 1976, 70.

[31] Über den Konflikt Guardinis mit Laach vgl. H.-B. Gerl, a.a.O. 127–130.

[32] Die Behandlung des Gegensatzthemas ist einer der Leitgedanken der Guardini-Biographie von H.-B. Gerl, auf die ich für diese Frage erneut verweisen darf.

[33] Berichte über mein Leben 35.

[34] Auf dem Wege 158.

[35] Ebd. 152.

[36] Ebd. 153.

[37] Ebd. 155.

[38] Ebd. 154 f.

[39] Ebd. 158.

[40] Ebd. 158 f.

[41] Ebd. 161.

[42] Ebd. 163. Man darf wohl gerade in diesen Sätzen einen Nachklang von Guardinis Bekehrungserlebnis sehen.

[43] Ebd. 164.

[44] Ebd. 165.

[45] Das Bild von Jesus dem Christus nach dem Neuen Testament, Herderbücherei, Freiburg 1962, 139 f.

[46] Ebd. 28.

[47] Berichte über mein Leben 24.

[48] Ebd. 41.

[49] Ebd. 46.

[50] Verantwortung. Gedanken zur jüdischen Frage, München 1952, 41.

Joseph Ratzinger –
Papst Benedikt XVI. –
über Tod und kommendes Leben

Joseph Ratzinger
Eschatologie –
Tod und ewiges Leben

Kleine Katholische Dogmatik,
hg. von Johann Auer und
Joseph Ratzinger, Bd. IX
6. Auflage, 240 Seiten, kart.
ISBN 3-7917-0517-2

Joseph Ratzinger widmet sich in seinem grundlegenden
Werk den Fragen nach Tod und Unsterblichkeit und dem
Themenkreis „Das kommende Leben". Er zeigt auf, dass
mit dem eschatologischen Problem die Frage nach dem
Wesen des Christlichen überhaupt gestellt ist.
Damit führt das Buch zu einem tieferen Verständnis des-
sen, worauf sich christliche Hoffnung richtet. Es ist die
Antwort aus der Sicht der katholischen Lehre auf die heute
so lebendig geführte Diskussion um Tod und Leben.

Joseph Ratzinger schreibt in seinem Buch „Aus meinem
Leben" selbst über dieses Werk:
„Als einziges gelang mir, die Eschatologie für die Dogmatik
von Auer zu schreiben, die ich immerhin als mein am meis-
ten durchdachtes Werk ansehe."

www.pustet.de   **Verlag Friedrich Pustet**